Marcie Mai

# Sex-Knigge für Männer

Eine Frau verrät, wie ER
der perfekte Liebhaber wird.



Knaur

Besuchen Sie uns im Internet:
www.knaur.de
Sagen Sie uns Ihre Meinung zu diesem Buch:
leidenschaft@droemer-knaur.de

Originalausgabe 2004

Konzeption und Realisation: Ariadne-Buch, Christine Proske, München
Redaktion: Cornelia Rüping
Umschlaggestaltung: ZERO Werbeagentur, München
Umschlagabbildung: Mauritius
Satz: Pinkuin Satz und Datentechnik, Berlin
Druck und Bindung: Nørhaven Paperback A/S
Printed in Denmark
ISBN 3-426-62577-6

2 4 5 3 1

# Inhalt

## Sehr geehrte Herren, liebe Leser

Ich bin das, was Sie nicht sind: eine Frau. Keine Promi-Dame, kein Sex-Luder, einfach eine ganz normale Frau. Und wahrscheinlich ist genau das der Grund, warum ich diesen Ratgeber für Sie geschrieben habe. Denn es scheint durchaus schwierig für die Mehrheit Ihrer Geschlechtsgenossen zu sein, die Wünsche und Vorstellungen von Frauen zu durchschauen. Und natürlich können Sie dann auch nicht entsprechend handeln.

Wahrscheinlich schießt Ihnen jetzt der Gedanke durch den Kopf: »Immer macht man es falsch. Nie kann man es den Frauen recht machen!« Doch das stimmt nicht! Man(n) kann es uns sehr wohl recht machen, Man(n) muss nur wissen wie! Und genau das will ich Ihnen, lieber Leser, gerne mitteilen. In meiner Eigenschaft als Frau werde ich Sie in die Geheimnisse weiblicher Wünsche und Vorstellungen einweihen und stehe als Dolmetscherin zwischen den Geschlechtern zur Verfügung.

Gut und gerne können Sie dieses Buch demnach als eine Art »Gebrauchsanleitung für den Umgang mit dem weiblichen Geschlecht« ansehen. Geschrieben von einer echten Insiderin und in Anbetracht der weiblichen Mitteilsamkeit (das können Sie schon einmal unter den Aspekt »typisch Frau« einordnen) auch aus der Sicht einer bestens informierten Spionin.

Überlegen Sie nicht lange, ob Sie einen solchen Ratgeber überhaupt brauchen, lesen Sie ihn einfach. Denn mögen Sie auch häufig mit Ihren Kumpels und Kollegen über uns Frauen reden und bereits etliche Heftchen mehr oder weniger zweifelhafter Herkunft studiert haben – letztlich bringt Sie das nicht weiter. Wenn Sie wirklich wissen wollen, was wir Frauen uns sehnlichst wünschen und von Männern erwarten, müssen Sie schon mit einer von uns reden.

Und da haben wir das Problem: Denn womöglich ist die Lust längst verflogen, wenn Sie mit Ihrer Auserwählten zunächst einmal ein langes Gespräch führen und Sexpraktiken klären müssen, bevor es tatsächlich zur Sache geht. Davon abgesehen, tun sich viele Frauen schwer, ihre intimsten Fantasien und Vorlieben in Worte zu fassen. Kurzum: An der Notwendigkeit dieses Buches kann kein Zweifel bestehen. Auch weil Gebrauchsanleitungen – damit meine ich die wirklich verständlichen und nicht die äußerst rätselhaften – bekanntermaßen eine praktische Sache sind. Selbst einfache Elektrogeräte, die wir im Alltag häufig benutzen, wie Waschmaschinen, Fernseher, Videorekorder oder Handys funktionieren reibungslos, wenn die Gebrauchsanleitung studiert wurde und die richtigen Knöpfe gedrückt werden.

Apropos: Auch wir Frauen funktionieren durchaus auf Knopfdruck. Dabei müssen Sie, lieber Leser, einfach nur wissen, welches (Lust-)Knöpfchen Sie drücken müssen. Doch bevor Sie jetzt angestrengt nachdenken, welche kleinen Knöpfchen ich meinen könnte, lesen Sie lieber schnell weiter. Ich werde Sie über alles genauestens informieren. Darüber hinaus sind die nachfolgenden Seiten beileibe nicht nur ein gut gemeinter Ratgeber für den Umgang mit der neuesten Eroberung. Auch mit der langjährigen Partnerin kann so manches besser im Bett und anderswo laufen, wenn Man(n) Bescheid weiß. Daher erfahren Sie hier unter anderem

- ♂ wie Sie zu einem »Frauenversteher« werden,
- ♂ wie Sie beim Flirten nicht gleich ins Fettnäpfchen treten,
- ♂ warum ein Lächeln noch keine Aufforderung zum Sex ist,
- ♂ was Sie beim ersten Date am besten kochen sollten,
- ♂ was Sie auf die Frauenfrage »Habe ich zugenommen?« antworten sollten,
- ♂ in welcher Umgebung Sie welchen Typ von Frau antreffen,
- ♂ wie Sie als »Handwerker« einen guten Job machen,
- ♂ warum ein Bad Ihrem besten Stück zusätzliche Zentimeter beschert,
- ♂ wann Sie zu Muskatnuss greifen sollten,
- ♂ warum auch Frauen manchmal ejakulieren,
- ♂ wie Sie trotz fehlender Fremdsprachenkenntnisse bei »Spanisch« und »Italienisch« eine gute Figur machen,
- ♂ wie Sie länger können und Frauen bei Ihnen öfter kommen,
- ♂ warum eine »Golden Shower« nicht unbedingt den weiblichen Geschmack trifft,
- ♂ wie Sie die Damenwelt mit oralen Fertigkeiten in Verzückung versetzen,
- ♂ warum es gar nicht so übel ist, wenn Sie (Sex-)Stellung beziehen und sich zum »Affen« machen.

Informieren Sie sich über diese Dinge und mehr. Was neu für Sie ist, können Sie durchaus lernen. Denn eines sollte doch klar sein: Nur wenn Sie wirklich wissen, wie wir Frauen funktionieren und was wir uns wünschen, können Sie aktiv Einfluss nehmen und Herr der Lage bleiben. Und das wollen doch die meisten von Ihnen, nicht wahr?

So wertvoll die Lektüre dieses Buches auch ist, es gibt drei Dinge, die Sie dringend beachten sollten:

1. Lassen Sie dieses Buch nie in Reichweite von Frauen liegen. Die Damen müssen doch nicht wissen, dass Sie einige theoretische Nachhilfestunden genommen haben.

2. Lassen Sie dieses Buch nie in Reichweite anderer Geschlechtsgenossen liegen. Damit sorgen Sie nur für zusätzliche Konkurrenz und machen sich das Leben unnötig schwer.

3. Lassen Sie dieses Buch auch nie in Reichweite Ihrer Eltern liegen. Diese könnten sonst denken, dass sie irgendetwas in der Erziehung falsch gemacht oder gar versäumt haben. Familienstress und mitunter nervige Fragen sind vorprogrammiert, und das können Sie ganz einfach vermeiden.

Behalten Sie das Buch deshalb für sich und all das Gelesene in Ihrem Kopf. Wenn Sie das Gelernte dann in der Praxis anwenden, werden Sie sicherlich für Ihre Liebeskünste inklusive Flirt- und Verführungsvorgehen mit Bestnoten von Ihrer Liebsten belohnt werden.

## Was Sie über Frauen wissen sollten

Sicher gebührt Biologielehrern ein gewisser Dank. Schließlich ist es kein Leichtes, pubertierende männliche Teenager über sekundäre und primäre Geschlechtsorgane zu informieren, sachlich über die Menstruation einer Frau zu berichten und jenen Akt zur Fortbestehung der Menschheit zu erklären, über den die Zuhörenden eigentlich eh schon (fast) alles wissen. Doch die Biologielehrer üben konsequent ihren Job aus und leisten so einen wesentlichen Beitrag zur Aufklärung darüber, was Männer über Frauen wissen sollten.

Weiterer Dank in dieser Hinsicht geht an das Dr.-Sommer-Team der bekannten Jugendzeitschrift *Bravo*, und natürlich haben in manchen Fällen auch die eigenen Eltern gewissenhaft über die Geschichte mit den Bienen und den Blumen berichtet. Inwiefern Sie dann noch irgendwelchen gut informierten oder frühreifen Jugendfreunden zu Dank verpflichtet sind, wissen Sie wohl selbst am besten.

Auf diese Weise haben Sie bestimmt schon eine Menge Informationen über das weibliche Geschlecht gesammelt. Doch glauben Sie tatsächlich, dass diese ausreichen? Sicher fühlen Sie sich dennoch so manches Mal verunsichert, zum Beispiel wenn Sie im Alltag häufig mit Frauen zu tun haben, es ums Flirten oder gar um die schönste Nebensache der Welt geht. Ihnen fehlt also offensichtlich noch einiges an Wissen, wenn Sie mit Frauen besser klarkommen wollen.

Also nutzen Sie die Chance und informieren Sie sich – am besten, bevor Sie erneut intensiveren Kontakt zu Frauen aufnehmen.

### *»Typisch Frau?« – Macken und biologische Vorteile*

Glauben heißt nicht wissen, machen Sie sich das bewusst. Bevor Sie also Vermutungen darüber, was »typisch Frau« ist, als felsenfeste Gewissheiten handeln, machen Sie sich schlau. Häufig hört man von Männern, die irgendwelchen Gerüchten oder Zeitungsenten auf den Leim gehen. Schnell kann so eine Sammlung von teils absurden und schlichtweg falschen Vorurteilen über uns Frauen zusammenkommen. Hier eine kleine Kostprobe:

- ♂ Frauen sind die schlechteren Autofahrer!
- ♂ Frauen sind zickig!
- ♂ Frauen fangen schnell an zu weinen!
- ♂ Frauen lästern gerne!
- ♂ Frauen täuschen oft einen Orgasmus vor!
- ♂ Frauen sind Quasselstrippen!
- ♂ Frauen gehen immer zu zweit auf Toilette!
- ♂ Frauen geben viel Geld für Kleidung aus!
- ♂ Frauen wollen weniger Sex!
- ♂ Frauen schauen öfter in den Spiegel!
- ♂ Frauen brauchen im Badezimmer länger!
- ♂ Frauen sind gierige Naschkatzen!
- ♂ Frauen haben einen Schuhtick!
- ♂ Frauen vertragen weniger Alkohol!

Und so weiter und so fort. Frauen tun dies, Frauen tun das, und in der Tat tun Frauen vieles, doch nicht alles so, wie Sie und viele andere Männer es vielleicht glauben. Darum lassen Sie uns gemeinsam einigen Dingen genauer auf den Grund gehen, um herauszufinden, was wirklich an den »Typisch-Frau«-Behauptungen dran ist.

*»Frauen schauen öfter in den Spiegel!«*

Ertappt! Tatsächlich kommen drei von vier Frauen nicht an einem Spiegel vorbei, ohne wenigstens einen kurzen Blick auf das eigene Abbild zu werfen. Wie eine Studie des Bundesverbandes der Glasindustrie ergab, sind es sogar 110 Stunden, also fast fünf Tage im Jahr, die wir Frauen mit dem Betrachten unserer Erscheinung verbringen. Doch bevor Sie, meine Herren, Ihre Liebste deswegen anmeckern, sollten Sie sich lieber freuen. Schließlich kann es doch nur in Ihrem Interesse sein, wenn Ihre Partnerin auf ihr Aufsehen achtet und optisch etwas hermacht. Stellen Sie sich nur einmal vor, sie würde auf das eine oder andere Stündchen vor dem Spiegel verzichten? Dann würde beispielsweise ihre Frisur kaum noch als solche gelten können, der Lippenstift verschmiert sein, und Sie hätten somit eine Begleitung an Ihrer Seite, die nicht besonders vorzeigbar wäre. Und das dürfte doch wohl kaum in Ihrem Sinne sein, oder?

*»Frauen gehen immer zu zweit auf Toilette!«*

Davon abgesehen, dass dies nicht auf alle Frauen und nicht immer zutrifft – die beste Freundin hat schließlich auch andere Verpflichtungen –, fassen Sie sich lieber einmal an die eigene Nase, meine Herren. Was tun Sie denn? Während wir uns brav in die Toilettenkabinen einschließen, reihen Sie sich offensichtlich nebeneinander an den Urinalen auf und schauen sich beim Pinkeln sogar noch gegenseitig über die Schulter. Dagegen sind unsere kurzen, teils gemeinsamen Ausflüge auf die Toilette harmlos. Und wenn Sie mir jetzt noch damit kommen, dass Frauen dabei ewig über Männer tratschen – vergessen Sie es. Sicher wird das manchmal der Fall sein, aber es gibt auch andere Themen, über die Frauen gerne einmal sprechen.

*»Frauen wollen weniger Sex!«*
Das ist wirklich total absurd. Manchmal denke ich sogar, dass Männer so etwas verbreiten, um sich selbst als »Immer-Könner« zu verkaufen, die aufgrund ihrer Gene gar nicht anders als dauerwillig sein können. Doch sollten Sie sich eingestehen, dass auch Männer ihre Tage haben, an denen sie einfach keine Lust auf Sex verspüren. Zu viel Stress im Job, zu viel Ärger mit dem Steuerberater, Familienstreitigkeiten – Gründe gibt es viele, und ich erzähle Ihnen das, weil genau in solchen Momenten nicht selten eine Frau neben einem Mann liegt, die dann sexuell unbefriedigt bleibt. Das gilt vor allem für die Tage, an denen Frauen hormonell bedingt nur Sex im Kopf haben (mehr dazu siehe Seite 34). Also: Das Verhältnis von »Sex wollen« und »Sex nicht wollen« ist zwischen Männern und Frauen relativ ausgeglichen.

*»Frauen brauchen im Badezimmer länger!«*
Jein. Gegen die Männer, die sich täglich ausgiebig rasieren und ihre Nasenhaare entfernen müssen, die sich jeden Morgen lange duschen und danach noch eine Maske gegen trockene Haut auftragen, die sich alle 24 Stunden die Fußnägel feilen und kleine Lockenwickler ins Haar drehen müssen –

gegen diese Beaus kommen wir wirklich nicht an. Was jedoch die Männer betrifft, die ihre Morgentoilette aufs einfache Duschen, Rasieren, Kämmen und Zähneputzen beschränken – im Vergleich dazu trifft die Behauptung durchaus zu. So benötigen wir Frauen im Schnitt für ein perfektes Styling inklusive Zähneputzen und Duschen um die 27 Minuten, Männer machen sich in 22 Minuten zurecht.

### *»Frauen haben einen Schuhtick!«*

Bei einer Freundin von mir, die zugegebenermaßen einen ziemlich guten Job hat und jede Menge Geld verdient, steht im Schlafzimmer ein Stapel aus 184 Schuhkartons mit passendem Inhalt, kein Witz. An jedem Karton klebt ein Polaroid-Foto, damit sie weiß, welche Schuhe sich in welchem Karton befinden. Sie sagt, dass sie alle Paare tatsächlich anzieht, wenn auch manch eines nur alle vier Jahre und nur vor dem eigenen Spiegel. Von dieser Freundin jedoch auf alle anderen Frauen zu schließen geht nicht an. Ich zum Beispiel habe gerade einmal acht Paar Schuhe und meine Nachbarin nur fünf. Es lässt sich zum Thema Schuhtick also kaum eine Verallgemeinerung treffen – und übrigens gibt es auch einige Männer, die einen ziemlich großen Schuhschrank haben müssen, um ihre Schuhsammlung unterbringen zu können.

### *»Frauen fangen schneller an zu weinen!«*

Das stimmt! Frauen vergießen tatsächlich fünfmal mehr Tränen als Männer. Dies liegt jedoch nicht daran, dass die Psyche von Frauen äußerst labil ist, sondern an dem Hormon Prolaktin. Im weiblichen Körper ist davon 60 Prozent mehr vorhanden als im männlichen. Hinzu kommt, dass den meisten Männern (82 Prozent) das Weinen vor anderen Menschen peinlich ist. Dies ergab eine Studie der Münchener Gesellschaft für Rationelle Psychologie.

*»Frauen sind Quasselstrippen!«*

Auch dieses »Vorurteil« ist wohl wahr! Die Telekom hat einmal mitgestoppt, wie lange Gespräche dauern: Frauen hängen durchschnittlich 10,4 Minuten in der Leitung, Männer dagegen nur 7,8 Minuten. Zudem greifen Frauen viel öfter zum Telefonhörer. Demnach führen 90 Prozent der Frauen mehr als 20 Gespräche pro Woche. Grundverschieden sind auch die Gesprächsinhalte, die Frauen und Männer austauschen. Frauen trösten eine Freundin, plaudern über Gott und die Welt und reden einfach gern. Dagegen beschränken sich Männer meistens auf den Austausch von sachlichen Informationen.

*»Frauen sind gierige Naschkatzen!«*

Dieser Punkt kann gemeinsam mit der Behauptung, dass Frauen zickig sind, abgehandelt werden. Wann und warum beides durchaus zutrifft, erfahren Sie ab Seite 34. Denn mit ein paar Sätzen lässt sich dieses Thema nicht erfassen.

*»Frauen sind die schlechteren Autofahrer!«*

Diese Behauptung kann nicht einfach so im Raum stehen bleiben, denn bereits seit vielen Jahren belegen Statistiken das Gegenteil. Demnach wird von den jährlich im Schnitt über zweieinhalb Millionen registrierten Verkehrsverstößen nur jeder fünfte von einer Frau verursacht. Fast logisch ist daher auch, dass die Verkehrssünderkartei in Flensburg zu 80 Prozent Einträge über Männer verzeichnet hat. Bei ernsteren Delikten, die zum Entzug des Führerscheins führen, liegen Männer sogar mit einem Anteil von 90 Prozent weit vorn. Die häufigsten Gründe für das Bekanntwerden in Flensburg sind Alkohol am Steuer, überhöhte Geschwindigkeit, Missachtung der Vorfahrt und Fahrerflucht. Grund dafür ist das höhere Aggressionspotenzial der Männer. Das männliche Hormon Testosteron fördert die Neigung, bei Stress und unübersichtlichen Situationen auf eine entschlossene Lösung zu setzen. Rasen, drängeln und gefährliche Überholmanöver sind »typisch männlich«. Folglich gehen knapp 85 Prozent aller schweren Zusammenstöße auf ihr Konto. Frauen halten sich doch lieber zurück und zügeln ihre Raserlust. Wenn sie im Straßenverkehr auffällig werden, dann doch eher aufgrund von Vorfahrtfehlern oder zögerlichem Einparken (ein echtes Problem für viele Frauen!) und daraus resultierenden leichten Blechschäden. Bevor aber nun Argumente à la »Männer fahren ja auch viel mehr« angeführt werden, sei erwähnt: Auch unter Berücksichtigung und Anrechnung der Fahrkilometer beträgt der männliche Anteil an Verkehrsdelikten immer noch 62,5 Prozent, der weibliche Anteil demnach 37,5 Prozent.

*»Frauen täuschen oft einen Orgasmus vor!«*
An dieser Stelle kein Kommentar. Näheres zu dieser Behauptung plus Zahlen über das tatsächliche Vorkommen erhalten Sie auf Seite 218.

*»Frauen vertragen weniger Alkohol!«*
Das stimmt! Denn der weibliche Organismus stellt das Enzym Äthanoldehydrogenase, das für den Abbau des Alkohols zuständig ist, nur in geringen Mengen zur Verfügung. Zudem wiegen Frauen häufig weniger als Männer, sodass oft-

mals schon zwei Gläser Wein bei uns die Wirkung haben, die der Mann erst nach dem dritten Glas erlebt.

Nachdem Sie einiges über Vorurteile und Wahrheiten in Bezug auf weibliche Macken und Marotten erfahren haben, möchte ich noch auf die Biologie eingehen. Keine Angst, Sie werden nun nicht mit endlosen Ausführungen über Schwangerschaft und Stillen konfrontiert. Zwar ist dies unumstritten »typisch Frau«, doch auch so speziell und hoffentlich bekannt, dass ich das Thema an dieser Stelle auslassen kann. Allerdings gibt es weitere biologische Unterschiede zwischen Frauen und Männern, die Sie unbedingt erfahren sollten, um einige typisch weibliche Eigenschaften besser zu verstehen.

*Frauen können Farben besser erkennen!*

Da die Erbinformationen für die Farbrezeptoren im Auge auf dem X-Chromosom liegen und Frauen zwei davon haben, nehmen sie Farben im Allgemeinen differenzierter wahr. Daher kommt zum Beispiel die Rotgrünblindheit fast nur bei Männern vor. Doch auch gesunden Männern fällt es oftmals schwer, Unterschiede zwischen Orange und Rosa oder Farbabgrenzungen wie zwischen Grün, Türkis und Blau sicher zu erkennen.

*Frauen können besser koordinieren!*

Frauen sind schon wahre Wunderwesen, und so können sie auch besser verschiedene räumliche Tätigkeiten miteinander koordinieren – zum Beispiel mit einer Hand die Zähne putzen, mit der anderen einen Spiegel sauber reiben. Der Grund für diese Wahnsinnstaten: Im weiblichen Gehirn ist der Corpus callosum, das ist der Balkenkörper, der die rechte und die linke Hirnhälfte verbindet, bis zu 30 Prozent dicker als bei Männern.

Eigentlich wären Frauen aufgrund ihrer Koordinierungsfähigkeiten und der bekannten sozialen Ader bestimmt auch die besseren Chefs. Jedenfalls wies eine US-Studie nach, dass Frauen

- ♂ Mitarbeiter stärker an Entscheidungsfindungen beteiligen,
- ♂ pünktlicher und zuverlässiger sind,
- ♂ Informationen schneller weiterleiten,
- ♂ ein besseres Gespür für neue Trends besitzen,
- ♂ besser motivieren,
- ♂ bei komplexen Problemen leichter den Überblick behalten und
- ♂ die Stärken und Schwächen der Mitarbeiter besser einschätzen.

Dem entgegen steht aber, dass zahlreiche Frauen zu einer ausgeprägten »Stutenbissigkeit« neigen und andere Frauen schnell als Konkurrentinnen oder gar Feindinnen ansehen. Zudem mangelt es noch an Autoritätsausstrahlung.

*Frauen hören besser!*

Bereits die kleinen Mädchen sind den kleinen Jungen sprachlich überlegen. Das schlägt sich nicht nur beim Wortverständnis, sondern auch beim Gehör für Tonfall und Lautstärke nieder. So reagieren weibliche Babys doppelt so empfindlich auf laute Geräusche wie männliche. Allerdings schneiden Männer besser ab, wenn es darum geht zu erkennen, aus welcher Richtung ein Geräusch kommt. Ansonsten ist das Hören eher keine herausragende Fertigkeit der Männer – das Zuhören schon gar nicht.

Doch ein wenig will ich die Männer auch in Schutz nehmen. So muss schlechtes Zuhören, gerade wenn es um Gespräche zwischen Partnern geht, nicht zwingend auf mangelndes Interesse an der Beziehung hinweisen. Akustische Informationen nehmen für die meisten Männer einfach einen geringeren Stellenwert ein. So kommt es auch, dass sich mehr Männer Actionfilme anschauen, während Frauen Streifen bevorzugen, in denen es um sprachliche Auseinandersetzungen zwischen den Personen geht. Sie glauben mir nicht? Doch wie oft heißt es aus männlichem Mund: »Ein typischer Frauenfilm. Da wird nur geredet und diskutiert …«

### *Frauen haben den besseren Blick für Details!*

Traurig, aber wahr: Der mangelnde Blick der Männer für Details, gekoppelt mit zu viel Wagemut, führt dazu, dass Männer viel öfter verunglücken als Frauen. Schon kleine Jungen sind im Straßenverkehr deutlich stärker gefährdet und häufiger an Unfällen beteiligt als Mädchen. Laut einer Studie der Universität von Michigan haben besonders in Städten lebende Männer ein bis zu 62 Prozent höheres Todesrisiko als Frauen. Der Grund dafür ist der bessere Blick von Frauen für Einzelheiten im Nahfeld. Sie erkennen Feinheiten schneller und leichter. Hier liegt übrigens auch die Quelle der berühmten weiblichen Intuition. Schon an Nuancen der Körpersprache erkennen Frauen die Befindlichkeit ihrer Mitmenschen und entlarven Schwindeleien eher als Männer.

*Frauen haben den besseren Riecher!*

Vorsicht bei einem Seitensprung, meine Herren. Falls Sie Ihre Liebste schon betrügen müssen, dann bitte nicht mit einer Dame, die ein Faible für Parfumfläschchen und starke Düfte hat. Denn der Geruchssinn von Frauen ist empfindlicher als der von Männern und zudem stärker mit ihrer Gefühlswelt verbunden. Daher sollten Sie auch immer die Tipps zur Körperpflege beachten (siehe Seite 117). Besonders in der Zeit um den Eisprung sind Frauen sensibel für Pheromone und andere männliche Substanzen, die sie wahrnehmen, ohne einen beschreibbaren Geruch zu erkennen. Und die Reaktion darauf ist Erregung.

### *Über den Schönheitswahn und den Mythos von der »romantischen« Frau*

»Und, wie sieht sie aus?«, fragt ein Mann den anderen – und meint damit dessen neue Eroberung. Stellen Sie sich doch bitte einmal vor, der Gute erzählt Ihnen dann, dass seine Angebetete um die 140 Kilo wiegt, knapp über 160 Zentimeter groß ist, strohige Strähnen als Haar hat, modisch eher den Lumpenlook bevorzugt und überdies unter Akne leidet. Sie würden vom Glauben abfallen und mit Sicherheit feststellen, dass Ihnen so etwas nicht ins Haus, geschweige denn unter die Bettdecke kommt.

Natürlich muss ich zugeben, dass auch wir Frauen uns kaum für derartige Vertreter – von wegen 140 Kilo auf etwa 160 Zentimeter Körpergröße – Ihres Geschlechts erwärmen können. Haben Sie sich aber schon einmal gefragt, warum es haufenweise schicke, junge Girlies gibt, die sich immer wieder an der Seite von prominenten Partyhengsten und anderen bekannten Größen zeigen? Oder warum sich etliche weniger wohlproportionierte Damen hier und da ein Silikonpölsterchen anbringen und die älteren sich oftmals die Falten wegspritzen lassen? Häufig antworten Männer auf solche Fragen: »Verstehe ich sowieso nicht. Ich würde das nicht machen lassen …« Doch viele Frauen fühlen sich durch eine gewisse männliche Erwartungshaltung unter Druck gesetzt. Die Gesellschaft scheint es so zu erwarten, und wer dann noch als Frau im Rampenlicht steht, gerät bei all dem Jugendwahn schnell in Zugzwang und somit unters Skalpell eines Schönheitschirurgen.

Zwar will ich damit nicht sagen, dass es bei Frauen nur auf die Optik ankommt, sich alle Stars operieren lassen und jeder männliche Promi es irgendwann mit einem jungen Ding tut. Nein. Doch die Karten in der Gesellschaft sind, was das Aussehen betrifft, einfach unfair verteilt. Gelten zum Beispiel Männer mit grauen Schläfen als reif und locken mithilfe ihres »Beschützerbonus« plus »Erfahrungsschatzes« häufig junge Frauen an ihre Seite, greifen schon viele nur wenig ergraute Damen lieber schnell zur Haartönung, um nicht automatisch als Wesen abgestempelt zu werden, dessen gute Jahre wohl vorbei sind. Ähnliches gilt bei einem leichten bis schweren Bauchansatz.

Zudem gibt es weitere optische Auffälligkeiten – zum Beispiel große Zahnlücken von der Marke »Jürgen Vogel« oder Segelohren der Kategorie »Dominique Horwitz«, beides Schauspieler –, die Männer zu begehrten »Charaktertypen« werden lassen, uns Frauen aber oftmals eher aufs Abstellgleis befördern. Haben Sie also bitte Verständnis, wenn Ihre Angebetete sich sehr um ihr Aussehen kümmert und viel Zeit damit verbringt, sich zu stylen und herzurichten. Sie versucht nur, Ihren Erwartungen und denen der Gesellschaft zu entsprechen. Sollten Sie keinerlei derartige Maßstäbe im Kopf haben und Ihre Partnerin so lieben, wie sie ist, dürfen Sie es ihr ruhig hin und wieder oder auch gern einmal öfter sagen.

Kommen wir nun zu einem anderen Thema: dem Mythos der romantischen Frau. Stellen Sie sich noch einmal vor, dass Sie mit Ihrem Freund über seine neue Freundin sprechen. Er erzählt, dass sie mit derben Sprüchen nur so um sich wirft, ihm gleich frech in die Hose fasst, Bierflaschen mit den Zähnen öffnet und mit ihrer lauten Lache jeden Anwesenden total verschreckt. Richtig neidisch würden Sie auf diese Eroberung Ihres Freundes auch nicht sein, oder? Und damit wären Sie nicht alleine, denn die meisten Männer wünschen sich eine Partnerin, die sich mit den Worten »süß und lieb«, etwas »schüchtern« und mit einem ausgeprägten Hang zur Romantik beschreiben lässt.

Doch mit diesen Anforderungen verlangen viele Männer eine ganze Menge von den Frauen, ohne dabei jedoch selbst in die Offensive, geschweige denn in Vorleistung zu gehen. Genauer gesagt wünscht sich jede zweite Frau (53,9 Prozent) zwischen 20 und 45 Jahren mehr Romantik in der Partnerschaft. Das ergab eine Umfrage des Bielefelder Meinungsforschungsinstituts Emnid aus dem Jahr 2002, die im Auftrag der Zeitschrift *Lisa* durchgeführt wurde. Von den Frauen, die nicht mit ihrem Partner zusammenleben, wollen sogar 73,5 Prozent ein stärkeres romantisches Flirren.

Denken Sie also einmal darüber nach, ob nicht auch Sie etwas dazu tun können, dass sich Ihre eigenen Wünsche erfüllen. Denn Sie erwarten von den Frauen etwas, das Sie selbst nicht geben wollen, obwohl Sie es wahrscheinlich könnten. Und lassen Sie auch die Situationen zu, in denen Ihre Partnerin eben nicht einfach nur nett, lieb und romantisch ist, sondern sich aufregen muss, wenn zum Beispiel jemand ihre Autoreifen zerstochen hat oder bei der Beförderung schon wieder ein anderer vorgezogen wurde.

Noch ein Tipp, wenn Sie in Ihrer Beziehung unter Romantik-Entzug leiden: Schenken Sie Ihrer Liebsten einen Strauß Rosen, laden Sie sie zu einem Candle-Light-Dinner ein oder überraschen Sie sie mit einem besonderen Schmuckstück. Denn in (fast) allen Frauen steckt Romantik zuhauf, und diese lässt sich mit derartigen Präsenten gerne hervorlocken. Dies bestätigt auch die Umfrage des Emnid-Instituts, die ergab, dass 61,4 Prozent der befragten Frauen sich über eine Einladung zum Abendessen bei Kerzenlicht freuen würden. Das Lieblingsparfum als Liebesgabe finden Frauen hingegen weniger beeindruckend, nur 0,3 Prozent halten das für eine romantische Idee.

## *Frauenwünsche, Frauenängste, Frauenkrisen*

Zwar sind die meisten von uns Frauen durchaus liebenswerte, selbstverliebte Wesen und verfügen im Schnitt über einen mittelschwer ausgeprägten Narzissmus, doch glauben Sie mir, auch wenn es oftmals so scheint: Nicht alles dreht sich bei uns Frauen um das Aussehen. Demnach hat die Mehrzahl der Frauen auch andere Sorgen als Cellulite, (erste) Falten und graue Haare. Alles mehr oder weniger verständlich unschön, doch es gibt deutlich Schlimmeres.

*Die biologische Uhr*

Das Ticken der biologischen Uhr ist zum Beispiel so eine Sache, die viele Frauen beschäftigt: Etwa um Mitte 30 stellen sie sich, wenn sie noch keine Kinder haben, Fragen wie »Will ich jetzt Kinder?«, »Kann ich überhaupt welche bekommen?«, »Was, wenn ich tatsächlich unfruchtbar bin?«, »Möchte ich dann mit meinem Partner ein Kind adoptieren?«, »Würde ich es erst mit einer Hormonbehandlung probieren?«. Diese Gedankengänge bleiben den Männern gegenüber in vielen Fällen allerdings unausgesprochen, genauso wie die Angst vor Brustkrebs – ebenfalls ein Thema, das zahlreiche Frauen beschäftigt. Hinzu kommen weitere Sorgen, von denen auch Männer betroffen sind: Das ist die Angst um den Arbeitsplatz, vor Krieg, vor der Zukunft mit einer kümmerlichen Rente, vor körperlichen Übergriffen und so weiter und so weiter. Ganz zu schweigen von all den Problemen aus der Psychoecke. Angefangen mit »Was bin ich eigentlich wert?« über »Wer liebt mich?« bis hin zu »Gibt es ein Leben nach dem Tod?«, befassen sich viele Frauen mit derartigen nervenaufreibenden Fragen. In diesem Zusammenhang sei am Rande erwähnt, dass Frauen dreimal häufiger als Männer an Depressionen erkranken, was dann wohl auch unter der Rubrik »typisch Frau« zu vermerken wäre.

*Die Ex-Frauen*

Eigentlich paradox: Viele Frauen können ihre Vorgängerin nicht leiden, obwohl diese ihnen nichts getan hat. Sie fürchten sich vor ihr, obwohl sie mit ihr noch nie ein Wort gewechselt haben. Ohne sie überhaupt zu kennen, sind sie eifersüchtig auf die Geschlechtsgenossin. Dafür reicht eine Tatsache: Die andere ist die Ex. Und wirkt damit auf eine Frau wie ein rotes Tuch auf den Stier. Allein schon wenn der Name der Besagten fällt, flippen einige Frauen aus. Warum? Ganz einfach: Sie haben Angst, dass der Partner vielleicht rückfällig werden könnte. Schließlich hat er mit der Frau einmal das Bett geteilt, ist mit ihr möglicherweise in den Urlaub gefahren, hat mit ihr Zukunftspläne inklusive Kinderkriegen geschmiedet und stellte somit diese Frau im Verwandtenkreis mitunter schon als seine Angetraute und Schwiegertochter in spe vor. All das zu wissen lässt einigen Frauen keine ruhige Minute.

Eine Umfrage des Forsa-Instituts im Auftrag der Zeitschrift *Petra* im Jahr 1998 ergab, dass über ein Drittel aller Deutschen an der Vergangenheit des Partners ordentlich zu knabbern haben. Und das, obgleich die meisten ebenfalls nicht als Jungfrau in die Beziehung gegangen sind. Doch dieses Argument sollten Sie einer Frau gegenüber nicht erwähnen, wenn sie sich mit Eifersuchtsgedanken plagt. Häufig wird es als billige Entschuldigung angesehen, und die Dame grübelt weiter über die Ex nach. Was also tun?

Vermitteln Sie Ihrer Angebeteten das Gefühl von Einzigartigkeit – dies zum Beispiel durch nicht übertriebene, aber doch regelmäßige Liebesbekundungen – und geben Sie ihr auch sonst keinen Anlass, eifersüchtig zu sein. Sparen Sie sich also ausschweifende Berichte über das einst Gewesene, und wenn Sie Ihre Ex treffen (wollen), dann verheimlichen Sie es nicht. Erklären Sie Ihrer Liebsten lieber, warum Sie sie sehen wollen. Sollten Sie mit der Ex zum Beispiel gemeinsame Kinder haben, dürfte die Dame Ihres Herzens dafür Verständnis aufbringen. Wenn Sie mit Ihrer einstigen Beziehung ein freundschaftliches Verhältnis pflegen, respektieren Sie die Gefühle Ihrer aktuellen Partnerin. Wenn Sie damit ein

Problem hat, reden Sie darüber und reduzieren Sie möglicherweise den Kontakt zu Ihrer Ex. Es muss ja nicht für immer gelten, doch wenn es im Moment das Richtige zu sein scheint und Ihre Liebste sich dann besser fühlt, ist das sicher auch in Ihrem Interesse.

### *»Quarterlife-Crisis«*

Falls Sie nun darüber nachdenken, ob Sie diese Probleme etwas angehen, weil besonders weiblich, und ob Sie sich dies deswegen anhören sollen, lassen Sie sich eines gesagt sein: In Ihrem eigenen Interesse sollten Sie darüber Bescheid wissen, denn nur so können Sie verstehen und angemessen reagieren. Was wäre zum Beispiel, wenn Ihnen eine Auserwählte etwas von ihrer »Quarterlife-Crisis« erzählt? Vielleicht haben Sie noch nie davon gehört, bringen diesen Begriff mit allem Möglichen in Verbindung, und schon ist die Chance auf einen Flirt oder gar mehr dahin. Hierbei handelt es sich um ein ernst zu nehmendes Phänomen, das in den USA bereits sehr populär ist. Dabei geht es um die Krise nach dem ersten Viertel des Lebens, die sich aufgrund des Drucks, neben Arbeit und Geldverdienen Familie, Freunde und Beziehung unter einen Hut zu bekommen, sowie Perspektivlosigkeit und allgemeiner Zukunftsängste einstellt.

### *Gibt es den Mann fürs Leben?*

Apropos Zukunftsängste: Nun nähern wir uns langsam dem Thema, das Frauen ganz besonders häufig Sorgenfalten ins Gesicht treibt. Die Frage der Fragen sozusagen, wenn es um die Zukunft und die weitere Lebensgestaltung geht:

»Gibt es den Mann fürs Leben?«

Viele Frauen grübeln über diese Frage nach, auch dann, wenn noch nicht einmal ein potenzieller »Mister Right« in Aussicht ist. Gerade Singles diskutieren in trauter weiblicher Runde ausgiebig darüber, ob es überhaupt den Mann für die ewige Liebe geben kann. Ob da irgendwo ein Kerl herumläuft, der einen wirklich versteht. Oder wie es unsere Mütter altmodisch sagen würden: ob es den passenden Deckel gibt.

Stundenlang können die Debatten dauern. Einige Frauen sind der Meinung, dass Frauen und Männer gar nicht zusammenpassen, weil sie einfach grundverschieden sind. Andere bringen den Gedanken »Gegensätze ziehen sich an« ins Spiel, wiederum andere schwören darauf, dass ein Paar einfach viel Zeit braucht, um sich kennen zu lernen, und einige haben aufgrund mehrerer erlebter Enttäuschungen längst den Glauben an die ewige Liebe verloren.

Wie Sie sehen, gibt es unterschiedliche Ansichten dazu, doch eine Antwort auf die so oft gestellte Frage können wir Frauen uns selbst nicht geben. Daher passiert es häufig, dass die damit verbundene Unsicherheit in eine neue Beziehung genommen und die Frage durch die realen Erfahrungen beantwortet wird. Was folgt, sind kleinere und größere Sinnkrisen, weil der scheinbare »Mister Right« sich zum Beispiel in Sachen Ordnung als totaler »Mister Wrong« entpuppt, weil der, der sich als hilfsbereit dargestellt hat, schon knurrt, wenn er nur eine Glühbirne auswechseln soll, und der zunächst begeisterte Kinderfreund beim Wörtchen »Nachwuchs« plötzlich erschrocken abwinkt.

Gibt es denn nun den Mann fürs Leben? Zahlreiche Frauen geraten aufgrund solcher Erfahrungen schwer ins Zweifeln. Und das, obwohl sich viele Frauen traute Zweisamkeit mit Kindern wünschen und ganz entspannt, ganz glücklich und ganz sicher mit einem Partner leben wollen.

Und was können Sie als Mann nun für uns Frauen tun? Geben Sie Ihrer Partnerin das Gefühl von Vertrauen und Sicherheit und lesen Sie ihr ihre Wünsche (Beauty-Wochenenden, Schmuckstücke, Reisen etc.) von den Augen ab. Machen Sie ihr Komplimente über ihr Aussehen, loben Sie ihre Fähigkeiten als Mutter (sofern Kinder vorhanden) und lassen Sie auf jeden Fall andere Frauen links liegen. Und vor allem: Sprechen Sie mit ihr, wenn Sie sich unsicher sind. Wenn Sie diese Ratschläge befolgen, werden Sie den Frauen oder gar der Frau Ihres Lebens viele Ängste nehmen, Lebenswünsche erfüllen und Krisen umgehen können. Somit steht Ihnen eine rosige Zukunft mit dem anderen Geschlecht bevor.

## *Großer Bruder, heißer Lover, Schönling oder Schöngeist – welcher Typ Mann kommt an?*

Haben Sie sich nicht auch schon so manches Mal gewundert, dass die Ihrer Meinung nach unmöglichsten Typen die schärfsten Bräute abbekommen? Glauben Sie nicht, dass wir Frauen uns das umgekehrt nicht auch des Öfteren fragen. Im Ernst: Das Verhalten bei der Wahl des Partners ist eine Materie für sich. Wichtiger Faktor dabei ist auch, ob es sich um einen kurzen Flirt, einen One-Night-Stand oder eine etwas längere Beziehung handeln soll oder ob es tatsächlich um den Mann fürs Leben geht.

Bevor Sie nun mehr darüber erfahren, warum Frauen sich gewisse Männertypen angeln, muss dringend erwähnt werden, dass Geschmäcker in Sachen Aussehen und Auftreten absolut verschieden sind. Daher kann ein Mann, der für eine Frau die Verkörperung von »Mister Unscheinbar« ist, für die andere ein »Mister Germany« sein und wiederum für eine andere der absolute »Mister Right«.

*»Mister Germany«*

Selbstverständlich haben Vertreter Ihres Geschlechts, die aussehen wie Brad Pitt oder Pierce Brosnan, auf den ersten Blick offensichtliche Vorteile: Sie bieten Erstklassiges fürs Auge und haben eine Topfigur. Da diese Vorzüge kaum zu übersehen sind, rufen sie allerdings auch Neider an die Front. Und genau das ist der Haken an einer Liaison mit einem Model-Mann. Ständig sitzt der Partnerin die Angst im Nacken, der Mann könnte auf Abwege gelangen. Das ist mit ganz schön viel Psycho-Stress verbunden, den sich einige Frauen nicht antun wollen. Kurzum: Mit einem Schönling flirten – sofort, da gut fürs weibliche Ego. Und falls dieser Mann auch noch an einem One-Night-Stand interessiert ist, wird dies gern mitgenommen. In einer Beziehung aber zählt mehr als nur die Schönheit, welche bekanntlich vergänglich ist, im seltensten Fall die Rente sichert und nur wenig aussagt über das, was ein Mann denkt, was er schätzt, was ihm wichtig ist. Das Äußere sagt also kaum etwas über die so oft zitierten »inneren Werte« aus. Aus diesen Gründen verzichten einige Frauen gerne auf einen »Mister Germany« und bevorzugen stattdessen einen weniger auffälligen Mann.

*»Mister Unscheinbar«*

»Mister Unscheinbar« muss ganz und gar nicht optischen Idealvorstellungen entsprechen, sondern er muss einfach nur da sein. So garantiert er – was gerade nach erlebten Enttäuschungen wichtig ist – emotionale Sicherheit. Denn nie würde dieser Typ es wagen fremdzugehen. Schließlich hat er die tollste Frau schon an seiner Seite und wird keine bessere finden. So sieht in solchen Fällen typisch weibliches Denken und die Verbannung von Angst vor wirklichen Verletzungen und Enttäuschungen aus. Sollte sich »Mister Unscheinbar« doch einmal auf verbotenem Terrain bewegen, macht das nichts. Da er eh nicht »Mister Right« war, weint die Frau ihm keine Träne hinterher. Er war nett, aber nichts für die Ewigkeit!

### *... und andere*

Manchmal wissen Frauen selbst nicht so genau, was sie eigentlich wollen, und denken stundenlang über die Frage »Gibt es den Mann fürs Leben?« nach, ohne einer Antwort nahe zu kommen. Währenddessen frönen einige ihrem Helferinnen-Syndrom und entwickeln dabei eine ausgeprägte und nahezu chronische Vorliebe für Pleitegeier oder Psychopathen. Wiederum andere suchen sich einen Mann, den sie bemuttern können, und manche gar einen, der sie schlecht behandelt. Zwar ist es prickelnd, als Bezwingerin eines Raubeins zu gelten, doch leider taugt auch dieser nur als Lebensabschnittsgefährte.

Sie sehen also, liebe Leser, auch Frauen testen in ihrem Leben erst einmal einiges aus, bis sie schließlich wissen, was sie wirklich wollen: Am besten wäre wohl eine Mischung aus verschiedenen Typen, doch es gilt sich zu entscheiden und Prioritäten zu setzen. Wie dies ausgehen kann, zeigt das Umfrageergebnis des Meinungsforschungsinstituts Forsa. Ziel war es, die Wünsche von Frauen bezüglich Männer festzustellen. Am wichtigsten ist es demnach, dass er ehrlich und absolut treu ist (62 Prozent). An zweiter Stelle kommt die Alltagstauglichkeit, was bedeutet, dass der Traummann im Haushalt mit anpacken muss (59 Prozent). Fast genauso wichtig ist den Frauen, dass ihr Liebster kinderlieb ist und sich Zeit für den Nachwuchs nimmt (43 Prozent).

Nun wissen Sie mehr darüber, welche Eigenschaften bei Frauen besonders gut ankommen. Vielleicht wird Sie das erstaunen, aber die angeblichen Traumtyp-Attribute wie Männlichkeit und Stärke, Waschbrettbauch und Stahlblick lagen mit nur sechs Prozent weit hinten. Für Sie wiederum bedeutet das, dass Sie einfach so sein sollten, wie Sie tatsächlich sind. Sie brauchen auf keinen Fall vorzugeben, besonders männlich oder ausgesprochen cool zu sein, wenn Sie sich auf die Suche nach einer Partnerin machen – sei es für ein Abenteuerchen oder eine langfristige Geschichte.

### *Die Achterbahn der Hormone – PMS*

Leider lässt es sich nicht umgehen, dass bestimmte Tage immer wieder ein Thema sind – und das alle vier Wochen: und zwar die, an denen Frauen ihre Menstruation haben. Dann spielen die Hormone im weiblichen Körper verrückt, und da Sie, meine Herren, ebenfalls Leidtragende dieser Umstände sein können, will ich Sie kurz über einiges Wissenswerte informieren.

Zunächst einmal: Sparen Sie sich generell Fragen wie »Hast du deine Tage?« oder Sätze wie »Du hast wohl deine Tage!« Damit treiben Sie die meisten Frauen nur auf die Palme. Sicher ist, dass auch die Mehrzahl der Frauen wohl gerne auf ihre Periode verzichten würde. Dies vor allem wegen der zahlreichen unangenehmen Begleiterscheinungen, die schon Tage vor den Tagen auftreten können. Damit meine ich das ominöse prämenstruelle Syndrom – kurz PMS genannt. Dieser Begriff steht für charakteristische Beschwerden, die mit körperlichen und psychischen Veränderungen von sehr individueller Intensität einhergehen. Mit dem PMS können über 100 verschiedene Symptome auftreten, doch an dieser Stelle folgen nur die gängigsten:

- ♂ Kopfschmerzen
- ♂ Migräne
- ♂ Nervosität
- ♂ Konzentrationsschwäche
- ♂ Depressive Verstimmung
- ♂ Innere Unruhe
- ♂ Anspannung
- ♂ Antriebslosigkeit
- ♂ Reizbarkeit und Aggressivität
- ♂ Geblähter Bauch
- ♂ Ziehende und krampfartige Schmerzen
- ♂ Spannungsgefühl im Unterbauch
- ♂ Heißhunger auf Süßes
- ♂ Spannungsgefühl in den Brüsten
- ♂ Rückenschmerzen
- ♂ Gelenk- und Muskelschmerzen
- ♂ Anschwellen von Händen und Beinen
- ♂ Verdauungsbeschwerden und Gewichtsschwankungen durch Flüssigkeitseinlagerungen
- ♂ Stimmungsschwankungen

Die Ursachen des PMS sind auch heute noch weitgehend unbekannt. Während es in den USA längst als Krankheitsbild anerkannt ist, werden wir Frauen hierzulande mit den Begleitbeschwerden häufig nicht ernst genommen. Nachfolgend eine Liste der häufigsten Symptome bei Regelschmerzen, damit Ihnen klar wird, was so manche Frau während ihrer Menstruation aushalten muss:

- ♂ Kopfschmerzen
- ♂ Schwindel
- ♂ Appetitlosigkeit
- ♂ Völlegefühl
- ♂ Übelkeit
- ♂ Verdauungsbeschwerden
- ♂ Schlaflosigkeit
- ♂ Müdigkeit
- ♂ Konzentrationsschwäche
- ♂ Rückenschmerzen
- ♂ Hitzewallungen
- ♂ Hautveränderungen (Pickel, Allergien)
- ♂ Stimmungsschwankungen
- ♂ Depressivität
- ♂ Emotionale Labilität

Was die meisten Frauen angesichts all dieser unschönen Umstände brauchen, ist ein wenig Mitgefühl. Und genau da kommen Sie ins Spiel. Falls Sie sich nun fragen, wie dieses Mitgefühl aussehen kann – bringen Sie Ihrer Partnerin Schokolade mit! Denn nicht ohne Grund sind zahlreiche Frauen in den Tagen vor den Tagen so leicht reizbar und verstimmt (das zum Thema »Frauen sind zickig«). Dies liegt an drastischen Hormonschwankungen im Monatszyklus, wobei zwischen Eisprung und Menstruation der Serotoninspiegel stark sinkt. Genau aber dieser Hirnbotenstoff – Serotonin – vermittelt Ruhe und Zufriedenheit und gerät durch Zucker und Fett (Schokolade!) wieder ins Gleichgewicht.

Falls sich Ihre Liebste jedoch nicht durch etwas Süßes trösten lässt und extrem von PMS-Problemen und Blutungsbeschwerden betroffen ist, seien Sie nett zu ihr, machen Sie ihr eine Wärmeflasche und legen Sie nicht jedes Wort, das fällt, auf die Goldwaage. Und hier noch ein paar aufmunternde Worte für Sie: Die meisten Frauen sind kurz vor, mittendrin oder nach ihrer Periode am leichtesten erregbar und ganz scharf auf Sex. Das liegt daran, dass zu dieser Zeit das Hormon Testosteron im weiblichen Körper vermehrt gebildet wird.

### *Warum Frauen selten »nur Sex« wollen und das ewige Thema Hochzeit*

Eine Nummer nach dem Schema »Licht aus, rein, raus« ruft bei den wenigsten Frauen wirkliche Begeisterung hervor. Auf jeden Fall wollen sie mehr und vor allem eines – Streicheleinheiten. Dass Frauen diesbezüglich etwas gieriger sind als Männer, liegt an der Beschaffenheit der weiblichen Haut. Sie ist im Vergleich dünner und reagiert deshalb empfindlicher auf Berührungen. Dies konnte schon bei nur wenige Tage alten Mädchen im Vergleich zu Jungen festgestellt werden. Das erklärt auch, warum Mädchen von den Müttern mehr gestreichelt werden. Sie sehen also, der Wunsch nach Streicheleinheiten ist uns praktisch angeboren, und wir wollen so viele, weil wir grundsätzlich zu wenig bekommen und vielleicht gar nicht genug davon kriegen können. Und das gehört nach Meinung der meisten Frauen auch zum Sex dazu. Viele Männer jedoch sind mit Zärtlichkeiten und Streicheleinheiten ein bisschen zurückhaltend, weil sie davon ausgehen, dass eine Frau ihn und sich selbst in Gedanken vor dem Traualtar sieht, sobald er Hand an sie gelegt hat.

Auch wenn das in manchen Fällen durchaus zutreffen mag, Sie sollten dieses Verhalten nicht auf alle Frauen übertragen. Zunächst zur Beruhigung all jener unter Ihnen, die dem Heiraten grundsätzlich abschwören – damit liegen Sie im Trend. Die Tendenz zur Eheschließung ist seit Anfang der 1990er Jahre rückläufig (Ausnahme war lediglich das Jahr 1999). So heirateten laut dem Statistischen Bundesamt im Jahr 2001 in Deutschland 389.000 Paare. Gegenüber dem Jahr 2000 sank die Zahl der Eheschließungen damit um 29.000 beziehungsweise 6,8 Prozent.

Eine Tatsache, die den Frauen zwar nicht die Tränen in die Augen treibt, aber das Träumen erschwert. Denn zugegebenermaßen würde eine ganze Reihe von Frauen gerne einmal den Bund der Ehe eingehen. Dieses Bedürfnis hängt einerseits mit dem Wunsch nach Sicherheit zusammen, andererseits kommt hier die romantische Ader zum Vorschein (da ist sie wieder). Auch wenn klar ist, dass mit einer Heirat keine Garantie einhergeht – Träumen ist doch wohl erlaubt.

Doch viele Männer sträuben sich dagegen, und sobald die Rede auf das Thema Hochzeit kommt, tritt die weit verbreitete männliche Angst vor einer festen Bindung zu Tage. Falls Sie sich jetzt denken: »Ja, das kenne ich«, möchte ich Ihnen gleich eines sagen: Was meinen Sie, was sich eine Frau fragt, wenn ein Mann beim Wörtchen »Heirat« derart deutlich abwinkt? Sie müssten es fast schon wissen; dann sitzt sie sehr wahrscheinlich wieder da und zermürbt sich das Gehirn: Was bin ich wert? Liebt mich der Mann wirklich? Gibt es den Mann fürs Leben? Und in solchen Momenten empfiehlt es sich, vorsichtig zu sein. Floskeln wie etwa »Wir lieben uns doch auch so« sind eher unangebracht.

## Die Kunst des Flirtens oder: »Wie Sie zum Frauenversteher werden«

Gott ist ungerecht und gemein – zumindest zu Ihnen, meine Herren. Haben Sie sich nicht auch schon oft gefragt, warum es so verdammt viele schöne, schlaue, aufregende Frauen gibt? Im Ernst: Das Angebot ist groß, und Sie haben die Wahl! Vorausgesetzt, Sie wissen, was Sie wollen, wo Sie suchen müssen und vor allem wie die richtigen ersten Worte lauten. Mit einem 08/15-Spruch von der Sorte »Darf ich Sie zum Drink einladen?« werden Sie kaum bei Ihrer Traumfrau punkten, sondern höchstens für Ebbe in Ihrer Geldbörse sorgen.

Das muss doch nicht sein! Schonen Sie Ihr Portemonnaie und lernen Sie lieber so zu flirten, wie wir Frauen es mögen. Dies ist zugegebenermaßen nicht immer leicht. Frauen sind nun einmal launisch, zickig, gierig, wandelbar und manchmal auch ein wenig stolz auf ihre Macken. Und als wäre dies nicht schon genug, kommt flirterschwerend unser Tick für Sprachcodes hinzu. So sagen wir nicht immer das, was wir eigentlich meinen. Kurzum: Man(n) muss schon viel über Frauen wissen, um bei der Anmache nicht gleich abzublitzen.

### *Alles über Jagdreviere und mögliche Beute*

Zunächst einmal: Wie hätten Sie es denn gerne? Blond, braun- oder lieber rothaarig? Quickie, One-Night-Stand oder die lebenslange Liebe? Karrierefrau, Girlie oder kleines Hausmütterchen? Sie sollten schon wissen, was Sie möchten. So sparen Sie beim Kennenlernen eine ganze Menge Energie, die Sie noch gut für den vielleicht folgenden näheren Kontakt gebrauchen können.

Falls Ihnen die Entscheidung schwer fällt und Sie zwischen heißem Vamp und schüchternem Mauerblümchen schwanken – Sie können auch kombinieren. Wir Frauen sind da ziemlich flexibel, und in einer von uns stecken manchmal gleich fünf. Will heißen: Es kann durchaus sein, dass eine Frau tagsüber die emsig Arbeitende mimt, abends die erotische Wilde und sich im Beisein von anderen gebildet-lustig gibt. Alles vorhanden und wenn Sie eine solche Partnerin möchten, dürfte es kein Problem sein, die passende zu finden. Was allerdings ein Problem ist: Die gute Fee, die Ihnen Ihre Wunschkandidatin besorgt, gibt es nicht. Sie müssen also schon selbst aktiv werden und auf die Pirsch gehen.

Dabei will ich Ihnen behilflich sein, um Ihnen ein wenig Arbeit zu ersparen und vor allem, um das Ganze ein wenig abzukürzen. Denn wenn Sie erst einmal wissen, wo sich welche Frauen tummeln und wie sie zu nehmen sind, können Sie gezielter zum Angriff übergehen. Also habe ich für Sie die wichtigsten »Jagdreviere«, die mögliche »Beute« und die beste »Taktik beim Jagen« zusammengefasst. Doch Vorsicht: Manchmal verirren sich Beutetiere und befinden sich plötzlich auf fremdem Terrain. Daher sollten Sie lieber zweimal hinschauen und genau nachhaken. Nicht, dass Sie sich einen falschen Hasen an Land ziehen.

*Bei Freunden*

Das Revier – Viele vertraute Gesichter, oftmals gleiche Gesprächsthemen, angenehme Musik, entspannte Stimmung, eine überschaubare Location und dazu noch stressfrei umsonst essen und trinken – hier herrschen optimale Jagdbedingungen. Und somit ist es kein Wunder, dass sich die meisten Paare über Freunde kennen lernen. Gerade für die Schüchternen unter Ihnen, liebe Leser, ist dies der geeignete Platz für eine Kontaktaufnahme mit dem weiblichen Geschlecht.

Die Beute – Leider kenne ich Ihren Freundeskreis nicht. Daher muss ich bei der genauen Beschreibung des Frauentyps, den Sie hier antreffen werden, passen. Nur so viel ist klar: Wenn Sie sich mit dem Gastgeber gut verstehen und dieser sich bei den Einladungen nicht vertan hat, dürften einige der anwesenden Damen Ihre Interessen teilen.

Die Jagdstrategie – Taktisch klug und durchaus hilfreich ist es, wenn Sie den Gastgeber vermitteln lassen oder sich von ihm vorab einige Informationen (Hobbys, Job, Musikgeschmack etc.) über Ihre potenzielle Partnerin einholen. So vermeiden Sie, dass Sie gleich bei der ersten Anmache einen Flop landen, zum Beispiel:

ER: »Ich suche noch jemanden, der mit mir und meinem Hund ausgeht.« SIE: »Sorry, ich habe die totale Hundeallergie.«

Also leisten Sie lieber Vorrecherche und gehen Sie dann mit den Basisinformationen ausgestattet in die Offensive.

Wenn Ihre Herzdame beispielsweise im Kreise einiger Leute steht, die Sie auch kennen, gesellen Sie sich einfach dazu. Statt jedoch Ihre Auserwählte direkt anzusprechen, nehmen Sie den Umweg über eine Ihnen bekannte Person und bringen sich auf diese Weise unverfänglich ins Gespräch ein.

Ein geeigneter Platz für einen Erstkontakt ist zudem das Büfett, sofern vorhanden. Sagen Sie etwas wie »Hmm, da hat sich Bernd (oder wie auch immer der Gastgeber heißt) mal wieder etwas Leckeres einfallen lassen« oder »Die Vanillecreme kann ich empfehlen. Da ist Bernd (Sie wissen schon, wen ich meine) der absolute Meistermacher«. So vermitteln Sie der Dame, dass Sie den Gastgeber gut kennen, und das schafft mitunter Vertrauen. Die Frau könnte zum Beispiel nun fragen: »Woher kennen Sie Bernd?«, woraus sich ein erstes Gespräch ergeben könnte.

Auf keinen Fall sollten Sie Ihre Auserwählte gleich mit Gewichtssorgen (»Ich bin gerade auf Diät.«) oder gesundheitlichen Problemen (»Bin Diabetiker, da muss ich aufpassen.«) nerven. Aber das versteht sich hoffentlich von selbst.

Sollten sich derartige Möglichkeiten nicht ergeben oder funktioniert all dies nicht und Ihre Traumfrau ist plötzlich verschwunden, sollten Sie aber nicht gleich verzweifeln! Schließlich gibt es dann immer noch den Gastgeber, der Ihnen hoffentlich die Telefonnummer der Guten geben kann.

### *Bei Sprachkursen*

Das Revier – Zwar zeugen die Räumlichkeiten, in denen solche Kurse stattfinden, meistens nicht gerade von innenarchitektonischer Raffinesse, doch lassen Sie sich von diesem Ambiente nicht gleich abschrecken. Verdrängen Sie das Klassenzimmer-Feeling, schalten Sie den Tunnelblick ein und konzentrieren sich auf die anwesende Weiblichkeit –

und natürlich auf Ihre Bücher. Übrigens: Sprachkurse werden nicht nur von den bekannten Volkshochschulen angeboten, sondern auch von vielen Kulturvereinen, Privatlehrern (gut: Native Speaker) und kleinen Weiterbildungsstätten. Hier sind die Lerngruppen häufig wesentlich kleiner, wodurch die Atmosphäre privater wird.

Wenn Ihr Bankkonto ein paar Euros weniger verschmerzen kann, melden Sie sich für eine Sprachreise an. Das bringt nicht nur den Vorteil mit sich, dass Sie das effektivere Kompaktlernen nutzen können – bei einem abendlichen Gläschen Wein, einer Exkursion zu einer Ausgrabungsstätte oder einem Sonnenbad am Strand ergibt sich vielleicht sogar eine Möglichkeit, die weiblichen Kursteilnehmer auch gleich näher von ihrer privaten Seite kennen zu lernen. Das südliche Flair dürfte für das Flirten absolut förderlich sein. Oder wie erklären Sie sich sonst das ganze Gerede über Italiener, Franzosen usw.?

DIE BEUTE – Wenn die Dame nicht gerade von ihrem Chef zu dieser Art von Weiterbildung gezwungen wurde, wird es sich um eine wissenshungrige, aufgeschlossene und international orientierte Frau handeln. Sie will aus ihrem Alltag ausbrechen, Neues lernen und sich auf diese Weise weiterentwickeln. Wer weiß: Möglicherweise plant sie auch eine Weltreise – dann muss sie über das nötige Kleingeld verfügen, auch nicht schlecht – oder sie will sich in naher Zukunft als Aussteigerin im Ausland niederlassen.

DIE JAGDSTRATEGIE – Nahe liegend, aber doch etwas zu plump sind Anpirschversuche à la »Wollen wir mal zusammen Vokabeln üben?« oder »Ich habe übrigens ein Haus in

Italien« (alternativ: Frankreich, Spanien, England, Australien oder welche Sprache Sie auch immer lernen). Auch wenn Letzteres sogar der Wahrheit entsprechen mag, Frauen mögen keine Angeber und Protzer. Besinnen Sie sich lieber zunächst auf die Gruppendynamik und schlagen Sie ein paar netten Leuten inklusive Ihrer Auserwählten vor, nach dem Kurs auf einen Absacker in die Kneipe zu gehen. Im lockeren Ambiente können Sie sich dann mit der Frau unterhalten, ohne gleich als Draufgänger zu wirken.

*In Bars und Diskotheken*

Das Revier – Ein Treffpunkt für gut gelaunte Leute (Grantler und Miesepeter bleiben eher zu Hause), und die Chancen stehen bestens, an Ort und Stelle ein Anmachmanöver erfolgreich abzuschließen. Dabei kommen Ihnen der meistens reichlich fließende Alkohol und das schummrige Licht zugute. Kleiner Tipp: In vielen Bars und Diskotheken gibt es einen separaten Loungebereich mit gemütlichen Sitzmöglichkeiten. Viele Gäste ziehen sich hierher zum Reden, Entspannen oder gar Kuscheln zurück. Auch Sie sollten dieses Angebot nutzen, um sich

a) in Ruhe die Damen anzuschauen,
b) die passende Anmachtaktik zurechtzulegen und
c) nach erfolgreicher Jagd mit Ihrer Auserwählten zurückzuziehen.

Die Beute – Szeneladen, Cocktailbar, Tanzschuppen mit Oldiemusik oder Heavy-Metal-Disco – welche Frauentypen sich hier tummeln, lässt sich schwer festlegen. In erster Linie hängt es von der gespielten Musik ab, aber auch von dem Ruf der Location und den Preisen. Sind Letztere zum Beispiel ziemlich hoch, dürfte in diesem Etablissement die weibliche Luder-Fraktion vertreten sein. Denn die teuren Cocktails wollen bezahlt werden, und das können gerade die Männer mit dicken Geldbörsen gut. Sollten Sie, lieber Leser, nicht über das nötige Kleingeld verfügen, halten Sie sich lieber fern von solchen Läden. In Discos und Bars mit bezahlbaren Drinks ist das weibliche Publikum sowieso oftmals viel angenehmer, weil nicht so aufgesetzt und eingebildet. Hier dürften Sie aufgeschlossene Damen treffen, die sich gerne einmal herausputzen, die sich vergnügen sowie sehen und gesehen werden wollen. Doch Vorsicht: Bekanntlich sind nachts alle Katzen grau, und so kann es sein, dass der dunkle Schein trügt. Wenn Sie also Wert auf die Optik legen, sollten Sie ganz genau hingucken!

Die Jagdstrategie – Überlegen Sie sich vorher gut, was Sie wollen – einen Quickie im Hotel um die Ecke, einen netten One-Night-Stand oder doch möglicherweise eine längere Beziehung. Wenn Sie sich darüber im Klaren sind, können Sie sich das Vorgehen zurechtlegen. Soll es nur ein Quickie werden, zählt natürlich der Zeitaufwand. Langes Drumherumgerede können Sie sich sparen. Angesichts der Fülle an Frauen probieren Sie es einfach mit dem Try-and-Error-Prinzip und hoffen auf eine Gleichgesinnte. Viel Glück!

Für einen One-Night-Stand sollten Sie sich schon etwas mehr ins Zeug legen. Es macht sich auch bei diesem kurzen Vergnügen gut, wenigstens den Namen der Bettpartnerin zu kennen. Also auf ins Gewühl – der erste Schritt in Sachen Körperkontakt – und die Signale der Frauen checken. (Wie diese zu deuten sind, erfahren Sie ab Seite 66.) Ein Smalltalk sollte eigentlich immer möglich sein, und wenn Sie der Frau sympathisch sind und diese Ähnliches im Sinn hat wie Sie, dürfte einem schnellen Abenteuer nichts im Wege stehen.

Dass sich bei einer solchen Gelegenheit eine der beiden Sexvarianten Quickie oder One-Night-Stand ergibt, ist wesentlich wahrscheinlicher, als dass Sie in einer Bar oder Diskothek auf die große Liebe treffen. Der Grund: Hier geht es doch eher oberflächlich zu, und statt innerer Werte zählen oftmals das richtige Make-up und der Modestil. Sollten Sie jedoch entgegen aller Erwartung tatsächlich Ihre lang ersehnte Traumfrau erspähen, lassen Sie es trotz oder gerade wegen der Umstände langsam angehen. Auch wenn beide am liebsten in die gleiche Bar gehen, dies ist nicht unbedingt die beste Basis für ein gemeinsames Leben. Versuchen Sie daher mit Ihrer Auserwählten locker ins Gespräch zu kommen und sehen Sie zu, dass Sie den Laden nicht ohne die Telefonnummer der Dame verlassen. Die Unterhaltung kann dann an einem der folgenden Tage in einem netten, ruhigen Café fortgesetzt werden.

### *Beim Sport*

DAS REVIER – Verschwitzte Körper, Keuchen, rote Gesichter und in Mixed-Mannschaften auch noch Kontakt mit dem anderen Geschlecht – ja, ja, das klingt schon alles ziemlich nach dem, was doch eigentlich erst noch kommen soll: SEX! Und nur am Rande erwähnt: Sex ist ja irgendwie auch Sport. Laut dem italienischen Ernährungsexperten Bruno Fabbri bringt zum Beispiel ein Koitus, der zwischen zwölf bis 15 Minuten dauert, verbrennungstechnisch genauso viel wie 30 Minuten Laufen. Bei beiden Aktivitäten schmelzen bis zu 400 Kilokalorien dahin.

Doch zurück in die Fitnesscenter, auf die Joggingstrecken, in die Sporthallen: Die Leute, die sich hier aufhalten, wollen meistens den Alltag hinter sich lassen. Sie sind entspannt, und die Atmosphäre ist in der Regel recht ungezwungen und locker. Alles beste Bedingungen fürs Flirten.

Die Beute – Auf alle Fälle – sofern es sich nicht um Sportarten wie Schach und Angeln handelt – dürften die Damen recht bewegungsfreudig sein, was ja schon einmal nicht schaden kann. Ansonsten hängt die genaue Typisierung jedoch eng mit der jeweiligen Sportart (Gewichtheben ist halt etwas anderes als Yoga) und der Intensität ihrer Ausübung zusammen. Vorsichtig sollten Sie bei Frauen sein, die quasi bis zum Exzess auf dem Laufband trainieren, sich trotzdem anschließend noch an den Geräten quälen und zum krönenden Abschluss noch einmal aufs Trimmrad steigen. Bei diesen könnte es sich um Fitnesssüchtige handeln, die ihre Zeit nur mit Sport verbringen. Als Mann bleiben Sie da leicht auf der (Lauf-)Strecke.

Die Jagdstrategie – Wie Sie sich am besten Ihrer Auserwählten nähern, hängt zunächst einmal von den Umständen ab. Laufen Sie zum Beispiel Ihrer potenziellen Partnerin beim Mixed-Mannschaftssport (Volleyball, Basketball etc.) über den Weg, brauchen Sie nur auf die Frage »Wollen wir noch kurz was trinken gehen?« setzen. Auch wenn dann noch einige Sportkollegen mitkommen – ein erster privater Plausch mit Ihrer Auserwählten ist bestimmt möglich.

Etwas kniffeliger wird es im Fitnessstudio. Hier können Sie nicht auf die unverfängliche Gruppendynamik zurückgreifen, sondern müssen alleine in die Offensive gehen. Ist aber auch nicht schlimm: Nehmen Sie Blickkontakt zu der

Frau auf und lächeln Sie ihr zu. Da die meisten Fitnesstempel eine feste Mitgliedschaft verlangen, ist davon auszugehen, dass Sie Ihre Traumfrau des Öfteren dort antreffen können. Also ruhig Blut, trotz der sportlichen Betätigung! Merken Sie sich einfach die Trainingszeiten Ihrer Angebeteten und machen diese auch zu Ihren. Versuchen Sie dann, das Kennenlernen über mehrere Male hinweg aufzubauen. Sobald die Frau Sie grüßt, wissen Sie, dass die Gute Sie wahrgenommen hat. Darauf lässt sich doch aufbauen, zum Beispiel mit einem kurzen Smalltalk über Trainingsbedingungen oder einer Einladung zu einem Erfrischungsgetränk.

Sollte Ihre Angebetete nach dem Sport noch in die Sauna gehen, folgen Sie ihr unauffällig. Damit meine ich nicht, dass Sie sich und Ihr Vorhaben gleich durch hervorstechende Merkmale verraten oder sich möglicherweise aufdringlich verhalten sollten!

### *Im Internet*

Das Revier – Willkommen im World Wide Web und nomen est omen, dieser Balzbezirk ist ziemlich groß und ziemlich unübersichtlich. Demnach geht es bei der Partnersuche auch eher unverbindlich zu. Weiterer Knackpunkt: Die sinnliche Wahrnehmung der Stimme, des Geruchs oder Hautberührungen ist unmöglich, und es besteht keine Chance, nach kurzem Kennenlernen gleich zum Körperkontakt überzugehen. Daher ist das Internet doch oftmals eher ein Treffpunkt für weibliche und männliche Theoretiker, die noch ein wenig Angst vor der Praxis haben oder etwas verbergen wollen.

Die Beute – Groß, blond und ein praller Busen – das kann in Wirklichkeit auch klein, grau und flachbrüstig bedeuten.

Ebenso können angebliche Single-Frauen schon seit Jahren vergeben sein und experimentierfreudige Karrierefrauen sich als brave Hausmütterchen entpuppen. Selbst gemailte Fotos müssen nicht die Absenderin darstellen, sondern können einfach aus irgendeinem Modekatalog stammen und eingescannt worden sein. Das Internet macht Schummeln möglich, und damit ist die Chance, dass Ihnen wirklich ein guter Fang ins Netz geht, eher gering. Eigentlich kann nur eines definitiv gesagt werden: Diese Frauen wissen, wie sie ins Internet kommen!

Die Jagdstrategie – Mailen, mailen und nochmals mailen und dabei möglichst viel über die virtuelle Schönheit erfahren. Ob die Details dann stimmen, ist wieder eine andere Frage. Ich rate Ihnen: Seien Sie einfach vorsichtig, verraten Sie lieber weniger als mehr und bitte, verlieben Sie sich nicht sofort in die Erstbeste. Sollte es Sie aber doch erwischt haben, sehen Sie zu, dass Sie Ihre Auserwählte schleunigst einmal in der wirklichen Welt treffen.

### *Im Park*

Das Revier – Ein Aufenthalt im Park setzt in der Regel schönes Wetter voraus. Und schönes Wetter hebt bei den meisten Menschen die Laune, lässt an grüne Wiesen, blühende Blumen, kleine herumfliegende Schmetterlinge denken. Man kann T-Shirts tragen, endlich die Röcke herausholen – ach, eigentlich ist alles wunderbar, und die Voraussetzungen zum Kennenlernen müssten einfach bestens sein. Allerdings gehen viele Menschen auch in einen Park, um ihre Ruhe zu haben und sich zu entspannen.

Die Beute – Frischluftliebend, naturverbunden, sonnenhungrig – und all das finden Sie hier mitunter auch in weiblicher Extremform. Um Frauen, die ihr Lager samt Ruck- und Schlafsack im Park aufgeschlagen haben, sollten Sie zum Beispiel einen Bogen machen. Denn wenn Sie nicht schon immer gerne einmal mit einer Vagabundin anbändeln wollten, schauen Sie sich lieber nach etwas anderem um. Lassen Sie jedoch am besten auch Ihre Finger von den Damen, die sich konzentriert über irgendwelche Grashalme beugen oder an irgendwelchen Blumen und Bäumen schnuppern. Womöglich geraten Sie sonst an eine Hardcore-Vegetarierin, die im Park nur auf Nahrungssuche ist. Und falls Sie auf lange Sicht planen, dann seien Sie auch vorsichtig mit Damen, die sich stundenlang in der Sonne aalen. Diese Frauen haben wohl noch nichts über die Gefahren und Folgen von allzu viel Bräune und Brutzelei gehört. Wenn Sie nicht schon bald eine von Falten völlig verrunzelte und hautkrebsgefährdete Partnerin haben möchten, lassen Sie die Guten einfach in der Sonne links liegen.

Die Jagdstrategie – Die Beschreibungen von Revier und Beute weisen darauf hin, dass hier vor dem Jagen ein genaues Abchecken der Lage erforderlich ist. Liegt Ihre Angebetete zum Beispiel alleine auf der Wiese, döst oder liest tief versunken in einem Buch, könnte sie eine zu plötzliche und offensichtliche Anmache ziemlich verärgern. Gehen Sie also lieber mit aller Ruhe vor. Heißt: Schlagen Sie nicht weit weg von der Frau das Lager auf und versuchen Sie, auf charmante Art und Weise die Aufmerksamkeit der Dame zu gewinnen. Wie wäre es zum Beispiel mit ein paar Jonglierübungen? Haben Sie es dann geschafft, dass sich Ihre Auserwählte von ihrer Lektüre löst, nehmen Sie Blickkontakt auf und beginnen einen Smalltalk (Beispiel: »Bin ich wirklich besser als Ihr Buch?«).

Vorsichtiges Vorgehen ist auch angesagt, wenn Ihre Auserwählte mutterseelenallein auf einer Parkbank sitzt. Davon abgesehen, dass sie möglicherweise auf ihren Liebsten wartet, könnte es auch sein, dass sie leicht depressiv über ihr Leben nachsinnt. Setzen Sie sich einfach neben die Dame und warten Sie ab, ob sie sich überhaupt irgendwie ablenken lässt.

Der ultimative Tipp für alle unter Ihnen, meine Herren, die ganz bewusst im Grünen auf die Pirsch gehen wollen: Besorgen Sie sich vorher einen vierbeinigen Begleiter. Genau, damit meine ich einen Hund, und einen solchen können Sie sich vielleicht einfach von Bekannten oder manchmal auch für ein paar Stunden aus dem Tierheim ausleihen. Auf jeden Fall schmelzen einige von uns Frauen beim Anblick von Tieren dahin. Schicken Sie also Ihren Fiffi voran und lassen Sie ihn die Vorarbeit leisten. Denn hat der Vierbeiner erst einmal die Aufmerksamkeit der Dame auf sich gezogen, können Sie sich einbringen, unverfänglich ein Gespräch anfangen und dabei alles auf den Hund schieben: »Mein Freund hier scheint Sie zu mögen ...«

### *Im Café*

DAS REVIER – Zunächst einmal muss zwischen klassischem Café und neumodischem Coffee-Shop unterschieden werden. Denn geht es in einem klassischen Café wesentlich ruhiger zu und gibt es dort erst die Karte, dann den Kuchen, herrscht im Coffee-Shop meist Hektik. Alles ist darauf ausgerichtet, Zeit zu sparen, und so wird zum Beispiel nicht am Tisch bezahlt, sondern an einer Kasse.

Sollten Sie also vor der Anmache eine kurze Anlaufphase

benötigen, werden Sie sich in einem herkömmlichen Café wohler fühlen. Sind Sie aber der spontane Typ, kann der Coffee-Shop für Sie ein gutes Flirtrevier sein.

Die Beute – Da die Atmosphäre in einem Coffee-Shop vor allem von Unkompliziertheit lebt, dürfte dies auch auf die Besucherin zutreffen. Die Frau weiß, was sie will – schnell einen Kaffee trinken und vielleicht noch einen kleinen Snack zu sich nehmen – und nimmt ihr Vorhaben selbst in die Hand: Sie stellt sich in eine Warteschlange und trägt ihren Kaffee selber zum Tisch. Alles selbstverständlich!

In einem klassischen Café werden Sie dagegen eher auf andere Typen von Frauen treffen. Auf Frauen, die der Hektik entfliehen wollen, die die Bedienung schätzen, die Menschen beobachten wollen und die einfach ein paar Minuten mehr von ihrer Zeit opfern können.

Die Jagdstrategie – Beobachten Sie Ihre Auserwählte. Sitzt sie in einem klassischen Café alleine und bleibt dies auch über einen längeren Zeitraum so, gehen Sie ruhig zu ihr hin und fragen Sie sie zum Beispiel: »Ich will nicht stören. Aber würden Sie mich anrufen, bevor Sie das nächste Mal wieder hierher kommen?« Das ist charmant und weniger aufdringlich als ein »Darf ich mich zu Ihnen setzen?«. Falls Ihnen das doch alles zu plump erscheint und es sich um die Frau handeln könnte, auf die Sie Ihr Leben lang gewartet haben, folgen Sie ihr unauffällig. Notieren Sie sich einige Anhaltspunkte – Wo geht sie hin? Welches Auto fährt sie? etc. Wenn es Sie ganz schlimm erwischt hat, melden Sie sich vielleicht später gar in einer Fernsehshow, in der Sie verzweifelt nach Ihrer großen Liebe suchen.

Im schnelllebigen Coffee-Shop – in dem Ihr Auge auf eine Dame fällt, die eventuell völlig gestresst nur mal eben kurz die Arbeitspause verbringt – haben Sie leider keine Zeit, um sich lange eine Taktik zu überlegen. Entweder Sie gehen sofort in die Offensive oder verlassen sich später ebenfalls auf die Detektivdienste irgendwelcher Fernsehshow-Teams.

*Im Urlaub*

DAS REVIER – Alles ist anders, und bereits beim Packen der Koffer für die Reise werden alle Alltagssorgen gerne vergessen. Folge: Die meisten Menschen sind im Urlaub unbeschwert und offen für Neues. Somit sind ideale Voraussetzungen fürs Flirten gegeben, nicht aber unbedingt für das Finden der großen Liebe – außer Sie stehen auf Wochenendbeziehungen. Denn natürlich kann es sein, dass Ihre Auserwählte mal eben 500 Kilometer von Ihrem Wohnort entfernt lebt.

DIE BEUTE – Leider weiß ich nicht, in welchen Unterkünften Sie, lieber Leser, den Urlaub verbringen. Da dies aber wichtig wäre, um die dort anzutreffenden Damen zu beschreiben, muss ich an dieser Stelle wieder passen. Denn es ist schon ein Unterschied, wo Sie sich aufhalten:

- ♂ auf einem Campingplatz (Frauen = unkompliziert, aufgeschlossen und locker),
- ♂ in einer Pension (Frauen = familiär orientiert, unkompliziert, anschlussfreudig) oder
- ♂ in einem Fünf-Sterne-Hotel (Frauen = anspruchsvoll, ein wenig verwöhnt, penibel).

Außerdem kommt es darauf an, wo Sie Urlaub machen:

- ♂ in den Alpen (Frauen = sportlich, wanderbegeistert, naturverbunden),
- ♂ in italienischen Großstädten (Frauen = kulturell interessiert, shoppingsüchtig),
- ♂ in irgendwelchen karibischen Strandparadiesen (Frauen = sonnenhungrig, ein bisschen lauffaul) oder
- ♂ im brasilianischen Urwald (Frauen = abenteuerlustig).

Vielleicht hat Ihnen diese Kurzübersicht bereits ein wenig weitergeholfen und bringt Sie auf die richtige Fährte.

DIE JAGDSTRATEGIE – Na, und wo haben Sie Ihre Auserwählte erspäht? Am Strand, in der Hotelbar, am Swimmingpool, in der Disco, im Museum, am Frühstücksbüfett? – Auf alle Fälle sind Sie im Urlaub, und da könnten Sie ruhig mal über Ihren Schatten springen. Stopp! Damit meine ich nicht, dass Sie gleich mit Sonnenmilch bewaffnet Hand an den Rücken Ihrer Strandschönheit legen. Vielmehr möchte ich Sie ermutigen, nicht stundenlang über Ihr Vorhaben nachzusinnen. Tun Sie es! Gehen Sie zu der Frau und sagen Sie zum Beispiel

- ♂ an der Hotelbar: »Hmm, sieht gut aus. Was trinken Sie da?«,
- ♂ im Museum: »Ich hätte in Geschichte besser aufpassen sollen. Können Sie mir vielleicht etwas über die Statue erzählen?« oder
- ♂ am Strand: »Ich will den Weltrekord im Sandburgenbauen brechen und suche noch Leute, die mir helfen. Machen Sie mit?«

Dies sind Beispiele für Anfangssätze, auf denen sich unverkrampft ein kleiner Smalltalk aufbauen lässt. Denn findet Ihre Auserwählte Sie ebenfalls sympathisch, wird sie nicht einfach mit einem »Ja« oder »Nein« antworten, sondern nachhaken, um das Gespräch fortzuführen.

*Im Supermarkt*

Das Revier – Essen und Trinken muss nun einmal jeder, und wer nicht gerade über Hausbedienstete verfügt, geht auch einkaufen. Die meisten Menschen tun dies mal mehr oder weniger gestresst, mal mehr oder weniger gut gelaunt und mal mehr oder weniger bewusst. Einkaufen gehört einfach zum Alltag, und das Einräumen des Einkaufswagens gleicht einem automatischen Mechanismus. An Flirten denkt in diesem Revier somit kaum jemand. Was aber nicht heißen muss, dass man es nicht mal versuchen kann.

Die Beute – Wursttheke, Kühlregal, Gemüsestand, Spirituosen- oder Süßigkeitenabteilung – sollte sich Ihre Auserwählte in einem der genannten Bereiche länger aufhalten und ist dies nicht auf Warteschlangen zurückzuführen, seien Sie vorsichtig. Möglicherweise haben Sie es mit einer Quartalstrinkerin oder Schokoholikerin zu tun, vielleicht liebt die Dame aber auch den Anblick von rohem Fleisch (gefährlich, gefährlich!), oder vielleicht ist die Gute prinzipiell völlig unentschlossen. Glauben Sie einfach lieber an Letzteres und fangen Sie früh an, sich eine geeignete Taktik zurechtzulegen. Die ist im unüberschaubaren, hektischen Supermarktgedränge bitter nötig.

Die Jagdstrategie – Jeder ist in Bewegung, jeder denkt an das, was er noch besorgen muss, und jeder will eigentlich nur schnell wieder raus aus dem Laden. Ihrer Auserwählten wird es nicht anders gehen. Daher müssen Sie die Gute erst einmal vom Üblichen ablenken und auf sich aufmerksam machen. Lassen Sie zum Beispiel etwas fallen. Klingt blöde, wirkt aber. Ihre Angebetete wird rüberschauen (zu 99 Prozent), und Sie können Blickkontakt mit ihr aufnehmen. Auch das Anschubsen mit dem Einkaufswagen – bitte nur ganz leicht! – ist zwar kein Knüller in Sachen »raffiniertes Vorgehen«, garantiert aber ebenfalls einen ersten bewussten Augenblick. Wenn die Frau dann lächelt, können Sie nachsetzen: »Komisch, weiß auch nicht, was mit meinem Wagen los ist. Hat sich irgendwie verselbständigt« oder: »Ups, sorry! Sind Sie verletzt?« Wenn Sie sich trauen, können Sie natürlich auch gleich fragen: »Darf ich mich mit einem Kaffee entschuldigen?«

Ein weiterer Tipp: Sollte Ihre Auserwählte mit allerhand Tüten beladen sein und kein anderer Träger ist in Sicht – bieten Sie sich freundlich als Helfer an. Denn etliche von uns Frauen werfen lieber jegliches emanzipierte Denken über Bord, als die zarten Hände und den feinen Rücken zu arg zu belasten.

### *Beim Job*

Das Revier – Nicht ohne Grund lernen sich zahlreiche Paare über den Job kennen: Die vertraute gleiche Umgebung, das Bewältigen von Stresssituationen, Verantwortung übernehmen und abgeben, Wochenendvorfreude, Montagsmüdigkeit, intensive Meetinggespräche und die lange Zeit, die man gemeinsam am Arbeitsplatz miteinander verbringt, schweißen zusammen. Und eigentlich spielt ja dabei schon alles eine Rolle, was auch in einer späteren Partnerschaft zählt – Sex mal ausgenommen. Zum Kennenlernen einer potenziellen Partnerin ist der Job somit ein durchaus empfehlenswertes Revier. Allerdings sollten Sie schon vor dem Anmachen einer Arbeitskollegin darüber nachdenken, ob Sie die extreme Nähe ertragen können oder dies eher ein Lustkiller für Sie darstellt.

Die Beute – Häufig ist hier alles dabei: Vamps, Mauerblümchen, Girlies, Hausmütterchen usw. Nur lässt sich dies mitunter nicht auf den ersten Blick erkennen, weil die Damen in ein Korsett aus Pflichtgefühl, Arbeitszeiten, Chefgemecker, Stress, Kollegengerede, Karrieregeilheit etc. eingeschnürt sind. Das bedeutet für Sie, dass Sie zweimal hinschauen sollten, wenn Ihnen eine Herzensdame über den Weg läuft, und sich nicht vom Schein der Äußerlichkeiten blenden lassen.

Die Jagdstrategie – Sie müssen nicht zwingend auf die nächste Weihnachts- oder Betriebsfeier warten. Zwar geht es dort meistens feuchtfröhlich her, und bekanntlich hat schon Fußball-Kaiser Franz Beckenbauer neun Monate später die möglichen leibhaftigen Folgen eines solchen Vergnügens kennen gelernt – doch es geht auch anders. Schließlich gibt es zum Beispiel Fahrstühle, Raucherräume, Gemeinschaftsküchen, Kantinen und Kaffeeautomaten. Alles Treffpunkte, an denen Ihre Kollegin für einen kurzen Moment vom Job abschaltet und durchaus empfänglich für eine nette Ablenkung ist. Um ganz unverfänglich zu wirken, machen sich jobbezogene Fragen gut – Beispiele: »Wie läuft Ihr Projekt?«, »Die Pause haben Sie sich verdient, was?«, »Woran arbeiten

Sie gerade?«, »Neue Kunden?« Und falls Sie gleich etwas vertraulicher wirken wollen, stellen Sie eine Frage, die mit »Haben Sie gehört, dass …?« anfängt. Fügen Sie irgendein Gerücht ein, denn schließlich ist jeder gerne informiert, und viele von uns Frauen sind nun einmal kleine Lästermäulchen.

Das Schöne an diesen Jagdzügen ist, dass Sie sich durchaus Zeit lassen können. Denn schon am nächsten Morgen beginnt ein neuer (Arbeits-)Tag.

### *In Sachen Männermode: Gründe für das Aus in Sekundenschnelle*

Wir Frauen haben weder Tomaten auf den Augen, noch leiden wir unter Geschmacksverirrungen. Im Gegenteil: Die meisten von uns verbringen gerne Zeit mit ausgiebigen Shoppingtouren und legen großen Wert auf die optische Erscheinung. *Wir* wissen schließlich: Das Auge isst bei allem mit – auch bei der Auswahl von Bett- oder gar Beziehungspartnern! Somit unterliegen Sie einem bösen Trugschluss, falls Sie denken, als Mann könnten Sie sich modisch alles erlauben – inklusive den Griff in die Mottenkiste oder gewagte bis komplett unstimmige Farbkombinationen. Nichts da, mit den falschen Outfits steuern Sie bei einer »Bagger«-Tour geradewegs in den Sand.

Das Erscheinungsbild ist schon sehr wichtig, und Sie sollten ihm in der Vorbereitungsphase – vor dem Flirten und Verführen – etwas mehr Zeit widmen. Denn wenn es zur Sache kommt, geht es bei uns Frauen sekundenschnell. Die Biologin Kirsten Kruck kann dies bestätigen. Sie hat in einer

Studie das Verhalten von 713 Frauen, die sich zum Beispiel in Discos und Kneipen aufhielten, untersucht. Sie konzentrierte sich dabei auf die Phase, in der die Frauen Männer auf ihr Aussehen hin abchecken. Krucks Fazit: Schon nach vier Minuten fällen Frauen ein Urteil über einen Mann und wissen, was sie wollen. Der Ablauf lässt sich fein säuberlich nachvollziehen.

*Erste bis 100. Millisekunde*

Alles, was eine Frau in diesen Momenten wahrnimmt, sind Lichtpunkte. Diese werden von den Nervenzellen in Nachrichten umgewandelt und an Unterabteilungen des Gehirns, die unter anderem für Angst, Sex, Hunger, Paarung und Erregung zuständig sind, weitergeleitet. Dort werden die Informationen mit den gespeicherten Daten zu eigenen Erfahrungen und Wünschen verglichen: Ist der Mann im richtigen Alter? Welche Figur hat er? Ist er attraktiv?

*101. bis 110. Millisekunde*

Die gefilterten Botschaften lösen Emotionen aus. Der gesamte weibliche Körper ist nun auf Höchstleistung eingestellt: Adrenalin wird frei, die Pupillen erweitern sich, der Blutdruck steigt, und das Lustzentrum wird aktiviert.

*111. Millisekunde bis erste Minute*

Die Flirtphase kann beginnen – vorausgesetzt, Sie entsprechen dem gewünschten Profil Ihrer Herzdame. Dann wird sich die Frau näher an Sie heranpirschen, um Sie genauer zu inspizieren. Dabei nimmt sie in ihren Langzeitspeicher jegliche Daten von Ihnen auf (Haarfarbe, Kleidung etc.) und wird Sie so auch nach einigen Wochen noch wiedererkennen.

*Erste bis dritte Minute*

Bitte Brust raus und Bauch rein! Denn nun werden die körperliche Erscheinung und das Verhalten unter die Lupe genommen. Viele Frauen bevorzugen – so die Untersuchung – Männer mit knackigem Po, ausgeprägter Kinn-Mundpartie und lockeren Bewegungen. In der Kategorie »Smalltalk« achten 55 Prozent der Frauen zunächst auf Mimik, Gestik und Körperhaltung. Tonfall, Aussprache und Sprechgeschwindigkeit sind zu 38 Prozent von Bedeutung, und nur sieben Prozent macht der sprachliche Inhalt aus.

*Dritte bis vierte Minute*

Nach diesen Schritten hat die Frau ihr Urteil gefällt, ob Sie als Liebespartner infrage kommen oder nicht. Außerdem glaubt sie zu wissen, ob Sie ehrgeizig, geizig, sanft und/oder kinderlieb sind.

Liebe Männer, im Klartext heißt das: Sie haben nur vier Minuten, also schlappe 240 Sekunden, um eine Frau von Ihren Qualitäten zu überzeugen. Selbstverständlich sind wir Frauen jedoch nicht so oberflächlich, wie es nun erscheinen mag, und wir geben uns auch nicht gleich mit dem ersten Eindruck zufrieden. Trotzdem entscheiden die ersten Sekunden, inwiefern weiterer Zeitaufwand überhaupt lohnenswert ist. Mitunter – und Ihnen, lieber Leser, wird es wahrscheinlich auch schon einmal so gegangen sein – verlieben sich Frauen sogar sofort, sozusagen auf den ersten Blick. Und dabei sind zunächst nur das Aussehen, die Mimik, die Stimme, kurzum das äußere Erscheinungsbild des Mannes inklusive seines Auftretens, entscheidend.

Wenn Sie also bei der ersten Musterung nicht gleich

durchs Raster fallen wollen, beweisen Sie etwas modischen Geschmack. Detaillierte Tipps bekommen Sie von jeder Bekleidungsverkäuferin und einige gut gemeinte Ratschläge an dieser Stelle von mir. Denn obgleich vielfach die Regel gilt: »Erlaubt ist alles, was einem selbst gefällt«, sollten Sie auch in Ihrem Interesse ein wenig an den weiblichen, oftmals ausgeprägten Sinn für guten (Mode-)Geschmack denken. Es folgen einige der absoluten »No-Gos« in Sachen Männermode:

*Obenrum*

- ♂ Holzfällerhemden: Falls Sie nicht zwingend die Botschaft: »Du, ich bin total unkompliziert und lege keinen Wert auf Äußerlichkeiten« verbreiten wollen, lassen Sie das Hemd im Schrank.
- ♂ Seidenblousons: Das war einmal »in«. Wenn Sie allerdings grundsätzlich alten Zeiten hinterhertrauern, zeigen Sie dies nicht durch Ihren Mode-, sondern Ihren Musikgeschmack. Das wirkt doch wesentlich sympathischer!
- ♂ Wickel-Halstücher: Ach, Sie Armer, sind Sie krank, oder wollen Sie Knutschflecken verstecken? Nur aus diesen beiden Gründen ist einem Mann das Tragen eines Halstuchs gestattet.
- ♂ Hawaiihemden: Die Serie »Magnum« mit Schauspieler Tom Selleck ist zwar schon ein wenig Kult und wird immer wieder gerne gesehen, das gilt aber nicht für Magnums bevorzugte Oberbekleidung.
- ♂ Fußball-Shirts: Notgedrungen können Sie es der Auserwählten von mir aus gleich auf die Nase binden, dass Sie am Wochenende gerne ein Bierchen trinken und bei jedem Tor lauthals grölen. Optisch aber

verschonen Sie die Gute bitte (zunächst) mit Ihrer Leidenschaft. Gleiches gilt für Formel-1-, Eishockey- und Basketball-Shirts.

*Untenrum*

- ♂ Nietengürtel: Mit diesem eher unmodischen Accessoire sind Sie zurzeit optisch die totale Niete!
- ♂ Karottenjeans: Absolut unvorteilhaft für die Figur. Diese Hosen tragen im Oberschenkelbereich häufig zu stark auf!
- ♂ Jogginghosen: Wie der Name schon sagt, sind die Hosen zum Joggen da. Sonst aber sollten sie im Kleiderschrank bleiben oder zumindest nicht der Damenwelt präsentiert werden, wenn Sie auf Beute aus sind.
- ♂ Mokassins: Winnetou war schon klasse, und so einige von uns fanden ihn früher ziemlich toll. Aber aus kleinen Mädchen sind große Frauen geworden, und die möchten keine Mokassins an den Füßen ihres Liebsten sehen.
- ♂ Birkenstock-Sandalen: Im Urlaub – okay, in der Wohnung – okay, im Krankenhaus – okay, bei der Gartenarbeit – okay. Und weil es damit schon verdammt viele Gelegenheiten gibt, um die Sandalen anzuziehen, können sie beim Kennenlernen von Frauen ruhig einmal zu Hause bleiben.
- ♂ Westernstiefel: Glauben Sie nicht, dass Sie mit solchen Tretern so cool aussehen wie ein Cowboy. Dazu gehört schon ein wenig mehr (Pferd, Colt und vor allem »Spiel mir das Lied vom Tod«). Aber warum erzähle ich das? Wir sind schließlich nicht im Wilden Westen, und das haben Sie hoffentlich schon bemerkt.

♂ Badelatschen: Dazu möchte ich mich nicht weiter äußern müssen, denn schon die bloße Vorstellung verschlägt mir die Sprache. Ich hoffe einfach, dass wirklich keiner von Ihnen auch nur in Erwägung zieht, diese Dinger bei einem Date anzuziehen.

*Untendrunter*

Grundsätzlich kommt es mehr darauf an, was drinsteckt. Und grundsätzlich ist es ziemlich egal, was Sie untendrunter tragen, solange keine Frau es zu Gesicht bekommt. Also entweder immer gleich das Licht ausmachen und schnell weg mit dem Ding oder aber Sie verzichten auch einmal auf Ihre Tigertangas, Lack- und Lederstrings, Netzunterhemden, buntbedruckten 08/15-Baumwollslips und/oder Seiden-Boxershorts. Das sind allesamt Höschen, die die meisten Frauen so gar nicht heiß machen, außer Sie treffen auf eine, die genau diesbezüglich einen Fetisch hat.

Sollte sich das eine oder andere aufgezählte Kleidungsstück noch bei Ihnen im Schrank befinden, besorgen Sie sich Altkleidersäcke und füllen diese mit dem Zeug – ausgenommen sind natürlich angehimmelte Erinnerungsstücke (beispielsweise die ersten Mokassins zum Winnetou spielen). Allerdings sollten Sie diese Sachen sicherheitshalber gut verstecken, bevor irgendeine Frau sie findet und völlig entsetzt entsorgt.

### *Das Abc der Körpersprache oder: »Was Frauen wirklich sagen wollen«*

»Mal wieder typisch Mann«, sagen Frauen, wenn ein Typ gleich meint, man wolle Sex, nur weil man mal kurz zu ihm rübergelächelt hat. Und »mal wieder typisch Frau« sagt dann der Mann, der nicht weiß, was er von der ganzen Sache halten soll. Da waren doch diese Körpersignale – ein Lächeln, ein intensiver Blick. Das muss doch etwas bedeuten, oder?

Meine Herren, was soll ich Ihnen sagen? Ja, ein Lächeln hat eine Bedeutung. Doch nicht immer die, die Sie vermuten. Ja, und auch ein ermunterndes Kopfnicken sagt etwas aus, doch ebenfalls nicht immer das, was Sie daraus lesen. Doch bevor ich Sie nun völlig verwirre, gehen wir die Sache langsam an.

Warum derartige Missverständnisse entstehen, untersuchten die Wissenschaftler des Social Issues Research Centre in Oxford. Sie versuchten jüngst, den Flirtcode zu knacken, und analysierten genau, was Frauen mit ihren Signalen eigentlich meinen und wie Männer sie verstehen. Ihre Erkenntnis: Während wir Frauen quasi noch beim Vorspiel sind und eher freundschaftliche Signale senden, haben manche Männer schon Sex im Kopf und stehen kurz vor dem Orgasmus.

Dies zeigt ein Beispiel aus der Untersuchung zur Wirkung eines Lächelns: Frauen lächeln öfter als Männer und manchmal auch nur aus Verlegenheit oder weil sie freundlich sein wollen. Männer sehen darin meist gleich eine Aufforderung. Auch ein lang anhaltender Augenkontakt wird von Männern gerne fehlinterpretiert. Wollen Frauen damit in erster Linie Aufmerksamkeit signalisieren, was ja schon einmal ein Anfang ist, überspringen Männer gerne ein paar Flirtphasen und vermuten dahinter gleich ein romantisches Interesse.

Herrje, entmutige ich Sie gerade völlig? Das ist nicht meine Absicht. Vielmehr möchte ich Sie vorwarnen und Ihnen die Augen öffnen. Denn fest steht, dass mittlerweile fast schon zu viel über Körpersignale und ihre angeblichen Bedeutungen geschrieben wurde, sodass jeder sie kennt und mitunter sogar anfängt, diese bewusst einzusetzen und damit sogar zu lügen.

Sie kennen das vielleicht von sich selbst: Sie sind im Supermarkt und schenken der Frau an der Kasse ein umwerfendes Lächeln. Und während sie dahinschmilzt, sitzen Sie schon längst mit Ihren sieben Sachen im Auto und düsen davon. Flirten? Ein Körpersignal? Das war doch nur zum Testen des Marktwerts, zum Aufpolieren des Egos.

Und genauso verhalten wir Frauen uns manches Mal. Auch wir setzen uns gerne in Pose, lächeln, werfen die Haare zurück, schlagen kokett die Beine übereinander, nesteln an unserem BH-Träger und tun dies oftmals nur, um zu schauen, wie es ankommt. Zwar mögen wir laut Literatur damit signalisieren, dass wir Sex wollen, doch in Wirklichkeit sind wir meilenweit davon entfernt.

Leider gibt es tatsächlich keine Faustregel in Sachen Körpersignale, nach der Sie handeln können. Ich rate Ihnen deshalb, nicht gleich beim ersten Lächeln loszuspurten, sondern die Frau weiter zu beobachten. Folgen zusätzliche Signale? In den meisten Fällen sollte nämlich ein Zusammenspiel aus eher bewussten Signalen wie einem Lächeln oder Kopfnicken und unbewussten Signalen wie Bauch rein, Brust raus und Geradestehen stattfinden. Aber ob dies dann schon der Wink mit dem Zaunpfahl ist? Ich kann es nicht beschwören.

Damit Sie Bescheid wissen und Klarheit bekommen, sollten Sie sich nicht zu viel Zeit mit dem Ansprechen lassen. Denn je länger Sie warten, desto mehr Überwindung brauchen Sie, und umso verkrampfter wird die ganze Situation. Zur Ermutigung: Was meinen Sie, wie oft eine Frau irgendwo sitzt und sich fragt »Warum spricht der Typ mich denn jetzt nicht an? Waren die Signale nicht eindeutig? Oder waren sie jetzt schon zu offensichtlich?« Es entstehen also Missverständnisse auf beiden Seiten, und die Lösung kann nur sein, sich im Einzelfall Gewissheit zu verschaffen und den ersten direkten Kontakt zu wagen.

### *Hi, Süße! – Flop oder Flirt: eine Frage der richtigen Worte und passenden Gesten*

Erwarten Sie an dieser Stelle bitte nicht den ultimativen Anmachspruch mit Garantie auf Erfolg: Einen solchen Spruch gibt es nämlich nicht! Aber es gibt allerhand erste Sätze, von denen ich Ihnen abraten würde – darunter zum Beispiel:

- ♂ »Ich habe meine Telefon-Nummer verlegt. Könnte ich mir Ihre leihen?«
- ♂ »War Ihr Vater ein Außerirdischer? So etwas wie Sie gibt es nicht auf der Erde.«
- ♂ »Hey, ich kenne Sie doch aus dem Fernsehen. Geben Sie mir ein Autogramm?«

Allerdings kann es durchaus sein, dass Sie gerade mit diesen Sprüchen bei einigen Frauen einen Volltreffer landen.

Ebenso kann ich Ihnen Sprüche nennen, die ich sehr nett und originell finde – darunter zum Beispiel:

- ♂ »Wie fühlt man sich, wenn man die schönste Frau im Raum ist?«
- ♂ »Glauben Sie an Liebe auf den ersten Blick – oder soll ich noch mal reinkommen?«
- ♂ »Wenn ich Ihnen nach Hause folgen würde – würden Sie mich behalten?«

Es kann Ihnen aber auch passieren, dass andere Frauen völlig entrüstet den Kopf schütteln, wenn Sie damit ein Gespräch eröffnen wollen. So sind wir Frauen halt – jede mag etwas anderes. Was bei der einen als Anmache klappt, kann bei der anderen absolut danebengehen. Was also tun? Worauf sollten Sie achten? Ist alles nur ein Glücksspiel? Läuft alles nach dem Try-and-Error-Prinzip? Bevor Sie an diesen Fragen verzweifeln, hören Sie lieber auf Michael Cunningham. Der amerikanische Psychologe testete in Bars verschiedene Eröffnungssätze und fand heraus: Männer kommen bei Frauen am besten mit einer harmlosen Strategie an. Eine Frage von der Sorte »Wie heißt die Band, die da spielt?« wirkt wesentlich sympathischer als ein direktes »Hey! Wetten, dass ich dich unter den Tisch trinken kann?« Laut Cunningham denken viele Männer immer gleich ans Flirten. Und viele dann auch schnell an Sex. Ein Fehler. Denn auch wenn Sie, liebe Herren, zwar nur dran denken und dies nicht einmal sagen – eine Frauen merkt das trotzdem ziemlich schnell. Versuchen Sie daher in erster Linie, eine ganz simple Konversation anzufangen, und besinnen Sie sich dabei auf folgende Punkte:

- ♂ Sprechen Sie eine Frau niemals von hinten an. Noch schlimmer ist es, wenn Sie der Dame von hinten gleich eine Hand auf die Schulter legen und so zum Angriff übergehen. Die Gute könnte sich erschrecken und/oder aufgelauert fühlen.
- ♂ Spielen Sie nicht Kripobeamter und unterziehen Sie Ihre Flirtpartnerin nicht gleich einem Verhör (verliebt?, verlobt?, verheiratet?, Kinder? etc.).
- ♂ Reden Sie nicht zu schnell. Erstens erhöht sich dabei die Gefahr einer feuchten Aussprache, zweitens versteht Ihre Auserwählte vielleicht nur die Hälfte oder noch weniger.
- ♂ Lassen Sie die Gute auch zu Wort kommen. Bevor die Dame Sie für einen nervigen »Dauerquassler« hält, fragen Sie nach ihren Interessen und ihrer Meinung (Beispiel: »Ich rede zu viel, entschuldigen Sie. Was denken Sie über die ganze Sache?«)
- ♂ Vermeiden Sie beim ersten Gespräch Themen aus Politik oder Wirtschaft ebenso wie Diskussionen über Probleme wie Krankheiten, Geldsorgen, Ängste oder Jobstress. Dies wäre zu ernst und zu anstrengend! Schnell kann dadurch die Stimmung in den Keller rutschen, und Ihre Auserwählte stempelt Sie womöglich auch noch als »depressiven Psychoheini« oder »intellektuellen Klugscheißer« ab.
- ♂ Ganz wichtig: Reden Sie bitte bloß nicht über Ihre Exfrauen. Ihre Flirtpartnerin könnte denken, dass
  a) Sie noch nicht über diese Frauen hinweg sind,
  b) generell jedem Gegenüber Intimes ausplaudern,
  c) ein gemeiner Macho mit hohem Frauenverschleiß
  sind.

- ♂ Flirten Sie nicht zeitgleich mit einer anderen Frau, sprich: Schauen Sie nicht andauernd zu einer anderen Frau hin. Schenken Sie Ihrer Auserwählten Ihre ganze Aufmerksamkeit und geben Sie der Dame das Gefühl, etwas Besonderes zu sein.
- ♂ Erwarten Sie nicht, dass Ihnen die Frau schon nach ein paar Minuten an den Lippen hängt – so oder so. Viele Frauen sind vorsichtig, hören sich erst einmal an, was der Mann zu sagen hat, um sich so ein Bild davon zu machen, ob er nur auf das eine aus ist oder mehr Interesse von seiner Seite aus dahintersteckt.
- ♂ Biedern Sie sich nicht mit unpassenden Komplimenten von der Sorte »Sie haben eine umwerfende Figur« an. Davon abgesehen, dass kaum eine von uns mit ihrer Figur zufrieden ist, klingt das ziemlich platt und oberflächlich. Was Frauen gerne hören, lesen Sie ab Seite 91.
- ♂ Stellen Sie sich nicht als Supermann dar. Jede Frau weiß, dass niemand perfekt ist, und demnach wird auch sie über einige Schwächen verfügen. Sitzt ihr dann ein angeblicher Alleskönner gegenüber, wird sie dies nur einschüchtern. Bleiben Sie also auf dem Boden der Tatsachen und neigen Sie bitte auch nicht zu Überheblichkeiten gegenüber Ihren Geschlechtsgenossen.
- ♂ Werden Sie bei einer Gesprächspause nicht gleich hektisch und versuchen Sie nicht, eine solche mit Nonsensgerede zu überbrücken. Kleine Pausen sind normal. Vielleicht ist die Frau ähnlich nervös wie Sie und weiß nicht, was sie (Sinnvolles) sagen soll. Also: Wendet die Frau sich in dieser Pause nicht ablehnend ab und fängt mit einer anderen Person ein Gespräch an, sollten

Sie locker bleiben. Falls dann nach einigen Sekunden immer noch Funkstille herrscht, machen Sie das Gegebene zum Aufhänger – auch mit Humor. Beispiel: »Oh, das ging schnell. Haben wir uns wirklich nichts mehr zu sagen?« oder »Das sind jetzt diese bekannten Gesprächspausen, die man angeblich locker meistern soll …«.

- ♂ Wiederholen Sie ruhig zwischendurch das, was Ihre Auserwählte gesagt hat: »Sie meinen, dass…« oder »Sie haben also…« etc. Damit zeigen Sie einerseits Interesse am Gespräch und andererseits, dass Sie verstehen, was die Dame meint.
- ♂ Haken Sie während der Unterhaltung nach und fragen Sie nach Details (zum Beispiel: »Wann war das genau?«). Auch so signalisieren Sie Interesse.
- ♂ Stellen Sie Gemeinsamkeiten her, indem Sie Sätze und Fragen wie »Geht es Ihnen auch so?« verwenden. So entsteht ein Gefühl der Verbundenheit.
- ♂ Lachen oder lächeln Sie wenigstens zwischendurch. Das soll aber nicht heißen, dass Sie gekünstelt über jeden Witz Ihrer Gesprächspartnerin lachen!
- ♂ Tatschen Sie Ihre Auserwählte nicht gleich an. Berühren Sie sie von mir aus scheinbar flüchtig am Unterarm, damit signalisieren Sie Vertrautheit. Dies aber bitte nicht zwanghaft im Zehn-Minuten-Takt, das ist zu aufdringlich.
- ♂ Das Nein einer Frau bedeutet Nein. Viele Männer erkennen das jedoch nicht. Wenn Ihre Flirtpartnerin verbal zugeknöpft reagiert, sich wegdreht und den Blickkontakt vermeidet, hat sie kein Interesse. Das sollten Sie akzeptieren.

Bei allem, was Sie tun und sagen, trotz aller Aufgeregtheit und der angenehmen Ablenkung durch das weibliche Geschlecht – bleiben Sie, so gut wie es eben geht, natürlich! Lassen Sie sich auch nicht entmutigen, wenn der erste Flirtversuch danebengeht. Dann war es halt die Falsche, die Sie sich herausgepickt haben, doch die nächste potenzielle Flirtpartnerin läuft Ihnen bestimmt bald über den Weg. Im Hinblick auf das, was aus einem Flirt vielleicht noch werden kann, mache ich Sie auch gerne zum absoluten Frauenversteher. Lesen Sie schnell weiter …

### *Frauenversteher-Kurs Teil 1: Knacken Sie die Codes*

Manchmal ist es wirklich wie verhext: Die Frau sagt »Ja« und meint eigentlich »Nein«. Sagt sie dann »Nein«, meint sie auf einmal »Ja«. Und stellt man(n) sich dann nach kurzer Zeit auf diese scheinbare Geheimsprache ein, besinnt sich Frau auf das, was sie einmal im Deutschunterricht gelernt hat, und »Ja« heißt plötzlich wieder »Ja« und »Nein« auch tatsächlich »Nein«.

Liebe Männer, versuchen Sie erst gar nicht, dahinter zu kommen, warum, weshalb und wieso wir Frauen uns oftmals wie Außerirdische benehmen und uns nicht an die Regeln der Erdensprache halten. Versuchen Sie lieber die Codes zu knacken. So werden Sie eventuell den Vorwurf »Ach, du verstehst mich ja sowieso nicht« umgehen, und Sie ersparen sich das frühzeitige Ergrauen aus Verzweiflung.

Mit welchem Code Sie es im Einzelfall zu tun haben, hängt natürlich von der Persönlichkeit einer Frau ab, aber auch von ihren Erfahrungen. Diesen Code wiederum zu erkennen erfordert ein wenig Übung und ein wenig Überlegung. Zur ersten Sensibilisierung Ihres Sprachgefühls für die Kommunikation mit dem weiblichen Geschlecht folgen nun einige Beispiele für Gesagtes und eigentlich Gemeintes:

1. Es ist meine Schuld. = Es ist deine Schuld.
2. Wir brauchen … = Ich möchte …
3. Wir müssen miteinander reden. = Ich muss etwas erklären.
4. Schatz, nur zu deiner Info: Ich gehe schon einmal ins Bett. = Ich will Sex!
5. Habe ich dir heute schon gesagt, wie sehr ich dich liebe? = Ich hab da einen ganz dringenden Wunsch.
6. Du bist manchmal wie ein Bruder für mich. = Du langweilst mich gerade zu Tode.
7. Mein Job fordert mich derzeit total. = Lass mich jetzt einmal in Ruhe.
8. Wie hat dir eigentlich das Kleid meiner Freundin Gabi gefallen? = Ich will mir auch so ein Kleid kaufen.
9. Ich verärgert, wie kommst du denn darauf? = Sicher bin ich verärgert, du Trottel!
10. Ich und eifersüchtig? Niemals! = Natürlich bin ich eifersüchtig.

Sie vermissen ein Schema X? Sie wollen mehr über versteckte Zeichen wissen, die Ihnen sagen, was eine Frau wirklich meint? Sorry, wie schon erwähnt: Die gibt es nicht. Die Codesprache ist individuell und kann außerdem extreme Ausprägungen annehmen. So leicht machen wir Frauen es Ihnen nicht, dass Sie uns verstehen können. Also seien Sie einfach ein wenig auf der Hut und unterschätzen Sie bitte nicht die weibliche Raffinesse. Doch mit etwas Übung und nach näherem Kennenlernen können Sie den Code Ihrer Angebeteten sicherlich zumindest teilweise entziffern lernen und entsprechend handeln.

### *Frauenversteher-Kurs Teil 2: fiese Frauenfragen und die passenden Antworten darauf*

Harmlos und unscheinbar kommen sie daher – Fragen von uns Frauen, die es jedoch in sich haben. Sie wissen nicht, worüber ich rede? Gut, dann gebe ich Ihnen doch einfach einmal ein Beispiel, die Frage: »Habe ich zugenommen?«

Egal, was Sie darauf antworten – ist es unüberlegt, handeln Sie sich eine mehrminütige, wenn nicht gar abendfüllende und teils nervenraubende Diskussion ein. Antworten Sie zum Beispiel der Ehrlichkeit halber »Ja, ein wenig«, machen Sie sich auf Folgefragen gefasst wie: »Warum hast du mir das nicht gesagt?«, »Findest du das schlimm?«, »Bin ich jetzt fett?« oder »Liebst du mich trotzdem noch?«

Der Haken an der Sache – wir bleiben bei dem Beispiel –, auch Sätze Ihrerseits wie »Darauf kommt es doch gar nicht an«, »Keine Ahnung« oder »Du bist meine Schönste« heißen für uns Frauen eindeutig »Ja«. Und was dann folgt, habe ich Ihnen bereits geschildert. Die einzige Chance, in diesem Fall einer endlosen Frage-Antwort-Debatte aus dem Weg zu gehen, besteht darin, auf die Frage mit einem knallharten »Nein« zu antworten. Dabei dürfen Sie nicht eine Sekunde zögern, unsicher klingen oder Ihre Auserwählte vorher womöglich noch einmal kurz mustern. Das »Nein« muss klar und deutlich wie aus der Pistole geschossen über Ihre Lippen kommen. Nahezu eingeschüchtert wird Ihre Herzdame es nicht wagen, an dieser Antwort zu zweifeln.

Dieses Beispiel war noch eine der leichteren Übungen zum Warmwerden. Und damit Sie auf dem Weg zum wahren Frauenversteher vorankommen, habe ich noch drei weitere Beispiele fieser Fragen herausgesucht:

*Würdest du mich heiraten?*

Sagen Sie »Ja«, könnte es sein, dass Ihre Angebetete gleich bergeweise Zeitschriften mit Tischdekorationen, Hochzeitskleidern, Brautsträußen etc. heranschleppt und augenklimpernd fragt: »Wann denn?«

Sagen Sie »Nein«, bemitleide ich Sie wegen der auf die Antwort folgenden Minuten. Fragen wie »Warum nicht?«, »Liebst du mich nicht?«, »Warum sind wir überhaupt zusammen?« werden über Sie hereinprasseln, und eine mittelschwere Beziehungskrise ist vorprogrammiert.

Nehmen Sie dann doch lieber den galanten Mittelweg, werden Sie charming und fragen zum Beispiel »Würdest du mich etwa heiraten?« oder »Ist das ein Antrag? Darüber muss ich nachdenken«. Damit signalisieren Sie, dass Sie sich vor dem Thema nicht drücken wollen, aber es doch ein wenig mit Humor betrachten. Springt die Gute darauf nicht an, sondern bleibt sie hartnäckig, müssen Sie in den sauren Apfel beißen. Wenn Sie heiraten wollen, sagen Sie »Ja«. Falls nicht, dann so etwas wie »Nächstes Jahr könnte ich mir das gut vorstellen. Wir können ja schon einmal anfangen zu sparen« (Anmerkung: Eine Hochzeit kann nämlich ziemlich teuer werden). Sollte Ihre Partnerin Sie dann auf diesen Termin festnageln, bleibt Ihnen immerhin ein Jahr Zeit. Angesichts Ihrer Zweifel sind Sie mit der Frau dann vielleicht schon gar nicht mehr zusammen, und das ganze Thema hat sich von selbst erledigt. Was Sie auf jeden Fall lassen sollten: Gerede wie »Warum heiraten? Wir haben uns doch auch so sehr lieb«. Das sagen alle und bringt uns Frauen in diesem Moment nicht weiter.

*Glaubst du an Treue?*

Achtung, wenn Sie diese Frage hören, ist absolute Aufmerksamkeit nötig! Eigentlich fragt Ihre Angebetete gerade: »Hey, wenn du die Gelegenheit dazu hättest, ich also nicht da wäre oder so, würdest du dann fremdgehen? Oder bist du mir sogar vielleicht schon einmal untreu gewesen und ich doofe Kuh habe das gar nicht mitbekommen?«

Lassen Sie sich bloß nicht auf eine lange Debatte zu diesem Thema ein. Ähnlich wie bei der Frage »Habe ich zugenommen?« gilt es auch in dieser Situation, klar und deutlich zu antworten. In diesem Fall jedoch mit einem »Ja« plus »Und ich hoffe, du glaubst auch an Treue«. Damit klären Sie, dass dieses Thema für Sie überhaupt keinen Anlass für eine Diskussion darstellt, weil selbstverständlich, und schieben den Schwarzen Peter Ihrer Herzdame zu.

*Mit wie vielen Frauen hast du schon geschlafen?*

Ein wenig Nachdenken ist bei dieser Frage erlaubt. Aber lassen Sie sich nicht zu lange Zeit mit der Antwort, da Ihre Angebetete sonst glaubt, Sie müssten erst einmal gründlich nachzählen. Spontan zu antworten wäre ebenfalls falsch. Das erweckt womöglich den Eindruck, dass Sie sich andauernd mit diesem Thema beschäftigen. Also kurz grübeln und getreu dem Motto »Was sie nicht weiß, macht sie nicht heiß« eine Zahl nennen, die zwischen zehn und 15 liegt. Sicher hängt die Anzahl der amourösen Abenteuer mit dem Alter zusammen, doch bevor die Frau Sie für einen Lüstling hält, geben Sie sich solide. Ein bisschen Erfahrung ist gut, zu viel Erfahrung verdirbt – mit zehn bis 15 Frauen liegen Sie gut im Rennen. Auf keinen Fall sollten Sie jedoch den Fehler machen und Frauennamen vor sich hin murmeln, während Sie nachdenken. Sie riskieren nur nervige Nachfragen wie »Birgit, wer war das denn?« oder »Karin? Die von deinem Job?« etc.

Falls Sie mir bislang folgen konnten, das Gelesene auch in die Praxis umsetzen und für sich weiterentwickeln, werden Sie sicher von vielen Frauen geliebt. Und das sogar noch ein bisschen mehr, wenn Sie die folgenden Fragen immer mit einem klaren und deutlichen »Nein« beantworten können:

- ♂ Hast du ein Verhältnis mit einer anderen?
- ♂ Denkst du noch oft an deine letzte Freundin?
- ♂ War deine Ex besser im Bett als ich?
- ♂ Möchtest du lieber mit jemand anderem zusammen sein als mit mir?

Folgende Fragen sollten Sie hingegen stets mit einem eindeutigen »Ja« beantworten:

- ♂ Liebst du mich (noch)?
- ♂ Gehöre ich zu den drei Dingen, die du auf eine einsame Insel mitnehmen würdest?
- ♂ Denkst du oft an mich?
- ♂ Gefalle ich dir wirklich?

Na bitte, Sie werden sehen, dass es so funktioniert! Wenn Sie diese Tricks und Tipps beherzigen, haben Sie weniger Ärger und wir endlich einen Mann, der Frauen versteht und auf unsere Fragen immer die richtige Antwort weiß. Oder?

## Verführen mit Erfolgsgarantie oder: »Wie Sie jede Frau erobern«

Vergessen Sie Casanova, meine Herren. Der Typ mag zwar in Sachen »Verführen und Flachlegen von Frauen« einiges draufgehabt haben, doch ist er mittlerweile schon über 200 Jahre tot. Genauer gesagt starb Giacomo Casanova 1798, und seitdem hat sich auf seinem oben erwähnten Spezialgebiet doch manches getan.

Nur schöne Worte, nur »Küss die Hand«, nur auf die Knie fallen, das macht uns Frauen heutzutage wenig an. Da muss schon mehr kommen. Und es sollte klar sein, dass die Kunst des Verführens nicht nach irgendeiner Formel funktioniert. Natürlich können Sie sich Erzählungen Ihres Kumpels über seine diversen Taktiken anhören, aber Sie sollten diese nicht eins zu eins anwenden. Erstens sind Sie anders als Ihr Freund, und zweitens ist Ihre Auserwählte nicht die Auserwählte Ihres Freundes – zumindest hoffentlich. Die einzig richtige Strategie beim »Rumkriegen« gibt es nicht, wohl aber etliche simple Kleinigkeiten und Lockmittel, mit denen Sie Ihre Erfolgsaussichten verbessern können.

### *Locker und natürlich bleiben: Stehen Sie zu Ihrem Typ!*

Wäre eine von uns wie alle, dann hätten Sie es noch schwerer, als es Ihnen bislang schon erscheinen mag. Glauben Sie mir, denn was wäre, wenn der Prototyp nicht auf jemanden wie Sie stehen würde? Doch angesichts der Vielfalt an Frauen, verführen Sie auf die Weise, wie Sie es können – wenn die eine nicht darauf anspricht, wird es sicher eine andere tun. Damit will ich nun nicht sagen, dass Sie sich breitbeinig und däumchendrehend irgendwo hinsetzen können und wir Girls schon zu Ihnen kommen werden. Vielmehr möchte ich Ihnen Mut machen, zu Ihrem Typ zu stehen und dabei Ihre guten Seiten besonders zu betonen. Wenn Sie zum Beispiel auf der Tanzfläche nicht wie John Travolta die Hüften schwingen und damit die Damenwelt becircen können, bringen Sie Frauen vielleicht mit Ihrem Witz und Humor um den Verstand. Oder: Vielleicht sind Sie nicht so schön wie Hollywood-Beau Brad Pitt, haben dafür aber Muskeln wie Arnold Schwarzenegger. Oder: Wenn Sie nicht so stark aussehen wie Arnie, sind Sie dafür eventuell furchtbar schlau und haben schon bei Sendungen wie »Wer wird Millionär?« kräftig abgeräumt. Und dann sind Sie klug und reich …

Jeder hat Stärken und Schwächen. Doch bevor ich in elendlanges Psycho-Geschwafel verfalle: Wenn Sie sich in Ihrer eigenen Haut unsicher fühlen und nicht wissen, warum eine Frau Sie sexuell anziehend finden sollte – fragen Sie einmal bei Freunden und Familienangehörigen nach! Die sollen Ihnen brav erzählen, was sie an Ihnen schätzen. Nehmen Sie sich das zu Herzen und gehen Sie so gestärkt in die Verführungsoffensive.

Auf keinen Fall aber sollten Sie versuchen, jemand zu sein, der Sie gar nicht sind. Sparen Sie sich von Beginn an irgendwelches Theaterspielen, am Ende kommt es doch raus, was meistens für Ärger sorgt. Im Übrigen sollten Sie gut verstehen können, dass wir Frauen keine Mogelpackungen wollen, denn bei Ihnen dürfte es nicht anders sein: Stellen Sie sich vor, Sie lernen eine liebe, aufmerksame, sparsame Frau kennen. Bestimmt packt Sie auch das blanke Entsetzen, wenn sich diese dann als Furie mit Hang zur Prasserei entpuppt. Spielen Sie also nicht den Macho, wenn Sie eigentlich eher schüchtern sind. Trinken Sie sich bitte auch bloß nicht mit Alkohol Mut an, denn

a) Alkohol sorgt nicht gerade für den besten Mundgeruch.

b) Sie werden angetrunken bald die Kontrolle über Ihre Sprache verlieren.

c) Außerdem könnte es passieren, dass Sie die Feinmotorik nicht mehr beherrschen und Sie Ihre Finger schneller irgendwo haben, als uns Frauen lieb ist.

d) Und zu viele Promille schaden zudem der Potenz.

Sollten Sie wirklich zu schüchtern sein, um irgendeine Frau überhaupt anzusprechen, geschweige denn zu verführen, trainieren Sie Ihre Selbstsicherheit. Fangen Sie mit einer leichten Übung an: Fragen Sie an einem Tag mindestens drei Frauen nach der Uhrzeit, drei Frauen nach dem Weg zur Post (nur ein Beispiel) und noch drei andere Frauen nach der Adresse von einem guten Café. Alles ganz unverfängliche Fragen, bei der keine von meinen Geschlechtsgenossinnen irgendwelche Hintergedanken vermuten muss. Und sollte eine Frau doch neugierig nachfragen und Ihnen anbieten, Sie ein Stück zu begleiten oder sogar mit ins Café zu kommen – ja, dann findet die Gute Sie möglicherweise ganz sympathisch.

*Hoher SQ = Superlover?*

Gerne wird im Zusammenhang mit Flirten und Verführen auch auf den so genannten sexuellen oder erotischen Intelligenzquotienten (abgekürzt: SQ und EQ) einer Person hingewiesen. Es gibt sogar Tests, mit denen der SQ ausgerechnet werden kann. Da ich das für nicht sehr aussagekräftig halte, hier nur kurz zu Ihrer Info: Falls eine Frau auf diesem Gebiet bewandert ist und großen Wert auf den SQ oder EQ legt, sagen Sie einfach, Sie hätten einen Quotienten von 125. Damit liegen Sie mehr als gut im Rennen. So zeigten Untersuchungen der Forschungsgruppe Partnerschaft- und Sexualpsychologie des Instituts für Rationelle Psychologie, München, im Jahr 2002, dass etwa 46 Prozent der Bevölkerung einen Wert zwischen 90 bis 110 aufweisen. Quotienten, die über 140 hinausgehen, werden nur von 4,5 Prozent der Menschen erreicht.

Aber mal ganz ehrlich: Würden Sie mit einer Frau ins Bett gehen, die zwar einen SQ von 145 hat, aber aussieht, wie aus der Geisterbahn entflohen? Ich finde ein »Nein« nahezu logisch, beziehungsweise sage ich Ihnen, dass die meisten Frauen im umgekehrten Fall ebenfalls dankend abwinken würden. Was bringt uns ein Typ mit einen SQ von 145, wenn er stinkt und aussieht wie Frankenstein? Statt einen Superorgasmus zu bekommen – dafür sind wir doch viel zu verkrampft, weil angeekelt –, handeln wir uns bei so einem Monster-Mann vielleicht sogar noch eine fiese Krankheit ein. Nein danke, ein hoher SQ macht noch keinen Superlover, zumindest meiner Meinung nach.

### *Blumen, Schokolade, SMS – klassische Mitbringsel und neumodische Aufmerksamkeiten*

Klassiker müssen nicht schlecht sein, Oldtimer sind dafür nur ein Beispiel. Auch bei der Verführung von Frauen dürfen Sie sich ruhig auf Altbewährtes besinnen, aber bitte nicht versteifen. Der Mix macht es, wie so oft, erst interessant. Nachfolgend erfahren Sie etwas über Klassiker in Sachen »kleine Geschenke« und über angesagte moderne Arten, wie Sie Frauen charmant umwerben und ihnen Ihre Gefühle zeigen können. Übrigens lässt sich das wunderbar kombinieren.

#### *Durch die Blume gesagt*

Mit Blumen können Sie eigentlich nichts falsch machen. Im Gegenteil: Die blühende Pracht kommt bei den Frauen meistens nicht nur gut an, Sie können damit sogar noch einiges an Verführungsarbeit leisten. Ich will nun nicht sagen, dass Sie Ihre Auserwählte gleich mit roten Rosen überraschen sollen. Auch andere Blumen können Ihnen als Überbringer kleiner Liebesbotschaften behilflich sein. Lesen Sie selbst:

- ♂ Akazie, rosa: Glückseligkeit
- ♂ Alpenrose: Wann sehen wir uns wieder?
- ♂ Baldrian: Ich werde dich beschützen!
- ♂ Chrysantheme: Mein Herz ist frei!
- ♂ Coreopsis: Du bist die Schönste.
- ♂ Dill: Freude, Mut, Kraft und Leben hast mit Liebe du mir gegeben!
- ♂ Dotterblume: Du darfst mich bald erwarten!
- ♂ Edelweiß: Du bist wunderschön!

♂ Efeu: Liebe
♂ Eibe: Ich liebe dich ewig!
♂ Enzian: Deine Schönheit ist überwältigend!
♂ Glockenblume: Unsere Herzen schlagen im gleichen Takt!
♂ Goldlack: Ich sehne mich so nach dir!
♂ Immergrün: Erinnerung
♂ Immortelle: ewige Liebe
♂ Iris, rot: Nicht um mein Leben könnte ich dich lassen!
♂ Iris, weiß: Ich stehe immer zu dir!
♂ Jasmin: Du bist bezaubernd!
♂ Lindenblüte: Träume süß und denke an mich!
♂ Löwenmaul: Du bringst meine guten Vorsätze ins Wanken!
♂ Mädchenauge: Du bist die Schönste.
♂ Narzissen, gelb: Meine schönste Sehnsucht hat sich in dir erfüllt.
♂ Nelken, weiß: Ich bin noch zu haben.
♂ Nelken, dunkelrot: Ich liebe nur dich.
♂ Nelken, rot: brennende Liebe
♂ Petersilie: Ich möchte dir etwas Liebes tun!
♂ Primel: Zufriedenheit ist das höchste Glück!
♂ Rhododendron: Wann sehen wir uns wieder?
♂ Rosen, rot: Ich liebe dich! Ich bin verrückt nach dir!
♂ Rosen, rosa: Ich liebe dich zärtlich!
♂ Salbei: Ich denk an dich!
♂ Schlüsselblume: Gib mir den Schlüssel zu deinem Herzen!
♂ Schöngesicht: Du bist die Schönste!
♂ Schwertlilie: Ich werde um dich kämpfen!
♂ Tulpen (rosa): Liebe

- ♂ Tulpen (weiß): Unsere Welt ist unsere Liebe.
- ♂ Tulpen (rot): Du bist unwiderstehlich.
- ♂ Verbene: Du hast mich verhext!
- ♂ Vergissmeinnicht: Denk an mich!
- ♂ Wegwarte: Ich warte innig auf dich!
- ♂ Weinlaub: Wollen wir heute Abend ausgehen?
- ♂ Winde: Mich wirst du nicht los!

Falls Sie das mit den Blumen arg altmodisch finden, möchte ich Ihnen gerne sagen, dass viele Frauen auf so netten altmodischen Kram stehen. Ein bisschen Casanova darf es schon sein. Protzen Sie aber nicht gleich mit Ihrem Wahnsinnswissen über die Pflänzchen. Als Besserwisser sinken Ihre Chancen bei den Damen – da können dann auch die Blumen nichts mehr retten, und die Situation könnte peinlich werden. Wenn die Frau wissen will, was Sie ihr mit den Blumen sagen wollen, wird sie sich selbst schlau machen.

### *Naschzeug für die Nerven*

Vorausgesetzt Ihre Auserwählte macht nicht gerade eine Diät und Sie wissen davon – schenken Sie ruhig auch einmal Schokolade! Zwar mag dies nicht von besonderem Einfallsreichtum zeugen, doch wird so manche Angebetete durch eine solche Überraschung lammfromm. So haben Wissenschaftler der University of California nachgewiesen, dass natürliche Wirkstoffe in der Kakaobohne – die Flavonoide – binnen zwei Stunden nach dem Schokoladengenuss ins Blut übergehen und dort dessen antioxidative Kapazität erhöhen. Folge: Aggressive Nebenprodukte des Stoffwechsels werden unschädlich gemacht. Oder auf gut Deutsch: Wenn Sie sich eine ruhige und zufriedene Frau an Ihrer Seite wünschen, stürmen Sie den nächsten Pralinenladen. Die Dame wird dahinschmelzen wie das süße Mitbringsel auf ihrer Zunge.

*Schreib mal wieder*

Sehr nett ist es auch, wenn eine SMS oder E-Mail überraschend mitten in den Wirren des teils stressigen, teils langweiligen Alltags ankommt. Also machen Sie sich ans Tippen. So zeigen Sie Ihrer Liebsten, dass Sie an sie denken und sie Ihnen wichtig ist. Sparen Sie sich aber bitte Liebesschwüre wie »Ich will immer bei dir bleiben« oder »Ohne dich wäre ich ein Nichts«. Wir Frauen wollen keinen Klammeraffen und auch keinen Schwächling, der mit seinem Leben nicht klarkommt. Außerdem sei gesagt, dass Sie Ihre Auserwählte nicht stündlich mit einer neuen Message nerven sollten. Zu penetrant!

Wenn Sie mich jetzt fragen, was ich von handgeschriebenen Briefen halte, sage ich: Nicht schlecht, aber in Zeiten von E-Mails wirklich nicht mehr Pflicht. Sicher, ein Liebesbrief, der vom Briefträger gebracht wird, sollte noch artig mit Füller und Tinte geschrieben sein. Eine kurze E-Mail aber – und wenn es auch nur zwei bis drei Sätze sind – soll die Angebetete schnell erreichen und darf deshalb ruhig über die Datenbahnen geschickt werden.

*Die Musik macht's*

Wo haben Sie Ihre Auserwählte zum ersten Mal getroffen – bei Freunden, auf einer Party? Wo waren Sie zum ersten Mal mit ihr essen – beim Italiener? Wenn die Dame Sie wieder einmal zu sich einlädt, und Sie wollen ihr eine Kleinigkeit mitbringen, probieren Sie es doch einmal mit einer selbst gebrannten CD. Darauf sollten Lieder sein, die Ihre Angebetete mit dem Kennenlernen und/oder bestimmten gemeinsamen Situationen in Verbindung bringen kann.

### *Objekte der Begierde*

Falls Ihre Herzdame einen besonderen Sammeltick hat, von dem Sie wissen, denken Sie darüber nach, was ihre Sammlung erweitern könnte. Vorausgesetzt natürlich, die Gute hat nicht gerade ein Faible für teure Ölbilder. Aber wenn es zum Beispiel Bücher eines bestimmten Schriftstellers, Jazzplatten oder auch Miniatur-Parfumfläschchen sind, sollte ein entsprechendes Geschenk doch finanziell drin sein. Mit einem solchen Präsent verlassen Sie zumindest die 08/15-Schiene und zeigen, dass Sie sich Gedanken darüber gemacht haben, womit Sie ihr Herz erfreuen können.

### *Was Frauen sich wirklich wünschen*

Zwar ist Liebe nicht käuflich, aber kleine Geschenke erhalten bekanntlich die Freundschaft. Daher sollten auch jene unter Ihnen, die schon seit längerem mit ihrer Liebsten Tisch und Bett teilen, ab und an in den Geldbeutel greifen und der Partnerin etwas Schönes mitbringen. Aber werfen Sie erst einmal einen Blick auf die folgende Tabelle, bevor Sie etwas kaufen! Denn wie das Emnid-Institut in Bielefeld herausfand, ist das, was Männer schenken, und das, was Frauen sich wirklich wünschen, sehr unterschiedlich:

| | Was Männer schenken … | | … und Frauen sich wirklich wünschen | |
|---|---|---|---|---|
| 1. | Schmuck | 44 Prozent | Reise | 43 Prozent |
| 2. | Reise | 32 Prozent | Beauty-Farm | 21 Prozent |
| 3. | Parfum | 30 Prozent | Geld, Aktien | 19 Prozent |
| 4. | Beauty-Farm | 21 Prozent | Essen gehen | 16 Prozent |
| 5. | Blumen | 20 Prozent | Bücher | 15 Prozent |
| 6. | Geld, Aktien | 12 Prozent | Schmuck | 14 Prozent |
| 7. | Dessous | 11 Prozent | Blumen | 13 Prozent |
| 8. | Kino, Theater | 10 Prozent | Kino, Theater | 12 Prozent |
| 9. | Accessoires | 6 Prozent | Möbel | 8 Prozent |
| 10. | Möbel | 5 Prozent | Parfum | 5 Prozent |

Ihnen ist hoffentlich aufgefallen, dass Männer gerne einmal Unterwäsche verschenken, Frauen sich dies aber nicht so sehr wünschen. Natürlich haben die Männer dabei vor allem das eigene Vergnügen im Hinterkopf, oder? Ich werde Ihnen etwas verraten: Viele Frauen kaufen sich die feinen Spitzensachen gerne selbst. Wir wissen einfach am besten, wo was reinpasst und wie es am besten zur Geltung kommt.

### *Absolut angesagt: Wie Sie Frauen die richtigen Komplimente machen*

Beispiel 1: »Du bist die Schönste auf der ganzen Welt!«
Beispiel 2: »Du bist die Klügste im ganzen Universum!«
Beispiel 3: »Du bist die Frau, auf die ich immer gewartet habe!«
Beispiel 4: »Du bist die tollste, größte, wahnsinnigste, umwerfendste Frau, die ich je getroffen habe.«
Beispiel 5 – Ja, es könnte immer so weitergehen. Alles ganz nett, aber was sollen denn solche Sprüche? Denken Sie wirklich, wir Frauen sind dumm, fallen auf alles rein und schauen selbst nie in den Spiegel? Doch ich will nicht gleich mit Beschimpfungen anfangen. Die meisten von Ihnen meinen es ja nur gut und wissen es leider nicht besser. Deswegen aber auf abgedroschene Phrasen zurückzugreifen ist der verkehrte, leider jedoch oft gewählte Weg aus Unwissenheit. Damit sich dies ändert und Sie Ihre Angebetete gekonnt mit Worten umschmeicheln, kurz einige Sätze zum Komplimente machen. Die drei obersten Gebote dabei lauten:

- ♂ Nicht pauschalieren!
- ♂ Nicht übertreiben!
- ♂ Nicht überfordern!

Statt in irgendwelche Superlative zu verfallen wie eben »Du bist die Schönste, Größte, Tollste … etc.« und mit diesen verbalen Ergüssen eine Frau im Minutentakt zu überschütten, sollten Sie sich zurückhalten und gezielt vorgehen. So müssen Sie Ihre Auserwählte nicht gleich beim ersten Date mit Komplimenten bombardieren. Lassen Sie sich lieber erst einmal etwas von der Dame erzählen. Beobachten Sie sie und hören Sie gut zu, damit Sie wissen, worauf die Frau besonderen Wert legt und wie sie gerne die Zeit verbringt (Aussehen, Job, Sport, Freunde, Familie etc.). Auf diese Vorlieben können Sie bei passender Gelegenheit mit verbalen Nettigkeiten reagieren. Beispiel: »Ich finde es bewundernswert, dass Sie es bei all dem Jobstress noch schaffen, zum Sport zu gehen.« Oder Sie wählen die Onkel-Doc-Variante und sagen: »Sie arbeiten verdammt viel. Da muss man sich ja Sorgen machen.«

Treffsicher in ihrer Wirkung und dabei doch recht unverfänglich sind zudem Bemerkungen über guten Geschmack. Sei es eine schöne Wohnungseinrichtung (»Woher haben Sie dieses schicke Bild?«) oder das gepflegte Haustier (»Gut in Form, welches Futter nehmen Sie?«) – konzentrieren Sie sich lieber darauf, als gleich penetrante und oftmals offensichtliche Schmeicheleien über das äußere Erscheinungsbild zu machen.

Komplimente über das Aussehen können Sie sich guten Gewissens für später aufheben. Denn gerade wenn Sie, meine Herren, mit einer Frau bereits länger zusammen sind, werden die meisten von Ihnen doch etwas nachlässig mit Nettigkeiten und nehmen schnell alles als selbstverständlich hin. Dabei können Sie Ihrer Liebsten schon mit einem simplen »Du sieht heute wieder klasse aus« oder »Du bist und bleibst meine Schönste« zeigen, dass Sie sie wertschätzen und sie für etwas ganz Besonderes halten.

## *Korb oder ab in die Kiste? – Die richtige Atmosphäre und Störfaktoren*

Kerzenschein, ruhige Musik und ein Gläschen Champagner sind schon schwer angesagt, aber für sich gesehen auch nichts weiter als Romantik für Einsteiger. Anders gesagt: Glauben Sie bitte nicht, dass es damit getan ist. Beschränken Sie sich auf diese Zutaten für einen schönen Abend, könnten Sie sich genauso gut ein Schild umhängen mit der Aufschrift: »Ich will Sex!« Das aber ist doch ziemlich platt, und wir Frauen könnten schnell den Eindruck gewinnen, Sie wollten nur schnell einmal eine Nummer klarmachen. Da die meisten Frauen aber nicht käuflich sind und keine von uns lediglich Mittel zum Zweck sein will – tun Sie etwas, und zwar mehr!

Oberstes Ziel bei einem Abend zu zweit sollte das gemeinsame Vergnügen sein. Und damit meine ich jetzt nicht nur den Spaß im Bett, sondern auch den davor. Sie wissen es selbst: Nichts ist unangenehmer als langes betretenes Schweigen. Damit solch eine Stimmung gar nicht erst aufkommt, bereiten Sie sich ein wenig vor: Legen Sie zum Beispiel einige Fotoalben bereit. Das gemeinsame Betrachten der alten Bilder sorgt schnell für eine vertraute Atmosphäre. Beim Anblick der Frisuren, der Brillen, der Kleidung, der alten Freunde, des ersten Haustiers, der Erinnerungen an die Einschulung oder den letzten Schultag werden Sie sich viel zu erzählen und viel zu lachen haben. Sicher wird die Dame dann auch zurückblicken – schließlich waren wir doch alle einmal jung. So können Sie gemeinsam in Erinnerungen schwelgen, ohne dabei in Wehmut zu verfallen. Letzteres wissen die urkomischen Aufnahmen – Sie mit Schwimmflügeln,

Sie mit Schultüte, Sie zu Karneval als Cowboy oder Pirat, Sie in Pfadfinderkluft, Sie im Kommunions-/Konfirmationsanzug etc. – schon zu verhindern. Und auch wenn das eine oder andere Foto Sie nicht unbedingt von Ihrer Schokoladenseite zeigt – stehen Sie ruhig dazu. Nobody is perfect, und der Frau wird es so leichter fallen, mögliche eigene Schwächen vor Ihnen zuzugeben.

Wichtig ist aber, dass so etwas nicht zu einer simplen »Werben-und-Verkaufen«-Masche Ihrerseits ausartet, daher sollten Sie Ihren Besuch auch nicht gleich mit Ihrer »tollen Plattensammlung« oder »sagenhaften Computeranlage« nerven. Bevor nur Sie erzählen und erzählen, zeigen und zeigen und die Frau sich dabei zu Tode langweilt, fragen Sie Ihre Besucherin nach ihren Erlebnissen, nach alten Freundinnen und dummen Streichen. Streben Sie ein lockeres, aber doch intimes Gespräch an.

Damit Sie dabei und bei dem, was eventuell folgen mag, nicht unterbrochen werden, beseitigen Sie unbedingt alle potenziellen Störfaktoren! Nachfolgend die neun nervigsten, um die Sie sich vorab kümmern sollten, sodass ein gemütliches Kuscheln nicht jäh unterbrochen wird.

### *Müll wegschaffen und das Chaos in Maßen halten!*

Das versteht sich eigentlich von selbst: Wenn Damenbesuch ansteht, sollte Ihre Wohnung aufgeräumt sein. Also weg mit den alten Unterhosen und getragenen Socken. Die Berge von Zeitschriften und Zetteln können Sie von mir aus liegen lassen. Chaos in Maßen macht sympathisch. Saugen Sie trotzdem einmal durch und bitte sehen Sie zu, dass sich in der Küche kein dreckiges Geschirr mit angeschimmelten Essensresten türmt. Denn davon abgesehen, dass Müllmief nicht gerade zu den bevorzugten Raumdüften gehört – die Besucherin möchte Sie kennen lernen, und so sollten Sie sich nicht gleich von Ihrer schlechtesten Seite zeigen.

*Handy aus!*

Selbst wenn ein Klingelton mit Kuschelrock-Melodie oder sanftem Schmusesound ertönt – das Geräusch eines Handyklingelns geht durch Mark und Bein und unterbricht jegliche romantische Kuschelzeremonie. Also schalten Sie das Ding aus! Zumal Ihre Angebetete sonst auf den Gedanken kommen könnte, dass Sie einen wichtigen Anruf erwarten.

*Telefon ausstellen!*

Sicher ist sicher. Außer dem Handy sollten Sie am besten auch das Telefon Ihres Festnetz-Anschlusses abstellen. Falls Sie den Anrufbeantworter angestellt haben, sorgen Sie dafür, dass die Ansagen und Nachrichten nicht zu hören sind. Zur absoluten Sicherheit prüfen Sie dies jedoch vorab, damit nicht ein nüchternes »Sie haben den Anschluss von ...« oder eine Nachricht wie »Hallo Süßer, hier ist ...« die prickelnde Atmosphäre stört.

*Vorhänge zuziehen!*

Gut gelaunte Nachbarn in allen Ehren, doch der Grund für das Stimmungshoch bei den Leuten von gegenüber sollten nicht Sie und Ihr Sexleben sein. Damit also das Treffen zwischen Ihrer Angebeteten und Ihnen nicht zur Peep-Show für die Nachbarn wird, ziehen Sie die Vorhänge zu oder lassen Sie die Jalousien runter. So ersparen Sie sich neugierige Blicke und am Morgen danach das Gerede beim Bäcker.

*Klingel blockieren!*

Stellen Sie sich bitte einmal vor, Sie liegen mit Ihrer Auserwählten auf dem Sofa, und plötzlich klingelt der Nachbar an der Wohnungstür und fragt nach etwas Zucker. Super, einen besseren Moment hätte sich der Typ nicht aussuchen können. Was tun? Lehnen Sie seine Bitte ab, könnte die Frau auf dem Sofa Sie für unhöflich halten. Haben Sie keinen Zucker, meint sie womöglich, Sie seien schlecht organisiert. Machen Sie erst gar nicht die Tür auf, denkt die Gute wahrscheinlich, Sie haben einen Hörfehler. Damit all diese möglichen Vermutungen nur grauenhafte Vorstellungen Ihrerseits bleiben, legen Sie die Klingelanlage lahm – natürlich erst, wenn die Angebetete Ihre vier Wände betreten hat. Allerdings ist es nicht ratsam, dass sie diese Aktion mitbekommt, sie könnte sich sonst schnell bedrängt fühlen.

*Stereoanlage vorprogrammieren!*

Ein tolles Bild: Sie, auf Knien herumrutschend, suchen die neue CD mit dem Supersound. Oder Sie, hektisch hantierend, wollen die hängende Scheibe wieder in Schwung bringen. Damit weder das eine noch das andere Wirklichkeit wird und das Kuscheln unterbrochen werden muss, programmieren Sie Ihre Musikanlage vor und/oder legen schon einmal die passende Musikauswahl bereit.

*Haustiere anderweitig unterbringen!*

»Ach, wie niedlich! Nein, wie süß! Oh, wie putzig!« – Und schon ist die Sache für Sie gelaufen. Denn sollte sich die Besucherin erst einmal in Ihren tierischen Mitbewohner verguckt haben, ist es schwierig, sie wieder abzulenken. Damit die Aufmerksamkeit der Guten aber ganz bei Ihnen bleibt, geben Sie jegliches Getier bei Freunden ab. Sicher ist sicher, zumal größere Vierbeiner auch gerne einmal, von Eifersuchtsanfällen geplagt, einfach dazwischenspringen und beim Schmusen stören.

*Babysitter besorgen!*

Gleiches wie für Haustiere gilt für Kinder:

1. Auch sie ziehen gerne alle Aufmerksamkeit auf sich.
2. Auch sie markieren gerne ihr Revier und melden Besitzansprüche an.

Ein plötzliches Dazwischendrängen ist demnach nicht ausgeschlossen. Sollten Sie allein erziehender Vater sein, kümmern Sie sich vor der Verabredung um einen guten Babysitter.

*Nachbarn ruhig stellen!*

Es ist gar nicht schön, wenn Sie in einer Wohnung leben, in der die Nachbarn Sie oder Sie die Nachbarn bei allem Tun und Handeln hören können. Damit die von nebenan Sie bei einem Date nicht durch Geschirrklappern, Volksmusikhören, Ausleben der Ehekrise oder durch Sexgelüste und Ähnliches stören können, tun Sie vor allem sich selbst, aber auch den Nachbarn etwas Gutes. Überraschen Sie die potenziellen Unruhestifter mit Kinokarten und dem Satz: »Ich kann da nicht hingehen, aber vielleicht Sie.« Alles ausgleichende Gerechtigkeit: ein netter Abend für die Nachbarn, ein netter Abend für Sie.

Haben Sie alle Störfaktoren beseitigt? Gut, und dann bitte bloß keinen Stress! Stress ist der absolute Erotikkiller. Und falls Sie der Frau nicht vermitteln wollen, dass Sie nur auf das eine aus sind – entspannen Sie sich! Lassen Sie es langsam angehen. Wenn sich die Auserwählte schon in Ihrem Reich befindet, sieht die Sache doch gut aus, und Sie können getrost einen Gang runterschalten.

### *Vom Plaudern zum Petting – wie und wo Sie langsam auf Tuchfühlung gehen können*

Wann darf bei einem Treffen die Hand an die Hose? Wann die Finger unter den Pulli? Wann kann der BH geöffnet werden, und wie sieht es mit dem Knutschen aus? Das sind Fragen, wie sie pubertierende Teenager an das bekannte Dr.-Sommer-Team von der ebenfalls sehr bekannten Jugendzeitschrift *Bravo* stellen. Doch ebenso fragen sich dies auch teils gestandene Männer. Warum hier manchmal keine alters- und erfahrungsbedingten Unterschiede bestehen? Weil die Antwort auf alle diese Fragen gleich lautet: Alles hängt von der jeweiligen Situation und von der Frau ab!

Sollten Sie zum Beispiel gemeinsam auf dem Sofa sitzen, in dem einige Seiten zuvor erwähnten Fotoalbum blättern, und Ihre Hand berührt die Hand der Frau (natürlich total zufällig) – beobachten Sie die Reaktionen Ihrer Angebeteten. Straft diese Sie nicht mit einem Blick, der in etwa sagt »Pfoten weg, Kleiner, sonst vermöbelt dich mein großer Bruder«, bedeutet dies, dass ihr die Berührungen nicht völlig unangenehm sind. Gerade auf dem Sofa bietet es sich zudem an, einen Arm gemütlich auf der Rückenlehne zu platzieren. Wenn die Frau nicht erschrocken nach vorne rückt – ebenfalls gut. Genauso ist es ein gutes Zeichen, wenn sich die Dame nicht gleich meterweit von Ihnen entfernt hinsetzt. Allerdings: Es gibt einige schüchterne Exemplare unter uns. Also lassen Sie es mal wieder langsam angehen. Im Zeitlupentempo können Sie es wagen, Ihre Hand von der Rückenlehne zu nehmen und auf die Schulter der Frau zu legen. Schüttelt sie Ihre Hand nicht angewidert ab, weitermachen und langsam vortasten.

Sie erleichtern sich selbst die Chance für einen ersten Körperkontakt, indem Sie Situationen schaffen, in denen dieser kaum zu vermeiden ist. Besuchen Sie zum Beispiel mit Ihrer Angebeteten ein fast ausverkauftes Rockkonzert, kochen Sie zusammen, machen Sie Sport (und damit meine ich wirklich »Sport«), picknicken Sie, gehen Sie gemeinsam auf die Kirmes (in Karussells sitzt man immer eng nebeneinander) oder machen Sie es sich tatsächlich gleich gemeinsam auf dem Sofa bequem und schauen zusammen eine DVD oder das besagte Fotoalbum an. Auf jeden Fall sollten Sie die Frau – ähnlich wie beim ersten Smalltalk – ebenfalls zum Zug kommen lassen. Wenn auch Ihre Auserwählte scheinbar zufällig und mitunter wirklich unbewusst den Körperkontakt zu Ihnen sucht, dürfen Sie langsam anfangen, Hand anzulegen. Wie Sie sich treffsicher auf dem Körper einer Frau fortbewegen, verrate ich Ihnen aber erst ab Seite 134. So lange werden Sie sich sicher gedulden, zumal Sie zunächst noch mehr über die perfekte Verführung erfahren.

### *Warum gutes Küssen zum Koitus führen kann*

Die Fakten sprechen für sich: 44 Prozent von uns Frauen meinen, dass ein guter Küsser automatisch auch gut im Bett ist. Dies ergab zumindest der Cora Romance Report 2003, bei dem über 4.000 Männer und Frauen aus 18 Ländern befragt wurden und der im Auftrag des Cora Verlags durchgeführt wurde – Sie wissen schon, das ist der Verlag, bei dem diese vielen kleinen, dünnen Liebesromane erscheinen.

44 Prozent – das sind eine ganze Menge Frauen, und daher sollten Sie sich, lieber Leser, einmal dringend Gedanken darüber machen, wie Sie küssen. Dabei geht es weniger um die pauschale Antwort, ob nun »gut« oder »schlecht«, sondern vielmehr um die Technik. Damit Sie wissen, wovon ich überhaupt rede, lade ich Sie zu einer Reise in meine Vergangenheit ein. Damals als wir alle noch Teenager waren, in dunklen Kellerdiscos herumlümmelten und/oder uns bei Anbruch der Dunkelheit auf Kinderspielplätzen trafen. Damals machten etliche Frauen von heute die ersten Begegnungen mit dem Grauen. Getarnt als gut aussehender Jüngling kam es daher und offenbarte sein wahres Gesicht, als dieser den Mund aufmachte und uns küsste. Da zeigten sich die Unterschiede deutlich, die ich Ihnen anhand einer kleinen Typenskala gerne aufzeigen möchte:

- ♂ Beißer: Autsch! Bei ihm riskierte jedes Mädchen eine dicke Lippe. Denn der Junge liebte es, beim Knutschen seiner Partnerin leicht in die Lippe zu beißen. Eigentlich ganz vorsichtig, doch im hormonell-gesteuerten Treiben konnte dieses Zwicken fester ausfallen und mitunter ein blutiges Ende nehmen.
- ♂ Karies-Fetischist: Hingebungsvoll leckte er einem Mädchen beim Küssen die Zähne sauber, sodass die Zahnbürste überflüssig wurde. Der Junge sorgte für strahlenden Glanz, nicht aber in den Augen der Partnerin. Denn das alles war doch eher abstoßend.
- ♂ Würger: Er folgte wohl dem Motto »je tiefer, desto besser«. Ein solcher Küsser stocherte mit seiner Zunge

scheinbar irgendwo in der Speiseröhre des Mädchens herum. Hatte er sich vielleicht in der Körperregion geirrt? Einfach nur ekelig.

- ♂ Sauger: Bei diesem Typ drängte sich der Eindruck auf, dass er auf irgendeine Art und Weise mit Putzerfischen verwandt sein könnte. So wie der am Mund des Mädchens andockte und sich erst beim Wegschubsen wieder löste.
- ♂ Propeller: Er war ein Meister in Sachen Zungenkuss. Der Junge vollführte mit seiner Zunge leidenschaftliche Drehübungen – und das natürlich im Mund des Mädchens. Zwar gewöhnungsbedürftig, aber gut.

Küssen war also beileibe nicht gleich Küssen, und daran hat sich bis heute nichts geändert. Leider auch nicht an der Tatsache, dass noch immer etliche Beißer, Sauger, Karies-Fetischisten und Würger ihr Unwesen im Mund von uns Frauen treiben. So geht es aber nicht, meine Herren! Denn die Umfrage des Cora Verlags ergab weiter, dass 49,2 Prozent aller Frauen es am schlimmsten finden, gegen ihren Willen zu einem Kuss genötigt zu werden (erinnert an den »Sauger«). Auch die beliebte Variante »Ich steck dir meine Zunge bis in den Rachen, Kleines« (hier treffen wir auf den Würger) finden 40,3 Prozent der Frauen überhaupt nicht sexy. Und weil ja manchmal auch im Urlaub etwas geht, beziehungsweise Deutschland ziemlich »multikulti« ist und Sie somit auch schnell fremdländische Lippen küssen können: Die Hälfte aller Engländerinnen findet es absolut widerlich, wenn der zum Küssen Auserkorene zu feuchte Lippen hat, und 72,3 Prozent der Mexikanerinnen finden zärtliche, sanfte Küsse sterbenslangweilig.

Sind Sie nun verwirrt, lieber Leser? Nein, dafür gibt es keinen Grund. Vielmehr zeigen die unterschiedlichen Wünsche der Frauen, dass es kein ultimatives Rezept für einen guten Kuss gibt. Manche mögen ihn heiß und innig. Andere lieben ihn feucht und fest. Und wieder andere zart und spielerisch. »Gut küssen« heißt daher nicht »feucht küssen«, »trocken küssen« oder »fest küssen«, sondern vielmehr, auf die unterschiedlichen Wünsche der Frauen eingehen zu können. Und genau das wollen wir an dieser Stelle einmal trainieren:

- ♂ Beginnen Sie im Rahmen Ihrer Verführung mit sanften und unverfänglichen Küssen an Hals und Nacken. Die meisten Frauen mögen das, weil Hals und Nacken erogene Zonen sind und hier die Haut besonders weich und somit sehr empfindsam für Berührungen ist. Gleiches gilt für Küsse in die Armbeuge und auf die Innenseite des Handgelenks.
- ♂ Arbeiten Sie sich leicht knabbernd, küssend und mit der Zungenspitze kitzelnd langsam vor. Nur nichts überstürzen! Ein zu harter, feuchter, lascher oder drängender Kuss kann einen romantischen Moment wie eine Seifenblase platzen lassen – und die Frau könnte wieder einmal denken: Sie wollen nur das eine! Auch wenn dies sogar stimmen mag, lassen Sie sich Zeit. Wenn die Frau Ihnen nicht gleich entrüstet eine Ohrfeige verpasst, kann das Küssen bereits der Anfang des Vorspiels mit Fortsetzung sein.
- ♂ Beim Zungenkuss – der dann ja auch bald folgen wird – sollten Sie nicht so stark an der Zunge Ihrer Angebeteten saugen, ihr auch nicht die Zunge zu weit in den

Rachen stecken und schon gar nicht über ihre Zähne lecken. Fangen Sie zärtlich an, öffnen Sie die Lippen erst nur ein bisschen und umspielen Sie mit Ihrer Zunge die Lippen Ihrer Auserwählten. Schalten Sie dann die kleinste Stufe des »Propellers« an (siehe Typenskala auf Seite 100) und erforschen Sie langsam den Mund Ihrer Partnerin. Bitte gehen Sie aber nicht gleich für zehn Minuten auf Erkundungstour. Stattdessen sollten Sie zwischendurch wieder unterbrechen, ein wenig mit der Zunge die Lippen der Frau umspielen und sich so auch selbst verwöhnen lassen.

♂ Sollten Sie übrigens zu den schmallippigen Männern gehören, machen Sie sich deswegen bitte keine Gedanken, dass dies womöglich Ihre Kussfertigkeiten mindern könnte. Volle Lippen sagen nichts über die Qualität der Küsse aus. Auch schmale Lippen können wunderbar küssen, vorausgesetzt, sie fühlen sich weich an. Deshalb: Lippen beim Küssen nicht zusammenkneifen! Auch sollten Sie Ihre Lippen immer gut pflegen. Es lohnt sich, da es noch andere orale Verwöhntechniken gibt, über die ich Ihnen einige Seiten später Genaueres berichten werde.

Sollte sich Ihre Angebetete beim Küssen doch noch ein bisschen zieren, lassen Sie doch einmal folgendes Argument einfließen: Bei einem Zungenkuss werden rund zwölf Kalorien pro Minute verbraucht und 39 Gesichtsmuskeln gleichzeitig in Bewegung gesetzt. Auf diese angenehme Weise glätten sich Falten, und die Haut wird straffer. So macht Küssen schlank und schön, und das wollen wir Frauen doch alle sein. Natürlich wird dies nur wirken, wenn die Dame, mit der Sie sich beschäftigen, sowieso nicht abgeneigt ist, näheren Kontakt mit Ihnen zuzulassen.

### *Aphrodisiaka: Bringen Sie die Dame auf den Geschmack und sich selbst (wieder) auf Trab*

Tote Hose und ein gelangweiltes weibliches Gegenüber? Kein Plausch, kein Petting, kein erotisches Knistern? Keine Sorge, Sie werden damit nicht alleine gelassen. In diesen scheinbar aussichtslosen Situationen stehen Ihnen Mutter Natur und der Herr Apotheker gerne zur Seite. Beide verfügen über etliche Mittelchen, die zu erfreulichen hoch erotischen Wirkungen führen können.

Falls Sie jetzt – ähnlich wie in oben beschriebenen Momenten – total auf dem Holzweg sind: Ich rede von Aphrodisiaka! Damit sind luststeigernde Zutaten gemeint, die der Sage nach von keiner Geringeren als Aphrodite selbst entdeckt wurden. Schon die griechische Göttin der Liebe und Schönheit wusste sich demnach mit kleinen wirksamen Helfern ein glückliches Liebesleben zu gestalten. Seither sind Tausende Mittel und Substanzen gemischt, erprobt und empfohlen worden. Zugegeben: Keines vollbringt Wunder! Aber Fakt ist: Einige Inhaltsstoffe wirken beispielsweise auf den Hormonhaushalt, der unsere Gefühlslage erheblich beeinflusst. Andere Aphrodisiaka fördern die Durchblutung, wodurch die Haut sensibler wird. Wiederum andere, zum Beispiel Bananen, Kaviar, Spargel und Austern, spenden durch ihren konzentrierten Eiweißgehalt anregende Kraft, die beim Sex bekanntlich nicht schaden kann. Außerdem gibt es Aphrodisiaka, welche die Organe des Harnapparats reizen und somit indirekt auf die

Sexualorgane einwirken. Und damit nicht genug: Gewürze wie Cayennepfeffer und Zimt sollen nach dem Genuss zu einem leichten Kribbeln im Genitalbereich führen.

Der Clou an der ganzen Sache: Die meisten dieser verheißungsvollen Mittelchen gibt es auf dem Wochenmarkt oder im nächsten Lebensmittelgeschäft, und sie sind auch noch wahre Köstlichkeiten. Daher sollten Sie, meine Herren, die luststeigernden Helfer beim nächsten Einkauf nicht links liegen lassen, sondern schleunigst in Ihren Wagen befördern. Schließlich geht Liebe ja bekanntlich auch durch den Magen. Und damit Sie wissen, welches Aphrodisiakum welche Wirkung hat, finden Sie im Folgenden Informationen zu den besten Scharfmachern von A bis Z – geeignet für *Sie*, aber auch für *Ihn*:

- ♂ Alstonia: Die Samen des Baums, der in Indien und Südostasien wächst, wirken bewusstseinserweiternd. Dies reizt den Genitalbereich. Zudem sollen die Samen die Erektion kräftigen und den Orgasmus hinauszögern. Alstonia gibt es zum Beispiel in Form homöopathischer Globuli in Apotheken.
- ♂ Austern: Sie enthalten viel Phosphor und sind sehr leicht verdaulich. Hinzu kommt die frivol anmutende Art, das glibberige Zeug zu schlürfen – ziemlich feucht und somit durchaus erregend. Außerdem muss erwähnt werden: Auch Geld macht manche Frauen geil! Und da Austern ebenso wie Trüffel nicht gerade zu den günstigsten Lebensmitteln gehören, wirken sie auch in dieser Hinsicht oftmals luststeigernd.
- ♂ Beifuß: Das Kraut regt die Hirnanhangdrüse an, reguliert den Östrogenspiegel, stärkt den Kreislauf und soll

sogar helfen, wenn uns Frauen, nach langjähriger Einnahme der Pille, die Lust abhanden gekommen ist.

- ♂ Chinesische Engelwurz: Indem es die Östrogenproduktion, den Eisprung und die Durchblutung der Sexualorgane anregt, fördert das Kräutlein das Lustempfinden Ihrer Angebeteten.
- ♂ Damiana: Geraucht oder als Tee getrunken, sorgt die Wildpflanze für euphorische Zustände, die über Stunden anhalten. Damiana gibt es als Ampullen in jeder Apotheke.
- ♂ Feigen: Sie gehören neben Datteln gerade im Orient zu den traditionellen Aphrodisiaka. Nicht nur, weil sie schon sehr erotisch aussehen, sondern auch, weil der Verzehr zu einem leichten Druck auf die Nervenbahnen im Genitalbereich führen soll.
- ♂ Fisch: Meeresfrüchte enthalten viel Eiweiß, viele Mineralstoffe und sind leicht zu verdauen, eine ideale Mahlzeit also für einen viel versprechenden Abend. Das im Fisch vorhandene Zink sorgt zudem bei Männern für die Bildung und Beweglichkeit der Spermien.
- ♂ Gelée royale: Dabei handelt es sich um den Nährsaft der Bienenkönigin. Er enthält jede Menge Vitamine, Mineralstoffe, Enzyme sowie weibliche Hormone und macht schon die Bienenkönigin größer, fruchtbarer und ums Vielfache vitaler als ihren Hofstaat. Gelée royale steigert die sexuelle Lust, macht das Haar glänzend und die Haut samtig. Erhältlich ist es in Reformhäusern und Apotheken.
- ♂ Granatapfel: Liebesgöttin Aphrodite soll diese Frucht selbst angepflanzt haben. Sie soll zu feuriger Liebe befähigen.

- ♂ Ingwer: Die ätherischen Öle von frischem Ingwer wirken stimulierend, bringen den Kreislauf auf Hochtouren und regen die sexuelle Lust an. In Indien zum Beispiel wird aus Ingwer, Honig und weich gekochten Eiern ein Mittel gegen Impotenz hergestellt.
- ♂ Maca: Diese südamerikanische Heilpflanze enthält in ihren Wurzeln hormonähnliche Substanzen, die eine bessere Durchblutung des Beckens bewirken. Sie regt sowohl die Östrogen-Bildung bei der Frau als auch die Testosteron-Bildung beim Mann an.
- ♂ Muskatnuss: Klein, aber oho, und all jene, die zur Muskatnuss greifen, seien vorgewarnt. Das bekannte Gewürz aus dem Küchenschrank kann Kreislaufzusammenbrüche, schwere Halluzinationen und sogar den finalen Herzstillstand verursachen, sobald es in großen Mengen konsumiert wird. Daher nutzen Sie, lieber Leser, Muskatnuss bitte wohl dosiert. Die Wirkung: Steigerung der Lust und ein intensiveres Körpergefühl.
- ♂ Muscheln: Glaubt man den Chinesen, erwärmen Muscheln die männlichen Geschlechtsorgane und heizen die Gebärmutter so richtig auf. Optimale Sexbedingungen also, heißt es aus Fernost. Fakt ist zumindest: Muscheln enthalten energiespendendes Eiweiß.
- ♂ Schokolade: So süß, so lecker und so wirksam. Denn in Schokolade stecken Koffein und Theobromin, beide regen das zentrale Nervensystem an, sowie Serotonin, das auch als Glückshormon bezeichnet wird.
- ♂ Sellerie: Das Gemüse soll einen hormonähnlichen Stoff enthalten, das Pheromon, der auch im männlichen Schweiß wiederzufinden ist. Fein dosiert kann dieser auf Frauen mitunter betörend wirken. Und wenn das nicht

hilft: Im Sellerie steckt auch Butylphthalid, ein Stoff, der entspannt und beruhigt – eine wichtige Voraussetzung für guten Sex.

- ♂ Senf: Auch Senf soll die Libido beflügeln. Seine Inhaltsstoffe wirken anregend und fördern die Durchblutung der Beckengegend.
- ♂ Ylang-Ylang: Das stark duftende Blütenöl des ostasiatischen Baumes gilt als zuverlässiger Luststeigerer. Es schmeckt ziemlich scharf und ist als ätherisches Öl in Reformhäusern und Apotheken erhältlich.
- ♂ Yohimbin: Das angeblich stärkste Liebesmittel kommt aus Afrika. Dort wächst der Yohimbe-Baum, aus dessen Wurzeln und Rinde ein Mittel gewonnen wird, das in Windeseile ein unzähmbares Verlangen auslösen soll. Zudem wird Yohimbin erektionsverlängernde Eigenschaften zugeschrieben. Da dieses Mittel allerdings das Herz belasten kann, sollten Sie sich vorher ärztlichen Rat holen.
- ♂ Zink: Bei Männern, die unter Zinkmangel leiden, sinkt der Testosteron-Spiegel und damit oftmals auch der Penis. Das sehen Frauen gar nicht gerne. Daher sollten Sie vorsorgen und ab und an beispielsweise zu Kürbiskernen oder Cashewnüssen greifen. Die enthalten viel Zink und garantieren so Abenteuer ohne plötzliche Talfahrten.

Also: Tischlein deck dich! Der Verführungserfolg sollte angesichts der aufgelisteten lustversprechenden Leckereien nahezu garantiert sein. Doch bevor Sie nun Ihrer Liebsten ein Glas Senf, einen Riegel Schokolade und dazu eine Ingwerknolle reichen, gehen Sie auf Nummer Sicher und verlassen

Sie sich auf die Erfahrung von Armin Roßmeier. Der bekannte Fernsehkoch hält nämlich auf seiner Homepage unter www.rossmeier.de nette Vorschläge für erotische Gaumenfreuden bereit, zum Beispiel:

BALSAMICOFILET MIT INGWERFEIGEN UND RÜBCHENKUGELN IM FENCHELBLATT

*Zutaten für zwei Personen*

250 Gramm (g) Lammfilet
1 Teelöffel (TL) Butterschmalz
Jodsalz, weißer Pfeffer
2 Esslöffel (EL) Balsamicoessig
2 frische Feigen
1 kleine Ingwerwurzel
2 TL Butter
1 TL Honig
Saft einer halben Zitrone
2 EL Rotwein
1 Fenchelknolle
1 Karotte
1 Kohlrabi
1 kleine Steckrübe
1 Kartoffel
1 rote Beete

*Zubereitung*

Das gesamte Rüben-Gemüse gut waschen und dünn schälen. Mit dem Kugelausstecher kleine Kugeln ausstechen und diese auf Biss in Salzwasser kurz kochen.

Von der Fenchelknolle zwei schöne Blätter ablösen und im Salz-Zitronen-Wasser verzehrfertig garen.

Das Lammfilet in vier Medaillons schneiden, mit den Handballen leicht andrücken und mit Jodsalz und Pfeffer aus der Mühle würzen. Dann das Fleisch im heißen Butterschmalz in der Pfanne beidseitig anbraten, leicht durchziehen lassen und mit dem Balsamicoessig ablöschen.

Butter in einer Pfanne erhitzen und die kleinen Blättchen von der geschälten Ingwerwurzel darin kurz angehen lassen. Honig hinzugeben und mit dem Rotwein ablöschen.

Die geschälten Feigen in Spalten zerteilen, hinzugeben und kurze Zeit darin erhitzen.

Balsamicofilets auf Tellern anrichten und die Ingwerfeigen darüber verteilen. Die Rübchenkugeln in Butter anschwenken und mit Jodsalz und Pfeffer würzen. Das Ganze im warm gestellten Fenchelblatt anrichten und zu den Balsamicofilets servieren.

### Selleriesuppe mit Räucherlachsstreifen

*Zutaten für zwei Personen*

100 g Kartoffeln
200 g Sellerie
1/2 Liter Gemüsebrühe
20 Milliliter Sahne
Jodsalz
weißer Pfeffer aus der Mühle
frisch geriebene Muskatnuss
1 Knoblauchzehe (nach Belieben)
2 Scheiben Toast
1 EL Butter
1 EL gehackte Kräuter (Basilikum, Estragon, Salbei)
2 Scheiben Räucherlachs (à 25 g)

*Zubereitung*
Die Kartoffeln waschen, schälen, klein schneiden und in Salzwasser etwa zehn Minuten kochen. In ein Sieb abschütten und abtropfen lassen.

Den Sellerie schälen, in Würfel schneiden und in der Gemüsebrühe etwa 15 Minuten weich kochen. Die Sahne und die vorgekochten Kartoffeln dazugeben und mit Jodsalz, Pfeffer und Muskat würzen. Die Suppe mit einem Mixstab pürieren, aufkochen lassen und abschmecken.

Inzwischen die Toastscheiben entrinden und in Würfel schneiden. Die Butter in einer Pfanne schmelzen und die Toastbrotwürfel unter Rühren anbraten.

Die Toastwürfel leicht salzen und pfeffern, und erst zum Schluss (damit diese nicht verbrennen) die gehackten Kräuter dazugeben. Die so entstandenen Croûtons auf Küchenkrepp geben und die überschüssige Butter abtropfen lassen.

Die Räucherlachsscheiben der Länge nach halbieren und zu acht Röschen aufrollen. Pro Suppenteller zwei Röschen hineinsetzen und mit der Suppe auffüllen. Die Croûtons auf der Suppe verteilen.

Zu guter Letzt stellt sich eigentlich nur noch die Frage nach dem passenden Liebestrank. Champagner? Keine schlechte Wahl, da zwei bis drei Gläschen durchaus anregend wirken und dabei auch wieder der »Geld«-Effekt auftreten könnte. Mehr aber sollte es von dem Kribbelwasser nicht zu trinken geben – und das sage ich gerade in Ihrem Interesse. Nicht nur, weil zu viel Alkohol mitunter müde macht. Die Kohlensäure bringt den Alkohol auch schnell ins Blut und sorgt hier für eine Erweiterung der Gefäße. Damit fließt das Blut in den Schwellkörpern des Penis auch schnell wieder zurück. Kurzum: Zu viel Alkohol verhindert bei Ihnen, meine Herren, die Standfestigkeit. Und das gilt eben nicht nur für die Beine.

### *Wie Mann sich richtig bettet*

Herzlichen Glückwunsch! Sollte sich Ihre Herzdame bereits in Ihrem Schlafraum aufhalten, stehen Sie kurz vorm Absch(l)uss. Allerdings: Auch im Schlafzimmer kann sich noch entscheiden, ob es tatsächlich in die Kiste geht oder doch einen Korb gibt. Wie das geschehen kann? Ganz einfach und aus ziemlich vielen Gründen. Aber alles der Reihe nach …

Fangen wir mit der Einrichtung an: Riesige Spiegelwände über dem Bett sind genauso unpassend wie Eisenketten an der Wand. Derartiges sieht doch alles ein wenig zu arg nach viel frequentierter Liebeshöhle aus, und das ist gar nicht gut. Denn wenn wir Frauen nicht gerade auf eine flotte Nummer aus sind, mögen wir das Gefühl, für den Mann einzigartig zu sein. Und das meine ich im wahrsten Sinne. Daher reicht uns ein gutes, solides Bett – zumindest, wenn die Größe stimmt. Matratzen mit einem Maß von 90 × 200 Zentimetern sind weniger einladend. Sie lassen auf ein tristes Junggesellendasein mit viel Handarbeit schließen. Daher investieren Sie lieber ein paar Euro und sorgen Sie mit einem guten Bett vor. Dabei liegt es sich bequem ab einer Breite von 120 Zentimetern, empfehlenswert sind 160 Zentimeter und mehr – damit ist eine optimale Grundlage gegeben, um sich näher kennen zu lernen. Von selbst versteht sich hoffentlich, dass Sie jegliche Plüschtiere vom Bett verschwinden lassen. Nur so haben Sie und Ihre Auserwählte viel Platz zum Toben.

Ach ja, sollten Sie zu den Konsumenten von Magazinen zählen, in denen holde Weiblichkeit nackt abgebildet ist, entfernen Sie bitte auch diese Blätter vorher aus dem Blickfeld Ihrer Begleiterin. Erstens haben die wenigsten von uns realen Frauen eine Figur wie Pamela Anderson, und die Konfrontation mit diesen Männerträumen könnte extreme Minderwertigkeitskomplexe aufkommen lassen. Zweitens lässt Sie das Fehlen derartiger Zeitschriften in einem besseren Licht dastehen. Und um genau dieses Saubermann-Image zu wahren, sollten Sie auch das Foto der Ex vorab entsorgen, ebenso Pornos, Kondompackungen und Handschellen. Letztere drei Dinge sind einfach zu offensichtlich und könnten Ihre Auserwählte überrumpeln. Lieber gemach, gemach im Schlafgemach!

Sie halten das bislang Geschriebene für völligen Quatsch und protzen weiter mit Ihrem angeblich unwiderstehlichen männlichen Charme? Sie denken, dass dieses Gehabe selbst über das schlimmste Chaos im Schlafzimmer hinwegtäuschen kann? Sie irren. So befragte im Auftrag der renommierten Frauenzeitschrift *Elle* das INRA-Institut in Mölln 1.000 Personen. Das Ergebnis war in der Ausgabe Februar 2003 zu lesen: Wichtig beim Sex ist auch das passende Ambiente. Bei Schmutzwäsche oder schlechter Luft im Schlafzimmer wäre für 81 Prozent der befragten Frauen ein One-Night-Stand vorzeitig beendet.

Im Klartext bedeutet dies: weg mit leeren Bierdosen, Chipstüten, getragenen Unterhosen, Socken und T-Shirts. Auch Toilettenpapierrollen oder Taschentuchpackungen, die eventuell bei manuellen Single-Freuden ihre Dienste leisten sollen, haben bei Damenbesuch in Ihrem Schlafzimmer nichts zu suchen! Sollten Sie außerdem vergessen haben, die

Bettwäsche Ihres Lieblingsfußballvereins – noch schlimmer: die Ihrer Lieblingsschauspielerin – abzuziehen, machen Sie am besten gar nicht erst das Licht an.

In Sachen Bettwäsche rate ich auf jeden Fall zu 100 Prozent Baumwolle, noch etwas angenehmer, weil weicher, ist für unsere zarte, weibliche Haut so genannter Baumwollsatin. Mit derartigem Stoff machen Sie nichts falsch, wogegen Sie sich bei Seide schon skeptische Blicke einfangen können. Zwar machen glänzende Seidenlaken optisch eine Menge her, doch wirken sie eher unmännlich – vor allem, wenn sie rot sind. Derartige Bettbezüge erinnern dann eben doch an das gleichfarbige Milieu, und damit möchte sich eine wohlerzogene Frau nicht in Verbindung bringen lassen. Sollten Sie aber total auf Seide stehen, wählen Sie für Ihre Bettwäsche wenigstens dezente Farben. Empfehlenswert sind in diesem Fall zum Beispiel Pastelltöne. Eine hellblaue Bettwäsche – Sie sind ja auch ein großer Junge – wirkt wesentlich weicher als ein abschreckendes kräftiges Dunkelblau oder Grün.

Auf Nummer Sicher gehen Sie mit weißer Wäsche. Vorausgesetzt, die Stoffe sind nicht mit irgendwelchen Flecken übersät oder aufgrund monatelanger Benutzung bereits gelblich oder gräulich verfärbt. Falls Ihnen das mit dem Weiß doch zu langweilig ist, verweise ich gerne auf unsere Freunde aus dem Norden. Die Invasion ihrer Möbelhäuser – genau, ich meine *Ikea* – hat uns auch geschmackvoll bedruckte Bettwäsche beschert.

Und sollte sich übrigens unerwartet Damenbesuch bei Ihnen einstellen, seien Sie ebenfalls spontan! Da Sie ja wohl hoffentlich wissen, wie es in Ihrem Schlafzimmer aussieht, entschuldigen Sie sich bei Ihrem charmanten Besuch und bringen Sie ganz schnell Ordnung in das Chaos. Mit ein paar

Fußtritten können Sie herumliegende Kleidung und leere Chipstüten zwar nicht vom Boden verschwinden lassen, aber wenigstens unters Bett befördern.

Bingo, alles startklar! Als letzte Hürde müssen Sie nun nur noch die Bettkante überwinden.

## Bei aller Liebe

Wenn es so etwas wie eine Weltmeisterschaft im Flirten oder eine Weltmeisterschaft im Verführen gäbe, wäre wohl eine Disziplin dabei das Waschverhalten der männlichen Konkurrenten. Denn bei aller Liebe: Wer nicht sauber ist, wird bei den meisten Frauen draußen bleiben müssen. Und das dürfen Sie wörtlich nehmen. Eine weitere Disziplin im Wettstreit um die Krone des Womanizers müssten die Sicherheit und das Verhüten beim Sex sein. Denn auch hier gilt bei aller Liebe: Dies ist nicht nur im Straßenverkehr von teils lebenswichtiger Bedeutung.

Damit Sie bei den Frauen bis zum Finale kommen, gehen wir diesen Dingen einmal genauer auf den Grund …

### *Mit Sauberkeit ein gutes Gefühl – Hygienetipps*

Wir Frauen können gut riechen, besser als Männer. Dies haben amerikanische Forscher vom Monell Chemical Senses Center in Philadelphia in einer Studie nachgewiesen. Nach Ansicht der Wissenschaftler ist das Geschlechtshormon Östrogen dafür verantwortlich, dass die weiblichen Sinne schärfer sind als die männlichen. Östrogen sensibilisiert den Geruchssinn und macht Frauen zu wahren Spürnasen – auch beim Sex. So hat die Wissenschaft ebenfalls herausgefunden, dass alle aufgenommenen Gerüche als Botschaft an das Gehirn – genauer gesagt ans limbische System – weitergeschickt und ausgewertet werden. Und meine Herren, tun Sie das jetzt nicht als unwesentlich ab. Das Gegenteil ist der Fall. Denn das limbische System, das am Rande der Großhirnrinde sitzt, ist an der Entstehung von Gefühlen beteiligt. So werden Gerüche, die an unsere Nase gelangen, mitentscheiden, ob wir »jemanden riechen können« oder eben nicht. Im Klartext bedeutet dies: Männer, wenn ihr was von uns wollt, wascht euch! Und zwar nicht nur hinter den Ohren …

*Von wegen Frauen finden Schweiß richtig dufte!*

Mal ehrlich: Wenn wir tatsächlich auf herben, animalischen Schweißgeruch stehen würden, lägen wir Frauen doch längst mit einem Wildschwein im Bett. Tun wir aber nicht. Demnach sind Behauptungen in Richtung »Schweiß macht scharf« nichts als absurde Hirngespinste irgendwelcher Männer, die mit Wasser und Seife auf Kriegsfuß stehen. Nun gut, sollen einige Herren ruhig weiter diesem Irrtum aufsitzen. Damit haben Sie, lieber Leser, bei der Damenwahl einige Konkurrenten weniger – vorausgesetzt, Sie widmen sich dem Thema Sauberkeit auch in der Praxis.

Besonders bei Hitze, beim Sport und in Stresssituationen schwitzen Männer (Frauen übrigens auch) und verlieren täglich so bis zu einem Liter Flüssigkeit. Das ist an sich nicht schlimm, wären da nicht etliche Bakterien, die nach etwa einer Stunde damit beginnen, den Schweiß zu zersetzen. Das hat übel riechende Folgen, und gerade Männern machen zudem die so genannten Diphteroiden, Bakterien in der Hautflora, schwer zu schaffen. Sie erzeugen den manchmal stechenden, beißenden Schweißgeruch, der so ziemlich jeder Frau den Atem raubt – und das bestimmt nicht vor Begeisterung. Wirksamste Waffe gegen den männlichen Mief ist natürlich Waschen, etliche Mittelchen aus der Drogerie wie zum Beispiel Deodorants und Antitranspirants helfen zusätzlich.

*Deodorants* halten die Haut steril, das Bakterienwachstum wird gebremst, und Duftstoffe überlagern entstehenden Körpergeruch. Doch gerade diese Parfumzusätze sind es auch, die die empfindliche Haut unter den Achseln oftmals reizen. Dann juckt es – tierisch sozusagen, denn das ewige Kratzen unter den Armen erinnert Beobachter stark an einen Besuch im Affenhaus. Schnell kann bei der Auserwählten der Eindruck entstehen, dass sie sich bei Ihnen, lieber Leser, womöglich einige lästige Körpertierchen einfängt. Also Vorsicht beim Griff ins Drogerieregal. Lieber beim Deo auf Duft verzichten – es gibt bereits einige Produkte, die keine Parfumstoffe enthalten – und dafür zum Beispiel eine wohlriechende Aftershave-Lotion benutzen.

*Antitranspirants* hingegen verengen die Schweißporen, und das Schwitzen wird an dieser Stelle unterdrückt. So bilden sich 20 bis 60 Prozent weniger Schweiß auf der Hautoberfläche.

Für Typen mit einem extremen Hang zum Schwitzen sind zudem T-Shirts und Pullis aus Kunstfasern ein absolutes Tabu, da diese die Verdunstung des natürlichen Körperschweißes behindern. Besser sind Kleidungsstücke, die wenigstens zu 80 Prozent aus Naturfasern (Wolle, Baumwolle oder Leinen) bestehen.

Na bitte, das klingt doch alles gar nicht so kompliziert. Trotzdem noch ein gut gemeinter Tipp, gerade fürs erste Date: Ziehen Sie ein dunkles Oberteil an! Denn sollten Sie im Eifer des

Flirtgefechts ins Schwitzen geraten, wird es die Angebetete nicht so schnell bemerken.

*Blowjob für alle, die sich gewaschen haben*

Abwärts von den Achseln geht es in Regionen, wo die meisten Männer gerne den Kopf von Frauen sehen. Doch wie Ekel erregend, wenn dort weiße Ablagerungen zuhauf zu finden sind. Männer, die sich Hoffnungen auf einen Blowjob machen, sollten daher folgende Zeilen dringendst beachten.

Fest steht: Die Drüsen der Geschlechtsorgane unter der Vorhaut des Penis sondern ein weißliches Sekret ab, das so genannte Smegma. Dies fühlt sich gerade in kleinen Hautfalten besonders wohl. Es bleibt auch, wenn es nicht regelmäßig (gerne täglich!) entfernt wird. Und die dafür notwendige Tätigkeit heißt »Waschen«. Ich hoffe für etliche meiner Geschlechtskolleginnen, dass Ihnen, lieber Leser, dieses Säuberungsverfahren mehr als bekannt ist. Sollte es Ihnen aus welchem Grund auch immer entfallen sein, sei gerne noch einmal erwähnt: Die Vorhaut muss vollständig zurückgezogen werden. Einfach den Penis im Wasser auf Tauchstation zu schicken, bringt wenig. Sie müssen schon richtig Hand anlegen. Da parfümierte Waschzusätze leicht zu Reizungen führen können, empfehlen sich spezielle Waschlotionen aus Apotheken und Drogerien oder Babyseifen. Sie schützen die empfindliche Haut an der Eichel. Auf alle Fälle sollten es pH-neutrale Mittel sein. Diese stabilisieren zudem den Säureschutzmantel der Haut, was wiederum Infektionen und Geschlechtskrankheiten den Weg erschwert.

Meine Herren, halten Sie die vorangegangenen Zeilen für überflüssig und lassen Sie somit den Dreck an Ihrem Stecken, werden Sie

a) kaum in den Genuss oraler Befriedigung kommen,

b) rund um die Lendengegend bald wie ein alter Fisch riechen und

c) auf schwere Entzündungen herabblicken.

Beschnittene Männer können sich übrigens relativ beruhigt zurücklehnen. Aufgrund der fehlenden Vorhaut erzeugt ihr Körper nur sehr wenig bis gar kein Smegma. Diese Tatsache befreit sie jedoch nicht vom regelmäßigen Waschgang. Denn zum einen fühlen sich Schweiß und Bakterien im Genitalbereich ausgesprochen wohl, zum anderen gibt es eventuell Urin- und Spermareste, die zu entfernen wären.

Abschließend bleibt zu sagen: Alle Vertreter des männlichen Geschlechts sollten regelmäßig Penis, Hoden und After die Bekanntschaft mit viel warmem Wasser gönnen und dabei zu einer milden Seife greifen. Denn wenn es zur Sache geht, können Sie Ihr Hab und Gut nicht mehr hinter dem Hosenlatz verstecken.

### *Von Kopf bis Fuß auf Sex eingestellt*

Wenn Sie die bisherigen Ausführungen zum Thema Sauberkeit nicht nur gelesen haben, sondern auch befolgen, liegen Sie wahrscheinlich gut im Rennen. Glauben Sie aber bitte nicht, dass es damit schon getan ist. Sie wissen doch: Wir Frauen sind manchmal ziemlich nervig und nehmen alles ganz genau. Damit Sie uns gerecht werden, folgt kurz und knapp, was Sie zur Reinlichkeit bezüglich Ihrer restlichen Körperteile wissen sollten.

*Fingernägel:* Meine Herren, wo möchten Sie am liebsten mit Ihren Fingern hin? Genau, und damit dabei die Gleitfähigkeit stimmt und das Ganze für uns Frauen ohne jegliches

»Autsch« und Ekelgefühl zu einem Erlebnis der angenehmen Art wird, sollten Sie sich vorher Ihre Fingernägel feilen und säubern! Das gilt übrigens auch, wenn Sie nicht bis in die intimsten Bereiche einer Frau vordringen, denn schließlich könnten Ihre Finger zum Beispiel auch in ihren Mund oder andere Körperöffnungen geraten.

*Füße:* Einfach ekelig, wenn beim Fußpetting gelbliche Fersenhornhaut über die frisch rasierten Beine einer Frau schrubbt. Das muss doch nicht sein, oder? Bevor Ihre Herzdame also die Krise kriegt, wenn es zur Sache geht, greifen Sie vorher zum Bimsstein oder zur Metallfeile. Und falls Sie unter Schweißfüßen leiden: Socken aus Baumwolle oder Wolle saugen den Schweiß am besten auf. Regelmäßiges Barfußlaufen verringert die Müffelgefahr, ebenso gibt es spezielle Fußsprays, die Fußgeruch verhindern.

*Hände:* Würden Frauen auf den Körperkontakt mit Schmirgelpapier abfahren, sähe ihre Haut wohl nicht halb so rosig aus, wie sie es in der Regel tut und Männer es gerne haben. Heißt im Klartext: Die halbe Miete in Sachen Streicheleinheiten sind sanfte und weiche Hände. Die wollen wir und die bekommen Sie, meine Herren, wenn Sie sich regelmäßig die Hände eincremen. Für extrem raue Hände empfehlen sich harnstoffhaltige Salben aus der Apotheke.

*Haare:* Gel, Haarspray, Haarlack, Pomade und wie diese Stylinghilfen sonst noch heißen – beim Sex haben sie nichts zu suchen. Sie sind doch nur hinderlich, wenn Frauenhände voller Leidenschaft in einer männlichen Lockenpracht wühlen wollen. Sollten Sie, lieber Leser, also noch über Haupthaar verfügen und für den richtigen Look gerne zu derartigen Mitteln greifen, spülen Sie Ihre Haare vor dem Sex einfach mit etwas Wasser aus. Und jenen unter Ihnen, die an Schuppen leiden, gebe ich noch mit auf den Weg: täglich Haare waschen und alle paar Monate das Shampoo wechseln. Denn die Effektivität eines Produkts lässt nach, wenn sich die Haut an die Inhaltsstoffe gewöhnt hat.

*Rücken:* Wo wir gerade beim Thema Haare sind: Auf dem Rücken sehen wir sie gar nicht gern! Das erinnert dann doch zu stark an unsere tierischen Vorfahren und bringt bei uns Frauen keine Sympathiepunkte. Schon der große King Kong musste diese Erfahrung machen. Also bitte, weg mit dem Pelz! Fachmännisch erledigt dies zum Beispiel eine Kosmetikerin.

*Rasur:* Keine Frau legt großen Wert darauf, ihre gepflegte Gesichtshaut pieksenden Bartstoppeln auszusetzen. Das ist wirklich unangenehm und tut mitunter richtig weh. Daher meine Herren, achten Sie darauf, dass Sie entweder gut rasiert sind oder einen gepflegten Dreitagebart haben. Ganz zum Wohle unserer Nase – Sie wissen ja, wir riechen gut – freuen wir uns sehr, wenn Sie nach dem Rasieren angenehm riechen. Was nun nicht heißen soll, dass Sie gleich in irgendwelchem Duftzeug baden sollen. »Angenehm« ist das Zauberwort und um auch einmal an Ihre Haut zu denken, empfehle ich eine gute Aftershave-Lotion. Im Gegensatz zu einem Aftershave, das einen Alkoholgehalt von bis zu 80 Prozent hat, sind in einer Lotion nur 30 bis 50 Prozent enthalten. Somit ist sie reizärmer und greift den biologischen Säureschutzmantel der Haut nicht so stark an.

*Atem:* Knoblauch oder Küssen? Das sollten Sie sich schon vorher überlegen. Denn wenn Sie einmal ordentlich von der Knolle gekostet haben, werden Sie feststellen, dass Knoblauch nicht nur Vampire vertreibt. Auch die meisten Frauen finden diesen Mundgeruch eher abstoßend. Gleiches gilt für eine penetrante Alkoholfahne oder Zigarettengestank, und auch herzhafte Käsesorten, Leberwurst sowie einige Fischsorten hinterlassen deutliche Spuren im Atem. Auf Lippenkontakt, geschweige denn Zungenspiele, können wir Frauen in solchen Fällen gerne verzichten. Wenn Sie Ihre Auserwählte also nicht vertreiben wollen, spülen Sie Ihren Mund zum Beispiel vorher ordentlich mit Wasser aus oder kauen Sie Kaugummis. Zur Not tut es auch ein Mundspray, allerdings wirkt das schon sehr aufgesetzt. Dann bietet es sich doch eher an, beim Essen die Dekoration auf dem Teller wie Petersilie oder Fenchel mit zu verspeisen. Das sorgt auf natürliche Art für einen frischen Atem.

*Vom Bade- aufs Bettlaken:* Nun bleiben noch die Situationen zu erwähnen, in denen sich spontan nähere Kontakte ergeben – solche Abende, an denen Sie nicht damit rechnen, dass Sie später mit einer Frau im Bett landen. Wenn Sie sich dann erst mit einem »Ich muss mal eben …« für mehrere Stunden ins Bad verziehen, treibt das jede Frau allein in die Federn. Also befolgen Sie wenigstens regelmäßig das Beauty-Basisprogramm, um ein Solo-Schlafen zu verhindern.

Natürlich hängt die erforderliche Reinlichkeit auch mit davon ab, was Sie überhaupt von der Dame wollen – pure Lust oder vielleicht doch etwas Liebe? Wenn es Ihrerseits nur bei einem Quickie oder One-Night-Stand bleiben soll, brauchen

Sie sich über die Sauberkeit nicht so sehr den Kopf zu zerbrechen. Stopp! Das soll nun wiederum nicht heißen, dass Sie aus allen Poren wie ein altes Fischbrötchen miefen dürfen. Schließlich gibt es da als letzte Hürde die Bettkante, und über die werden Sie so nicht gelangen. Zudem könnte sich Ihre mangelnde Hygiene in den örtlichen Damenkreisen herumsprechen und weiteren kurzweiligen Sexbekanntschaften im Wege stehen. Daher gilt: Mit ein wenig Körperpflege kommen Sie sicher durch jede Sex-Sauberkeitskontrolle, und der Spaß nimmt kein plötzliches Ende!

Möchten Sie aber langfristig einen guten Eindruck bei Ihrer Auserwählten hinterlassen und wollen Sie mehr als nur eine schnelle Nummer, spielt Sauberkeit eine große Rolle. Kommt es in einem solchen Fall zu einer spontanen körperlichen Annäherung, und Sie fühlen sich buchstäblich in Ihrer eigenen Haut nicht wohl, schlagen Sie Ihrer Schönen ein gemeinsames Dusch- oder Badeerlebnis vor. Gegenseitiges Einseifen, Abbrausen, Abtrocknen und anschließend Eincremen – so fühlen Sie sich sauber, haben ein perfektes Sexvorspiel inszeniert, und zudem kommt bei Kerzenschein und/oder einem Glas Champagner prickelnde Romantik auf.

Aber nicht nur wegen des Wohlgeruchs dürfte Baden in Ihrem Interesse sein, meine Herren. Schließlich wissen wir doch von den Besuchen in Schwimmbädern, dass unter Wasser alles gleich etwas größer und voluminöser wirkt. Ergo: In der Badewanne hat Ihr kleiner Freund seinen größeren Auftritt. Beste Voraussetzungen dafür, das feuchtfröhliche Vergnügen zuerst auf dem Bade- und später auf dem Bettlaken fortzusetzen.

Sauber ist gut und Sicherheit noch viel besser. Und sicher wissen Sie jetzt auch schon, worauf ich anspiele – richtig: Kondome! Safer Sex! Give love a chance usw. Zwar werden jetzt etliche von Ihnen genervt abwinken und sagen »Kenn ich alles schon« oder »Ist doch klar«, doch meine ich es nur gut mit Ihnen. Denn es gibt eine ganze Menge Männer, die sich für Schlaumeier und Alleskönner hielten, und trotzdem neun Monate nach Vorführung ihres angeblich vollkommenen Wissens die leibhaftigen Folgen bestaunen konnten. Falls Sie dem Motto »Sex ja, Kinder nein!« treu bleiben wollen, sollten Sie über Kondome und ihre Anwendung wirklich genauestens Bescheid wissen. Doch es gibt noch einen weiteren Grund dafür.

### *Vertrauen ist gut, Kontrolle ist besser*

Unangenehme und ernste Themen sollten möglichst schnell abgehandelt werden, ohne um den heißen Brei herumzureden. Daher fasse ich mich kurz und sage: Sprechen wir über AIDS! Dass es sich dabei um eine bislang unheilbare Krankheit handelt und dahinter die Infektion mit dem »Human Immunodeficiency Virus« (HIV) steckt, ist hoffentlich nichts Neues für Sie. Auch nicht, dass Sie sich durch die Verwendung von Kondomen vor der Übertragung von AIDS schützen können. Falls Sie doch noch nie etwas von alledem gehört haben, legen Sie schleunigst dieses Buch zur Seite und gehen Sie zu einem Arzt. Dieser soll

a) Ihre Seh- und Hörfähigkeit überprüfen (denn Sie müssen schon blind und/oder taub sein, wenn Sie noch nie etwas über AIDS mitbekommen haben) und

b) am besten gleich bei Ihnen einen AIDS/HIV-Test durchführen. Damit wären wir auch schon beim wesentlichen Punkt, dem AIDS/HIV-Test. Wenn jemand einen solchen Test schon einmal gemacht hat, muss das nicht bedeuten, dass er hemmungslos, wild und ungeschützt durch alle Betten gesprungen ist – auch wenn manche Menschen das immer noch denken. Einen AIDS/HIV-Test zu machen zeigt vielmehr, wie verantwortungsbewusst jemand mit sich und seinen potenziellen Sexualpartnern umgeht. Daher sollten Sie sich auch nicht genieren, kurz vor der körperlichen Sturm-und-Drang-Phase mit einer Frau darüber zu sprechen – gerade dann nicht, wenn es sich um einen One-Night-Stand handelt. Auch wenn es die Frau nicht unbedingt sagt, sie wird Sie insgeheim für sehr reif und überlegt halten. Glauben Sie mir, das zeugt von Größe, nicht von Spießigkeit (außer Sie legen es gleich auf eine Grundsatzdebatte an).

Die Blutabnahme für einen AIDS/HIV-Test können Sie übrigens bei jedem Arzt, bei vielen Gesundheitsämtern und AIDS-Beratungsstellen durchführen lassen. Falls Sie ungeschützt Sex hatten und sich wegen einer möglichen Infektion sorgen, sollten Sie dennoch frühestens zwölf Wochen nach dem Sexualkontakt einen Test machen, damit das Ergebnis auch Aussagekraft hat. Wenn Sie sich genauer über dieses Thema informieren wollen, können Sie bei den genannten Stellen um detailliertere Informationen oder ein Gespräch bitten.

### *Ungeschützt sollst du nicht schlafen gehen*

Durchatmen und zufrieden sein, dass wir nicht in grauer Vorzeit leben. Wussten Sie, lieber Leser, dass Kondome früher aus Fischblasen oder Schafsdarm hergestellt wurden? Sie waren sogar zum überwiegenden Teil wieder verwendbar und zählten zeitweilig zu den schwer erhältlichen und teuren Verhütungsmitteln, die sich nur reichere Menschen leisten konnten. Beides hat sich zum Glück geändert: Das Material ist ein anderes, und Kondome sind heute für jedermann erschwinglich. Gut so, denn Kondome schützen nicht nur vor Krankheiten, die beim Sex übertragen werden können, wie beispielsweise Hepatitis, Syphilis, Gonorrhöe (Tripper) oder eben HIV, sondern sie dienen auch zur Empfängnisverhütung.

Alles langweiliges, bekanntes Gerede? Umso besser. Denn ich hoffe sehr, das alles klingt für Sie wie eine Wiederholung aus dem Biologie-Unterricht. Da es aber immer den einen oder anderen Träumer in der Schule gibt, noch ein paar Worte zum richtigen Gebrauch von Präservativen, Kondomen, Lümmeltüten, Verhüterlis, Gummis oder wie auch immer Sie die kleinen Samen-Auffang-Behälter nennen mögen:

1. Wohin mit dem Kondom? Gleich vorm Zubettgehen zücken und damit eine klare Richtungsanweisung geben? Oder verstohlen im Dunkeln (oder auch Hellen) in der Hosentasche nesteln und währenddessen in der Horizontalen die Partnerin verwöhnen? Egal. Es wird immer zu einem kleinen Break im Bett führen. Daher einfach raus mit dem Ding.

2. Verwenden Sie beim Öffnen der Kondompackung bitte keine Schere. Achten Sie auch darauf, dass Ihre Fingernägel oder die Ihrer Partnerin nicht eingerissen sind. Vorsicht ist ebenfalls geboten, wenn einer von Ihnen scharfkantigen Schmuck trägt. Denn sobald ein Kondom auch nur das kleinste Loch hat, ist es nicht mehr sicher.

3. Drücken Sie das Reservoir an der Spitze des Kondoms mit zwei Fingern zusammen und setzen Sie das Kondom auf die Spitze Ihres vollständig erigierten Penis. Im Reservoir darf keine Luft mehr sein – das Kondom könnte sonst beim Gebrauch platzen. Wenn alles sitzt, kann es losgehen.

4. Vor der Erschlaffung muss der Penis aus der Scheide gezogen werden. Halten Sie dabei das Kondom an der Gliedwurzel fest, damit es nicht abrutschen kann und womöglich in der Scheide stecken bleibt.

5. Vorsicht! Wieder vom Gummi befreit, haften am Penis befruchtungsfähige Spermien. Also Abstand halten von der Scheide oder den Penis gründlich mit Seife und warmem Wasser reinigen.

6. Wickeln Sie das gebrauchte Kondom in ein Papiertaschentuch und werfen Sie es in den Abfalleimer.

Sechs Schritte, die selbstverständlich und in Sekunden erledigt sein sollten. Einen Typen im Bett zu haben, der das Kondom erst einmal skeptisch dreht und wendet, es sich dann mit verzerrtem Gesicht überzieht und dabei locker die Minutengrenze überschreitet – ein Albtraum. Zumal das meist auch die Männer sind, die sich nach nur wenigen Momenten mit den Worten »Nee, mit Gummi, das ist wirklich nichts für mich« wieder auf die Seite drehen. Solche Typen sind aber für die Mehrzahl von uns Frauen nichts. Klar, wir mögen es auch lieber »unten ohne«, doch manchmal muss ein Gummi sein. Bei Quickies und One-Night-Stands sowieso, und manche von uns Frauen vertragen eben die Pille und/oder andere Verhütungsmittel nicht.

Daher üben Sie, liebe Männer! Sitzt ein Kondom zu locker, zu fest oder ist es zu kurz, probieren Sie eine andere Sorte aus. Schließlich gibt es verschiedene Größen, besonders dünne und besonders feuchte Gummis. Da sollten Sie doch das Passende für sich finden.

**Achtung: Rutsch- und Reißgefahr!**
Nicht lange fluchen, nicht lange überlegen und vor allem nicht so tun, als sei gar nichts geschehen. Wenn das Kondom gerissen oder unglücklich verrutscht ist, gilt es schnell zu handeln. Die erste Frage: Fand der Verkehr an den fruchtbaren Tagen der Frau statt? (Anmerkung: Die meisten von uns sind zwischen dem neunten bis 15. Tag nach Einsetzen der Regel fruchtbar. Schwankungen sind aber möglich!) Sollte dies so sein, ist die »Pille danach« wahrscheinlich die einzige Lösung. Sie kann bis zu 72 Stunden nach dem Geschlechtsverkehr und darf nur nach ärztlicher Untersuchung eingenommen werden. Allerdings verabreichen wir Frauen uns damit die pure Überdosis an Hormonen, die viele von uns im wahrsten Sinne übel aufstoßen lässt. Daher halten Sie sich bitte brav an die Gebrauchsanweisung für Kondome. Achten Sie auch darauf, dass das Kondom nach der Qualitätsnorm EN 600:1996 produziert und geprüft wurde sowie mit dem Qualitätssiegel CE versehen ist.
Am besten lagern Sie Kondome bei Zimmertemperatur (unter 25 °C). Legen Sie Kondome niemals in den Kühlschrank, ins Handschuhfach des Autos oder in die Nähe einer Heizung. Kondome dürfen keiner direkten Sonneneinstrahlung ausgesetzt werden. In der Originalfolie verpackt und richtig gelagert bleibt ein Kondom mindestens fünf Jahre einwandfrei.

*Achtung:* Verwenden Sie im Zusammenhang mit Kondomen keine fettigen oder öligen Gleitmittel. Durch sie könnte das Kondom beschädigt und damit auch der Verhütungsschutz zunichte gemacht werden. Es sind aber auch für Kondome zugelassene Gleitmittel auf Wasserbasis erhältlich.

Forscher der Ludwig-Maximilians-Universität in München fanden heraus, dass jede(r) Zehnte allergisch gegen Latex ist, das gängigste Kondommaterial. Trotzdem bedeutet das nicht, dass diese Menschen immer ungeschützten und damit risikoreichen Sex haben müssen. Für Personen mit einer Latexallergie gibt es besondere Kondome aus Polyurethan; sie sind in Apotheken oder Spezialgeschäften erhältlich. Daher können Männer sich also auch nicht wegen einer Latexallergie vor dem Gebrauch von Verhüterlis drücken.

Auch eine Entschuldigung wie »Die sehen so langweilig, fast ekelig aus« zieht nicht. Wenn Sie die durchsichtige Standardversion nicht mögen, gibt es für Sie Kondome in Grün, Gelb, Rot und Schwarz, mit Punkten, geringelt oder mit Comic-Aufdruck. Für zusätzliche Stimulation sorgen zum Beispiel die Ausführungen mit Rillen oder Noppen. Wichtig: All diese Kondome sollten die üblichen Prüfsiegel tragen. Dann sind sie safer-sex-tauglich. Dem unbeschwerten Gebrauch von Kondomen steht somit (fast) nichts mehr im Wege. Denn auch der unangenehme Geruch nach Gummi muss nicht mehr sein. Schoko-, Erdbeer-, Kirsch-, Banane- und Pfefferminzaroma machen Präservative auch für die Nase zum Vergnügen. Doch wenn es um den Geschmack geht, bleibt nur eines zu sagen: Entweder Frauen stehen auf Blasen oder eben nicht! Ein Kondom mit Aroma wird an dieser Meinung nicht viel ändern. Im Gegenteil, dieses Zeug an der Zunge zu spüren, törnt eher ab.

## Zur Sache, Schätzchen – und das auch gerne etwas länger

Erinnern Sie sich noch an die ersten Stunden in der Fahrschule? Da stand vorne ein Fahrlehrer, erzählte von Kreuzungen, Ampeln, Abbiegregelungen, Bahnübergängen, Wenden in drei Zügen, Geschwindigkeitsbegrenzungen, Einparken, Anlassen, Anfahren, Überholen usw. Er hörte gar nicht mehr auf, obwohl doch eigentlich alle im Raum nur eines wollten – endlich ein Auto fahren. Nicht darüber reden, sondern es tatsächlich tun!

Ähnlich ist das mit dem Sex. Seite um Seite haben Sie sich nun vorgearbeitet und dabei so einiges über das Seelenleben von uns Frauen erfahren, über das Flirten und Verführen gelernt und eigentlich wollen die meisten doch nur das eine – Sex! Endlich einfach nur Sex! Wahrscheinlich ist es vergebliche Liebesmüh, wenn ich Ihnen sage, dass gekonntes Flirten und Verführen Sie dem Sex näher bringen. Manchmal können das Flirten und Verführen sogar durchaus besser als der eigentliche Sex sein. Aber ich merke schon, Sie werden unruhig. Daher wünsche ich Ihnen einfach viel Spaß beim Verkehr!

### *Die erogenen Zonen der Frau – pure Lust per (Knöpfchen-)Druck*

Natürlich sollten Sie sich auf dem Terrain, auf dem Sie sich bewegen wollen, gut auskennen – in diesem Fall mit dem weiblichen Körper. Als Erstes stelle ich Ihnen die erogenen Zonen vor. Dabei handelt es sich um Stellen und Punkte des Körpers, die auf Berührungen hochsensibel reagieren. Der Grund dafür liegt auf der Haut. Sie ist mit Millionen von Nervenenden versehen, die dem Gehirn jede noch so leichte Berührung melden. Ein centgroßes Stück Haut enthält etwa 50 solcher Rezeptoren, an Lippen, Zunge, Genitalien, Brustwarzen und Fingerspitzen sind sogar noch mehr vorhanden. Wird die Haut gestreichelt oder geküsst, werden diese Nervenenden stimuliert.

Kommen wir nun zu den primären erogenen Zonen: Darunter fallen in erster Linie die Genitalien, doch auch andere Körperbereiche wie Lippen und Ohrläppchen. Speziell die Stellen, an denen ein trockener an einen feuchten Körperteil grenzt, gehören zu den primären erogenen Zonen. Diese Bereiche sind mit vielen Nervenenden versehen, füllen sich bei Berührung mit Blut und schwellen leicht an, wobei sie äußerst empfindlich werden. Außerdem sorgen sie aufgrund der vergrößerten Oberfläche für weiteren Lustgewinn. Diversen Umfragen zufolge sind die fünf erogensten Zonen bei Frauen die Klitoris (88 Prozent), der Busen (74 Prozent), der Nacken (52 Prozent), die Lippen (44 Prozent) und der Lendenbereich (49 Prozent). Sollten Sie eine Frau an diesen Stellen streicheln und sanft küssen, können Sie fast nichts falsch machen.

Doch Stopp! Nicht so hastig! Nur weil die Klitoris ganz

oben steht, heißt dies im Gleichzug nicht, dass Sie dort sofort handgreiflich werden und alle anderen Körperbereiche der Frau vernachlässigen sollen. Jeder Mensch hat zusätzlich zu den bekannten primären auch sekundäre erogene Zonen, die bei jedem individuell an anderen Stellen liegen. Werden diese Körperbereiche berührt, durchzuckt es die Person von Kopf bis Fuß auf angenehme Weise. Welche Hautstellen dies sind, hängt mit mentalen oder emotionalen Assoziationen zusammen. Es kann sich also zum Beispiel um Körperregionen handeln, die in einer früheren Beziehung wichtig waren oder aber nur in der Fantasie eine große Rolle spielen. Frauen, deren Nervensystem stärker von dem Teil des Gehirns beeinflusst wird, der auch für Emotionen zuständig ist, haben deutlich mehr sekundäre erogene Zonen als Männer.

Neben der allgemeinen Verfassung hängt die Reaktion auf einen körperlichen Reiz aber immer auch von der Situation ab: Manchmal reicht die unbeabsichtigte Berührung eines Fremden, um regelrecht elektrisiert zu sein. Werden die Achselhöhlen hingegen bei einer medizinischen Untersuchung vom Arzt berührt, führt das kaum zu sexueller Erregung. Denken Sie daran, denn sicher wird es vergebliche Liebesmüh sein, wenn Ihre Partnerin müde, ängstlich oder schlecht gelaunt ist und Sie sie durch zärtliches Streicheln zu mehr bewegen wollen. Dann können Sie sich noch so sehr bemühen – meist wird dies nicht den gewünschten Erfolg bringen. Aber zum Glück wissen Sie ja, wenn Sie brav alles Vorangegangene gelesen haben, wie Sie eine gemütliche erotische Atmosphäre schaffen und Störenfriede, die die Laune beeinträchtigen, beseitigen können.

Besinnen Sie sich in solchen Fällen besser auf die sekundären erogenen Zonen und begeben Sie sich auf eine Forschungsreise, um den weiblichen Körper zu erkunden. Dabei dürfen und sollten Sie alle Sinne einsetzen – riechen, schmecken, fühlen, sehen und hören Sie – und auch etwas länger in kleineren Randgebieten verweilen. Vom Fußknöchel angefangen geht es mit Streicheleinheiten bis hinauf zur Innenseite des Knies – und damit auch aufwärts mit der Lust. Die Haut in den Kniekehlen ist besonders zart und dünn und reagiert sensibel auf sanftes Lecken.

Kümmern Sie sich dann um Nacken und Hals. Knabbern und saugen Sie leicht und hören Sie nicht auf, selbst wenn die Verwöhnte zu kichern beginnt – ihr gefällt es, und daher sind Sie auf dem rechten Weg. Vergessen Sie auch die Ohren nicht, denn die Ohrmuschel ist besonders dicht mit sensiblen Nervenenden und Blutgefäßen ausgestattet. Das verlangt nach Fingerspitzengefühl und hauchzarten Küssen. Währenddessen oder danach können Sie Ihrer Partnerin sanft die Kopfhaut massieren, das lindert den Stress und sorgt für eine Ausschüttung von Endorphinen. Streichen Sie ihr dann übers Gesicht; die Schläfen, Augenbrauen und Augenlider mögen sanfte Berührungen.

Nehmen Sie sich Zeit und entdecken Sie die verborgenen Luststellen Ihrer Partnerin. Denn letztlich gilt für den Körper einer Frau: Der Wissende kommt schnell ans Ziel. Erst dann sollten Sie zu den primären erogenen Zonen vorstoßen.

### *Der Mund*

Beim Küssen füllen sich die Lippen mit Blut, und die Nervenenden reagieren äußerst empfindsam. Der sensorische Bereich des Gehirns, der Meldungen von Lippen und Mund empfängt und verarbeitet, ist im Vergleich zu den für andere Körperteile zuständigen Regionen sehr groß. Daher nehmen

Sie sich reichlich Zeit. Lecken Sie um den Mund Ihrer Partnerin, knabbern und saugen Sie vorsichtig an ihren Lippen und ihrer Zunge.

### *Der Po*

Egal ob schmal oder breit, flach oder mit einigen Fettpölsterchen ausgestattet – der Po ist eine erogene Zone, die auf Berührungen sehr sensibel reagiert. Es laufen zahlreiche Nerven zusammen, die das Erleben von Kneten oder Streicheln sehr angenehm machen. Daher sollten Sie ruhig auch dort Hand anlegen. Besonders schön ist es zum Beispiel, wenn Sie Ihre Hände sanft vom Rücken übers Steißbein gleiten lassen und so beim Allerwertesten landen. Auch die Gegenrichtung – von den Innenseiten der Oberschenkel hoch zu den Pohügeln – sollte durch Streicheln erforscht werden, dies ist ebenfalls sehr erregend. Konzentrieren Sie sich beim Streicheln, leichten Kneten und Massieren jedoch auf die »Backen« und vermeiden Sie zunächst den direkten Kontakt mit dem Anus. Wenn Sie dort gleich gierig herumfingern, könnte die Frau vermuten, Sie sind nur auf Analverkehr aus. Dieser aber findet nicht bei allen Frauen Gefallen.

### *Der Busen*

Der Erregungserfolg beim Berühren von Brust und Brustwarzen hängt sehr von Ihrer Partnerin ab. Manche Frauen werden durch das Streicheln und Lecken ihrer Brustwarzen nicht erregt, einige empfinden es sogar als unangenehm. Dies kann zum Beispiel daran liegen, dass die Frau ihren eigenen Busen nicht schön findet. Andere Frauen wiederum können bei der richtigen Stimulierung ihrer Brüste sogar zum Höhepunkt kommen.

Eines sollten Sie allerdings wissen: Brüste lieben es sanft. Sie sollten sie vor lauter Begeisterung nicht gleich zu fest drücken. Auch wildes Kneten sollten Sie sich eher für den Kuchenteig aufheben. Kommt es dann zu einer erfolgreichen Stimulation oder sexueller Erregung allgemein, richten sich die Brustwarzen auf, weil sich das Muskelgewebe innerhalb des Brustgewebes zusammenzieht. Die Brustwarzen vergrößern sich sowohl in der Länge als auch in der Breite. Bei weiter steigender Erregung füllen sich die Venen an der Oberfläche und in der Brust mit Blut. Dies führt dazu, dass die Brüste anschwellen und größer sowie die Warzenhöfe dunkler werden.

### *Die Klitoris*

Dieser Teil des weiblichen Geschlechts reagiert am empfindlichsten auf Berührungen und ist das einzige Organ eines Menschen, das nur der Lust dient. Bei körperlicher Erregung tritt die Klitoris hervor und wird gut sichtbar. Wie Sie nun gekonnt Hand anlegen oder Ihre Partnerin mit dem Mund verwöhnen, erfahren Sie bald. Auf alle Fälle sollten Sie sich nicht nur auf die Klitoris konzentrieren, sondern auch die Innenseiten der Oberschenkel und den Po streicheln und küssen. Vor allem der Bereich zwischen Vagina und Anus wird oftmals außer Acht gelassen, ist aber sehr sensibel. Allerdings empfinden es viele Frauen als unangenehm, dort gestreichelt zu werden. Daher sollten Sie zunächst langsam vorfühlen, ob Ihre Partnerin diese Berührungen mag.

Nun kennen Sie sich ja schon einmal ganz gut aus. Vielleicht sind Sie auch bereits ziemlich weit vorgedrungen – dies dürfen Sie, meine Herren, ruhig wörtlich nehmen. Dabei werden

Sie auf neue interessante Punkte stoßen. Diese liegen in der Scheide einer Frau, und manche von uns können sie selbst nicht finden. Andere wiederum erklären, dass die Stimulierung dieser Punkte sie mit Sicherheit zum Orgasmus führt.

### *Der A-Punkt*

Der »Anterior fornix erogenous« (A-Punkt), was so viel bedeutet wie »vordere erogene Wölbung«, soll an der Vorderwand der Vagina, ungefähr in der Mitte zwischen dem G-Punkt und dem Muttermund liegen. Er kann direkt oder durch das Reiben der Scheidenwand stimuliert werden. Seine Reizung soll nicht nur orgastische Gefühle auslösen, sondern sich auch positiv auf die Produktion der vaginalen Gleitflüssigkeit auswirken.

### *Der G-Punkt*

Der G-Punkt, nach seinem Entdecker, dem deutschen Gynäkologen Dr. Ernst Gräfenberg, benannt, ist ein hoch empfindlicher Lustpunkt der Frau. Dabei handelt es sich um einen bohnenförmigen Bereich, der etwa fünf Zentimeter vom Scheideneingang entfernt liegt. Er wird in solchen Stellungen stimuliert, bei denen sich die Frau oben befindet oder der Mann bei festem Peniskontakt von hinten in sie eindringt.

### *Der U-Punkt*

Dieser befindet sich etwa 2,5 Zentimeter vom Scheideneingang entfernt und wird oft mit dem G-Punkt verwechselt. Berührungen sollen besonders erregend sein, wenn sie zusammen mit klitoraler Stimulation erfolgen.

Doch konzentrieren Sie sich jetzt bitte nicht nur auf diese Punkte und stellen Sie Ihrer Partnerin keine neugierigen Fragen wie »A, ist das A?« oder »G, bin ich da bei G?« Seien Sie sich einfach gewiss: Wenn die Frau sexuell stark erregt ist und das wiederum zu einem Orgasmus führt, dann haben Sie es eben wirklich auf den richtigen Punkt getroffen!

### *Zehn kleine Fingerlein – wie Sie Frauen im Handumdrehen den Kopf verdrehen*

Kennen Sie Rubbellose? Die finde ich ziemlich klasse. Aber vergessen Sie das mal ganz schnell. Auch gehört meine tiefe Bewunderung jungen Discjockeys, die gekonnt scratchen. Doch auch die sollten Sie, lieber Leser, aus Ihrem Gedächtnis streichen, wenn es um die manuelle Befriedigung von Frauen geht.

Wie Sie die Klitoris stimulieren und berühren, damit Sie einer Frau Genuss bereiten, lässt sich mit nichts vergleichen. Die Klitoris ist das empfindlichste Etwas, das es gibt, und damit einmalig. Und so sollte sie auch behandelt werden. Die meisten von uns Frauen lieben diese Form des Liebesspiels. Sie ruft überraschende und andere Empfindungen hervor als der Geschlechtsverkehr und garantiert uns in den meisten Fällen einen sexuellen Höhepunkt. Das geht aber nicht zwingend in zwei Minuten, auch nicht in fünf. Wie lange eine Frau braucht, um durch diese Art der Stimulation zum Orgasmus zu kommen, ist individuell verschieden. Nehmen Sie sich auf jeden Fall etwas Zeit, denn mit ein paar einfachen Handgriffen machen Sie uns nicht glücklich. Etlichen von uns Frauen fällt es schwer, sich dem Partner ganz hinzugeben, loszulassen, passiv zu sein und sich einfach ganz auf sich selbst zu konzentrieren. Daher machen Sie nicht viel Aufhebens um den Akt, sondern tun Sie es einfach:

- ♂ Streicheln Sie erst die Innenseiten der Schenkel.
- ♂ Massieren Sie den Venushügel mit leichten Bewegungen.
- ♂ Streichen Sie dann sanft über eine jede der beiden äußeren Schamlippen.
- ♂ Drücken Sie die Schamlippen mit der Hand etwas zusammen und massieren Sie sie sanft.
- ♂ Fahren Sie vorsichtig mit dem Finger an den inneren Schamlippen entlang.
- ♂ Wenn die Frau (noch) nicht feucht sein sollte, befeuchten Sie die inneren Schamlippen und die Klitoris mit etwas Speichel.
- ♂ Streichen Sie sanft über die Klitoris.
- ♂ Massieren Sie die Klitoris mit kleinen, kreisenden Bewegungen.
- ♂ Üben Sie leichten Druck auf die Klitoris aus.
- ♂ Nehmen Sie nicht immer nur einen Finger zum leichten Reiben, benutzen Sie auch einmal zwei oder drei Finger.
- ♂ Dringen Sie langsam mit einem Finger in die Scheide ein. (Achtung: Sorgen Sie dafür, dass Ihre Nägel weder spitz gefeilt noch eingerissen sind.)
- ♂ Sie können ruhig einmal zwei oder drei Finger in die Scheide einführen.
- ♂ Massieren Sie von innen vorsichtig die Scheidenwände.
- ♂ Seien Sie flexibel und wechseln Sie die Bewegungen ab: Massieren Sie die Klitoris und dringen Sie in die Scheide ein. Sie können dies auch kombinieren, indem Sie mit

Zeige- und Mittelfinger in die Frau eindringen und währenddessen mit dem Daumen die Klitoris reiben. Das löst bei den meisten Frauen sehr starke Empfindungen aus.

Wie viel Handarbeit Ihrerseits nötig ist, dass eine Frau ihren sexuellen Höhepunkt erreicht, kann wie erwähnt unterschiedlich sein. Möglicherweise ist eine Frau auch zu verkrampft und bekommt gar keinen Orgasmus. Doch was nicht ist, wird vielleicht beim nächsten Mal. Auf keinen Fall sollten Sie übertreiben und so lange weitermachen, bis Ihre Partnerin wund gerieben ist. Probieren Sie einfach die verschiedenen Bewegungen aus und fragen Sie vor allem Ihre Partnerin, was ihr gefällt. Außerdem kann es auch sein, dass sie – je nach Situation – etwas anderes braucht oder wünscht, um erregt zu werden und zum Höhepunkt zu kommen.

Übrigens, wenn Sie einmal Hand an die Klitoris gelegt haben, heißt das nicht, dass es damit getan ist. Vielmehr sollten Sie auch während des übrigen Verkehrs die Klitoris hin und wieder stimulieren. Dafür bieten sich spezielle Stellungen an, die ich Ihnen gerne – ganz im Interesse zur Befriedigung all meiner Geschlechtsgenossinnen – ab Seite 155 erklären werde.

Sprechen wir noch kurz über Selbstberührung: Einige von uns Frauen haben leider arge Hemmungen, sich vor einem Mann selbst zu stimulieren. Machen Sie es den Damen leichter! Kommt es dazu, nehmen Sie es hin und erklären Sie das Geschehen nicht zur »Geil,-ich-schau-dir-beim-Masturbieren-zu«-Nummer. Wenn eine sonst eher schüchterne Partnerin sich selbst verwöhnt, registrieren Sie es, aber sprechen Sie es nicht gleich aus. Womöglich erschreckt sich die Frau sonst. Schauen Sie aber schon genauer hin (Steckt sie sich einen Finger in die Scheide? Wie massiert sie ihre Klitoris?), da Sie einiges von ihr lernen können. Machen Sie dabei einfach mit dem Liebesakt weiter, zeigen Sie Ihre Erregung und damit der Frau, dass sie nichts Falsches tut. Im Gegenteil: Wenn sie ihre Berührungsängste gegenüber dem eigenen Körper verliert, führt dies zu einem lockeren und zumeist auch wilderen Sexvergnügen.

### *Stecken Sie Ihren Kopf nicht in den Sand – es gibt viel schönere Orte*

Tut er's? Tut er's nicht? Was glauben Sie, liebe Männer, wie oft wir Frauen, vor allem wenn wir Neubekanntschaften näher kennen lernen, auf dem Rücken liegen und warten – einfach nur warten, während der Sex an uns vorüberzieht. Klar ist Geschlechtsverkehr schön, klar kommen einige von uns dabei auch zum Höhepunkt, doch wenn Sie uns einmal einen echten Gefallen tun wollen, erlösen Sie uns vom Warten und tun Sie es: Befriedigen Sie uns mit dem Mund!

In der Fachsprache nennt sich die orale Befriedigung von Frauen Cunnilingus, was übersetzt so viel wie »Lecken der weiblichen Scham« bedeutet. Doch sollten Sie sich merken, dass es damit allein nicht getan ist, und wir Frauen geben uns damit nur ungern zufrieden. Vielmehr geht es bei dieser Art des Liebesspiels um puren Genuss, der gerne auch mit intensivster Klitorisstimulierung verbunden sein darf.

Wie eine Umfrage des Magazins *Men's Health* für das Buch »Sex, A Man's Guide« ergab, ist derartiger oraler Sex von

Männern an Frauen eine der erregendsten und beliebtesten sexuellen Stimulationen. Immer wieder sagten Frauen, wie sehr sie es liebten. Der Cunnilingus wurde zudem in einer weiteren Umfrage von *Men's Health* als eine der befriedigendsten sexuellen Praktiken ausgewählt, die ein Mann für eine Frau tun kann. In dieser Umfrage meinten 81 Prozent aller Frauen, dass sie durch oralen Sex zum Orgasmus kommen.

Und um gleich mögliche Befürchtungen aus Ihrem Kopf zu vertreiben: Natürlich sind wir da unten sauber! Was denken Sie denn von uns, meine Herren? Wir wissen, was sich gehört, und die meisten Frauen waschen sich täglich – ganz im Gegensatz zu einigen Vertretern des männlichen Geschlechts. Das allerdings heißt nun nicht, dass es in unserer Intimregion nach Blumen oder Parfum duftet. Jede Frau hat ihren eigenen intimen Geruch.

Achtung: Cunnilingus sollte ausfallen, wenn Sie unter Herpesbläschen oder sonstigen nässenden Ausschlägen rund um die Mundgegend leiden! (Anmerkung: In solchen Fällen ist es generell besser, wenn Sie Ihre Lippen nicht in direkten Kontakt mit weiblicher Haut bringen.) Und bevor ich näher ins Detail gehe, folgt noch ein lebenswichtiger Hinweis in eigener Sache: Blasen Sie niemals Luft in die Scheide. Dies könnte eine tödliche Luftembolie auslösen!

Wenn es dann endlich zur Sache geht, können Sie Ihrer Partnerin ein Kissen unter den Po legen, damit es für Sie beide bequemer ist. Übrigens, Cunnilingus bringt höchsten Genuss, wenn Ihre Partnerin auf dem Bett liegt, mit ihrem Becken bis zur Bettkante rutscht und die Beine über Ihre Schultern ausstreckt.

Doch viel wichtiger ist zunächst einmal, dass Sie wissen, wie Sie Frauen mit Ihrer Zunge gekonnt stimulieren und dass es mit einem kurzen Lecken über die Klitoris nicht getan ist. Die Zunge ist zu mehr fähig. Sie lässt sich viel flexibler einsetzen als zum Beispiel ein Penis. Verwöhnen Sie daher Ihre Partnerin mit der Zunge und gehen Sie dabei langsam vor:

- ♂ Küssen Sie die Umgebung der Vulva und den gesamten Schambereich.
- ♂ Küssen Sie die äußeren Schamlippen und fahren Sie mit der Zunge daran entlang.
- ♂ Nehmen Sie die Schamlippen in den Mund und saugen Sie vorsichtig daran.
- ♂ Saugen Sie ebenso sanft an den inneren Schamlippen.
- ♂ Lecken Sie um die Scheidenöffnung herum und, wenn Sie möchten, auch im Bereich zwischen Vagina und Anus.
- ♂ Stecken Sie die Zunge in die Scheide und lassen Sie sie hinein- und herausschnellen.
- ♂ Beziehen Sie die Klitoris mit ein. Wie Sie dabei vorgehen, hängt in erster Linie von den Wünschen Ihrer Partnerin ab. Lecken Sie über den ganzen Bereich, aber behandeln Sie die Spitze besonders sanft.
- ♂ Lassen Sie Ihre Zunge um die Klitoris kreisen.
- ♂ Saugen Sie auch vorsichtig an der Klitoris und lecken Sie zwischendurch immer wieder die Scheidenöffnung.
- ♂ Üben Sie mit Ihrer Zunge direkten Druck auf die Klitoris aus.
- ♂ Sehr empfindsam ist auch der Bereich zwischen Scheide und After, der Damm. Doch stecken Sie bitte nicht Ihre Zunge in den After, wenn Sie diese nachher noch in die Vagina schnellen lassen möchten (zu hohe Infektionsgefahr!).

Wann und ob Sie überhaupt Ihre Finger mit ins Spiel bringen, hängt ebenfalls stark von den Vorlieben Ihrer Partnerin ab. Einige Frauen genießen die extreme klitorale Stimulierung, kommen dadurch zum sexuellen Höhepunkt und finden es eher störend, dann noch einen oder zwei Finger in der Vagina zu spüren. Andere hingegen erregt die manuelle Reizung zusätzlich. Vergessen Sie allerdings während der manuellen Stimulierung nicht die oralen Liebkosungen. Sie können mit Ihren Fingern die Schamlippen einfach auch nur ein bisschen auseinander ziehen, damit Sie besser an die Klitoris Ihrer Partnerin kommen.

Liebe Männer, machen Sie bei all dem bitte nicht den Fehler, mittendrin aufzuhören. Nichts ist für uns Frauen schlimmer, als von hundert auf null zurückzufallen. Halten Sie durch und seien Sie dabei auf der Hut. Bei vielen Frauen äußert sich die Erregung, indem sie heftig zu zittern anfangen und das Becken bewegen. Sollten Sie die Sache mit der Zunge so gut gemacht haben, dass die Frau quasi vor Lust abhebt, nehmen Sie schnell Ihren Kopf etwas nach oben. Schließlich wollen wir doch nicht, dass Ihnen etwas passiert und diese gekonnte Vorstellung ein einmaliges Vergnügen bleibt.

### *Keine Chance für Drückeberger! – Das Vorspiel*

Nein, ein Pornofilm ersetzt nicht das Vorspiel. Nein, auch mit Manga-Comics kommen Sie bei uns nicht weiter. Nein, wir wollen auch nicht nur irgendwelche heißen Geschichten aus Hollywoodfilmen hören, geschweige denn wissen, wie Ihre Kumpels neulich eine heiße Braut flachgelegt haben. Wir wollen ein Vorspiel – individuell auf uns und unsere Bedürfnisse zugeschnitten.

Und falls Sie einer einzigen Frau keinen Glauben schenken wollen, sondern sich Fakten wünschen – hier gleich zwei Ergebnisse von repräsentativen Studien. Demnach ergab zum Beispiel eine Umfrage des Instituts für Rationelle Psychologie (IRP) in München, dass sich 90 Prozent der Frauen von ihrem Partner mehr Zärtlichkeit und Einfühlungsvermögen wünschen. Wenn ein Mann über diese Eigenschaften verfügt, stehen die Chancen gut, dass er seine Partnerin zu fast allem verführen kann. Denn laut einer Umfrage der Gesellschaft für Erfahrungswissenschaftliche Sozialforschung (GEWIS) sind 41 Prozent der Frauen bereit, sich von ihrem Schatz in Stimmung bringen zu lassen, selbst wenn sie keine Lust haben.

Sie fragen sich jetzt, wie so ein Vorspiel aussehen soll und was alles dazugehört? Nein, das kann nicht sein, denn wenn Sie die beiden vorangegangenen Kapitel nicht nur quer gelesen haben, wissen Sie doch eigentlich schon, wann ein Vorspiel ein Vorspiel ist. Als Teile des Vorspiels kommen Streicheln (gerne auch mit Federn oder seidigen Tüchern), Küssen, das Stimulieren der erogenen Zonen, ein guter Cunnilingus und eine kleine Massage der Klitoris infrage. Damit ist der Anfang gemacht, um eine Frau glücklich zu machen.

*Apropos Massage:* Wenn Sie nicht als 08/15-Lover durchgehen wollen, versuchen Sie es doch einmal mit einer sinnlich-erotischen Ganzkörpermassage als Auftakt des Sexvergnügens. Dazu legt sich Ihre Partnerin am besten auf den Bauch, und Sie fangen dann am Rücken an. Dabei können Sie sich ruhig auf die Oberschenkel Ihrer Partnerin setzen. Noch aufregender wird eine Massage, wenn Sie beide dabei nackt sind. Für eine Frau kann es sehr erregend sein, den nackten Penis an ihrer Haut zu spüren.

Massieren Sie zunächst mit sanftem, aber doch spürbarem Druck, um eventuelle Verspannungen zu lösen, arbeiten Sie sich dabei langsam vom Rücken übers Steißbein zum Po vor. Setzen Sie sich neben die Dame Ihres Herzens, streicheln Sie dann über ihre Beine und spreizen Sie diese etwas.

Wenn Ihre Partnerin nicht zu kitzelig ist, können Sie ihr auch eine gekonnte Fuß(reflexzonen)massage angedeihen lassen und dabei ihre Lust noch steigern. Denn am Fuß befinden sich weitere erogene Zonen. Rechts und links neben der Achillessehne direkt hinten an der Ferse liegen zwei Punkte, über die sich die Geschlechtsorgane stimulieren lassen. Ein weiterer wichtiger Punkt ist in der Fußsohlenmitte zu finden. Über diesen werden die Nebennieren, in denen eine Vorstufe der Sexualhormone produziert wird, aktiviert. Außerdem befindet sich in der Mitte der großen Zehen je ein Stimulationspunkt für die Hypophyse, die zentrale Steuerstelle für sämtliche Hormone. Massieren Sie jeden einzelnen Punkt mit kleinen, kreisenden Bewegungen mindestens 30 Sekunden lang.

Anschließend streicheln Sie mal sanft, mal fester von unten nach oben an den Innenseiten der Beine entlang. Kneten Sie leicht die Waden und Oberschenkel und nähern Sie sich so den Genitalien Ihrer Partnerin. Stopp! Finger weg! Nicht, dass Sie auf den Gedanken kommen, gleich handgreiflich zu werden. Umspielen Sie mit kleinen, kreisenden Bewegungen die Innenseite der Oberschenkel, streicheln Sie zwischendurch die äußeren Schamlippen, aber halten Sie sich ansonsten erst einmal zurück. Sie können sich auch mit den Brüsten beschäftigen. Frauen, zumindest die meisten, finden es schön, wenn ihr Busen massiert und ihre Brustwarzen liebkost werden, doch sollten zum Beispiel auch die Regionen um den Busen herum – das Brustbein, die Achselhöhlen – bei einer erotischen Massage beachtet werden. Verwöhnen Sie sanft und nahezu verspielt den ganzen Körper Ihrer Geliebten. Wenn Sie einen festeren Griff anwenden, dann bitte nur an den Stellen, wo Muskeln sind; direkt über den Knochen (Wirbel, Schulter, Beine etc.) sollte kein Druck ausgeübt werden. Streichen Sie sanft mit Ihren Fingerkuppen und Handgelenken über die Haut, benutzen Sie auch Ihre flache Hand und Ihre Ellbogen. Bei der erotischen Massage ist sogar kompletter Körpereinsatz erlaubt und erwünscht. Sie können also unbesorgt Ihr Gesicht, Ihre Lippen, Ihre Haare, Ihre Zunge und Ihren Penis zu Massagewerkzeugen machen.

Bitte verwenden Sie für eine solche Massage keine fettige Körpercreme oder gar eine Aftershave-Lotion. Verwöhnen Sie sich und Ihre Partnerin mit einem besonderen Massageöl. Darin sind meist ätherische Öle beziehungsweise Pflanzensubstanzen enthalten. Massageöle machen die Haut geschmeidig, lockern die Muskeln, regen die Durchblutung an und sorgen auf diese Weise für eine höhere Empfindsamkeit der Haut. Hinzu kommt der sinnliche Duft, dessen erotische Wirkung nicht unterschätzt werden sollte. Nachfolgend finden Sie Beispiele für besondere Öle und ihre Wirkungen:

- ♂ Amyris: ausgleichend, inspirierend
- ♂ Basilikum: entspannend, weckt die Sinne
- ♂ Cananga: beruhigend, harmonisierend, blutdrucksenkend
- ♂ Cassia: erwärmend, anregend, inspirierend

- ♂ Elemi: harmonisierend, entspannend
- ♂ Iris: erlösend, harmonisierend, inspirierend
- ♂ Jasmin: antidepressiv, sexuell stimulierend, euphorisierend
- ♂ Lavendel: entspannend
- ♂ Magnolie: stimmungserhellend, ausgleichend
- ♂ Muskatellersalbei: vitalisierend, stärkend
- ♂ Narde: wärmend, ausgleichend, meditationsfördernd
- ♂ Orangenblüte: stimmungshebend, entspannend, erotisierend
- ♂ Palmarosa: stimmt sanftmütig
- ♂ Rosenholz: löst sexuelle Blockaden
- ♂ Rosmarin: sehr entspannend, löst die Muskeln
- ♂ Sandelholz: beruhigend, löst Frigidität
- ♂ Schafgarbe: harmonisierend, entspannend
- ♂ Tuberose: stimmt sinnlich, regt die Fantasie an
- ♂ Veilchenblätter: ausgleichend, stimmt optimistisch, inspiriert
- ♂ Vetiver: aufbauend, erotisierend
- ♂ Ylang-Ylang: entspannend, erotisierend
- ♂ Zimtrinde: stärkend, erwärmend, regt Inspirationen an

Natürlich können Sie sich auch selbst ein Massageöl mixen, dem Sie die gewünschte Zutat beigeben. Hier ein Rezept, das sicher für Entspannung sorgt: Mischen Sie je fünf Tropfen Safranöl, Sandelholzöl, Ingweröl, Muskatellersalbeiöl, Weihrauchöl, Ylang-Ylang und Jasminöl mit 50 Milliliter Jojobaöl. Sowohl die ätherischen als auch die Basisöle bekommen Sie in Naturkost- und Hobbythekläden, in Esoterikshops, aber auch oftmals in Apotheken.

Achten Sie darauf, dass Sie beim Massieren nicht zu viel

Öl verwenden, denn sonst artet das Ganze in eine Glitschpartie aus, bei der sanftes Zufassen unmöglich wird.

Während der Massage kann im Hintergrund gerne leise Musik laufen. Dabei versteht es sich hoffentlich von selbst, dass in einer solchen Situation ruhige Musik angesagt ist, also kein Heavy Metal oder Ähnliches. Schließlich soll sich Ihre Partnerin entspannen. Außerdem sollten Sie für sanftes Licht sorgen und zum Beispiel Kerzen anzünden.

Sie werden sehen: Nicht nur, dass sich die Handgriffe lohnen und eine Massage das Vertrauen zwischen Frau und Mann fördert – noch zufrieden mit der Leistung wird Ihre Partnerin alles (beim Sex) dransetzen, sich für das sinnliche, sehr körperliche Vergnügen zu revanchieren.

Sollten Sie sich den Daumen gebrochen haben oder unter einer gemeinen Sehnenscheidenentzündung leiden, kann dies noch lange nicht als Entschuldigung dafür gelten, das Vorspiel zu übergehen. Es gibt nämlich auch andere Möglichkeiten als eine Massage …

### *Feucht-fröhliches Vorspiel*

Steigen Sie gemeinsam mit Ihrer Partnerin in die Badewanne – am besten bei Champagner und Kerzenlicht. Gehen Sie dabei mit Ihren Händen auf Tauchgang und erforschen Sie den Körper Ihrer Angebeteten. Sollten Sie sich tatsächlich mit Handschmerzen herumplagen, können Ihre Füße beziehungsweise Zehen einige Funktionen der lädierten Finger übernehmen. Alternativ zur Badewanne tut es natürlich auch eine Dusche. Hier sollten Sie sich nicht auf das Einseifen Ihres eigenen Körpers konzentrieren. Bitten Sie die Dame, dies für Sie zu übernehmen, und verwöhnen Sie sie ebenfalls mit weichem Schaum und zarten Bewegungen auf ihrer Haut.

*Sportliches Vorspiel*

Ihre Partnerin findet es ganz toll, mit Ihnen zu tanzen? Dann tun Sie sich und ihr den Gefallen: Legen Sie romantische Musik auf und los geht's. Beim engen Tanz zu schummrigem Bluessound erreichen Sie mit Ihren Händen hervorragend den Po der Frau, um ihn zu streicheln. Zärtliche Küsse lassen sich ebenfalls gut starten. Zudem können Sie sanft über den Rücken Ihrer Liebsten streicheln und bei diesem intensiven Körperkontakt ihre Brüste spüren. Übrigens: Ebenso kann Ihre Partnerin natürlich ein paar hervorstechende Merkmale fühlen.

*Flauschiges Vorspiel*

Sie müssen sich kein teures exotisches Bären- oder Tigerfell anschaffen, um für ein wenig kuschelige Atmosphäre beim Vorspiel zu sorgen. Davon abgesehen, dass Sie damit bei Tierschützern auf Missbilligung stoßen würden, gibt es andere Möglichkeiten. Viel weicher, kostengünstiger und darüber hinaus auch noch artenschutzgerechter sind zum Beispiel Unterlagen aus Schafwolle. Nackt darauf gebettet, werden sich die meisten Frauen wahrlich tierisch wohl fühlen. Um diese Gefühle noch zu verstärken, können Sie zu Federn greifen und mit ihnen den Körper (besonders gut: Brüste, Nakkengegend, Gesicht, Beine, Hände) Ihrer Liebsten streicheln. Die Federn brauchen Sie übrigens nicht einzeln aus Ihrer Daunendecke zu zupfen. Da die stimulierende Wirkung einer solchen Verwöhneinheit bekannt ist, bieten die meisten Sexshops Federn in verschiedenen Größen an. Wenn Sie in einen solchen Laden nicht hineingehen möchten, werden Sie sicher auch in jeder Handarbeits- oder Bastelboutique fündig.

*Köstliches Vorspiel für Naschkatzen*

Eine weitere erotische Vorspielvariante ist das gegenseitige Füttern mit Leckereien. Hier empfehlen sich süße Früchtchen wie Erdbeeren, Kirschen, Weintrauben und Pflaumen. Umspielen Sie damit die Lippen und die Zunge Ihrer Partnerin. Oder nehmen Sie ein Früchtchen zwischen die Lippen, damit es sich Ihre Partnerin von dort holen kann. Außer Obst machen sich Schokoladencreme, Honig und Schlagsahne gut auf nackter Haut, und zwar aus einem ganz bestimmten Grund: um ausgiebig abgeleckt zu werden.

*Kaltes Vorspiel*

Wenn Sie gerade schon einmal vor dem Kühlschrank hocken und nach essbaren Kleinigkeiten für das erotische Vorspiel suchen, nehmen Sie auch Eis heraus. Dieses auf den Busen Ihrer Partnerin gelegt, dürften die Brustwarzen in null Komma nichts erigieren. Auch in den Bauchnabel platziert, leistet Eis ganze Erregungsarbeit, und gerne können Sie es dann ablecken. Außerdem finden es einige Frauen erregend, etwas Eis in die Scheide gesteckt zu bekommen.

*Heißes Vorspiel*

Kerzen sorgen für stimmungsvolles Licht, sie können aber auch auf andere Weise eingesetzt werden. Lassen Sie Wachs auf die Haut Ihrer Partnerin tropfen, das ist ungefährlich und mitunter hocherotisch. Dazu dürfen Sie aber nur schlichte Paraffinkerzen benutzen, das Wachs von parfümierten, farbigen oder Bienenwachskerzen verbrennt die Haut. Wichtig bei diesem heißen Vergnügen: die Kerze ziemlich hoch über den Körper halten. So können Sie sicher sein, dass der Tropfen auf der Haut Ihrer Liebsten lauwarm ankommt.

*Fantasievolles Vorspiel*
Während der zuvor beschriebenen anregenden Aktivitäten können Sie und Ihre Partnerin sich gegenseitig Ihre erotischen Fantasien erzählen. Lassen Sie sich berichten, wovon Ihre Partnerin insgeheim träumt, und teilen Sie ihr heiße Erotikgeschichten aus Ihrem Kopfkino mit. Gehen Sie dabei ruhig ins Detail, flüstern Sie ihr die verschiedenen Wünsche ins Ohr. Erzählen Sie von Ihren Gefühlen, beichten Sie kleine Fantasiesünden und ermutigen Sie die Frau, das Gleiche zu tun. Ebenso aufregend kann es sein, wenn Sie beide darüber sprechen, was Sie wenige Minuten später miteinander machen möchten. Dieses theoretische Erleben, welche Stellungen und Stimulierungen folgen werden, ist oftmals sehr erregend und macht Lust. Außerdem schüttet das Gehirn in freudiger Erwartung vorab Glückshormone aus.

Wie Sie sehen, gibt es sehr viele Varianten, um sich gegenseitig zu erregen und anzutörnen. Sicher haben auch Sie etwas gefunden, das Ihnen gefällt, und so können Sie das Vorspiel im Ernstfall nicht einfach absagen. Sollten Sie auch nicht, wenn Sie eine Frau zufrieden stellen wollen. Und noch etwas: Schauen Sie zwischendurch nicht auf die Uhr! Zwar gibt es keine festen Regeln dafür, wie lange ein Vorspiel dauern sollte, aber nehmen Sie sich dennoch mindestens eine Viertelstunde Zeit. Die Grenze nach oben ist selbstverständlich offen, und eine Verlängerung wird wohlwollend registriert.

Was ich gleich zu Anfang klarstellen will: Gummipuppen sind Gummipuppen, Frauen sind Frauen. Manche Männer verwechseln das gerne und erwarten im Bett eine Gelenkigkeit, bei der selbst eine Hochleistungsturnerin arge Muskelkrämpfe bekommen könnte. Doch ich will mich nicht beschweren, lassen Sie uns lieber offen über Sexstellungen reden. Das sollten Sie übrigens auch immer wieder mit Ihrer Partnerin tun. Denn wie im Jahr 2002 eine Umfrage des Meinungsforschungsinstituts Forsa in Berlin für die Zeitschrift *Woman* zeigte, sind viele Frauen in Deutschland mit ihrem Liebesleben nicht ganz zufrieden. So wünscht sich jede dritte Frau mehr Sex mit ihrem Partner. 23 Prozent möchten drei- bis fünfmal wöchentlich, sieben Prozent sogar täglich Sex haben. Für 30 Prozent sei es ausreichend, ein- bis zweimal pro Woche mit ihrem Partner zu schlafen. Was lernen Sie daraus? Auch viele Frauen denken gerne »nur an das eine« und haben konkrete Vorstellungen dazu.

Fragen Sie nach den Vorlieben Ihrer Partnerin, was ihr besonders gut gefällt. Auch wenn einige Menschen sich mit der Missionarstellung, der Doggy-Style-Nummer und sonntags auch schon einmal mit der Löffelchenstellung zufrieden geben – das muss, nein, sollte nicht für alle gelten. Denn es gibt mehr: mehr Stellungen und mehr, was uns Frauen gefällt. Näheres dazu finden Sie in der folgenden Aufstellung von A bis Z:

### A wie »Affe«

*Wie es geht:* Sie sind schon richtig! Nicht, dass Sie denken, ich hätte plötzlich das Thema gewechselt. Ganz und gar nicht, vielmehr ist der »Affe« eine Sexstellung aus der chinesischen Liebeswelt. Bei dieser Position liegt die Frau auf dem Rücken und streckt die Beine gerade parallel nach oben – fast so, als mache sie die Turnübung »Kerze«. Als Mann (kniende Position) umfassen Sie die Fußgelenke der Frau und drücken die gestreckten Beine leicht nach vorne. Dadurch hebt sich das Becken der Frau, und Sie können bequem eindringen.

*Was wir Frauen davon halten:* Diese Stellung kann uns Frauen durchaus Gefallen bereiten. So bleiben wir in der »Affenlage« von den erdrückenden männlichen Körpermassen verschont, können unseren Partner beim Sex anschauen und uns selbst streicheln.

*Wie Männer es noch besser machen können:* Da Sie nur einen Arm brauchen, um die Beine Ihrer Partnerin zu stützen, können Sie mit der anderen Hand hervorragend die Klitoris stimulieren und sollten dies auch durchaus tun. Zudem lässt sich durch Anheben und Runterdrücken der Beine der Winkel beim Eindringen verändern und somit auch unterschiedlicher Druck auf die Vagina ausüben.

Noch ein kleiner Tipp am Rande: Damit es ein bisschen enger wird – das haben Sie doch besonders gern, oder? –, können Sie auch zwischendurch einmal Ihre Partnerin bitten, die Beine zu überkreuzen.

**B wie »Blüte, Lotusblüte«**

*Wie es geht:* Willkommen in der Welt des Kamasutra. Doch bevor Sie aufstöhnen, denken Sie nach: Wir Frauen wollen schließlich auch Spaß am Sex haben, daher finden Sie hier keine Stellungen, die nur von Schlangenmenschen ausgeführt werden können. Sicher gehört bei der einen oder anderen Kamasutra-Stellung eine gewisse Gelenkigkeit dazu, doch das kann beim Sex sowieso nicht schaden.

Zurück zur »Lotusblüte«: Knien Sie sich auf das Bett. Ihre Angebetete lässt sich dann mit gespreizten Beinen auf Ihren Schoß nieder, während Sie mit Ihrem Penis in sie eindringen. Die Schenkel der Frau liegen dabei neben Ihren Schenkeln.

*Was wir Frauen davon halten:* Wir sind zufrieden, hochzufrieden sogar! Der G-Punkt wird stimuliert, und Ihre Partnerin kann die Reibung sogar selbst steuern, indem sie sich ab und an etwas nach vorne beugt und/oder die Schenkel öffnet und schließt. Außerdem hat die Frau beide Hände frei und kann daher so schöne Sachen machen wie zum Beispiel ihren eigenen Busen massieren oder Sie streicheln.

*Wie Männer es noch besser machen können:* Setzen Sie Ihre Hände gezielt ein, Sie brauchen sich nicht an Ihren Fußsohlen oder Unterschenkeln festzuhalten. Sie können zum Beispiel die Brüste Ihrer Liebsten berühren – nur als Beispiel! Streicheln Sie auch das Gesicht Ihrer Partnerin, liebkosen Sie ihren Mund, lassen Sie sie an Ihren Fingern lecken, wuscheln Sie in ihren Haaren, umfassen Sie die Hüften der Frau, doch achten Sie immer darauf, dass Sie sich nicht verkrampfen. Dies könnte zu Schmerzen in Waden und Oberschenkeln führen, und Sie müssten das Liebesspiel vorzeitig beenden.

### C wie »Cunnilingus«

Darüber haben Sie ja schon so ziemlich alles erfahren (siehe Seite 143), Frauen finden ihn ziemlich toll!

**D wie »Doggy-Style«**

*Wie es geht:* Von der Maus bis zum Elefanten treiben es alle Säugetiere so. Wir sind also in guter Gesellschaft, und wenn Sie im Biologie-Unterricht aufgepasst haben, brauche ich gar nicht viel zu erklären. Daher nur kurz: Die Frau kniet auf allen vieren, der Mann lässt sich hinter ihr nieder und dringt von hinten in sie ein. Im Kamasutra heißt diese Stellung übrigens »Vereinigung nach Art der heiligen Kuh« oder auch nur »Heilige Kuh«. Zudem werden sämtliche Stellungen, bei denen der Mann von hinten in die Frau eindringt, »à tergo« genannt, was so viel wie »vom Rücken her« bedeutet.

*Was wir Frauen davon halten:* Jaaa! So haben wir es gerne! Eine kleine Umfrage unter Freundinnen ergab, dass die meisten auf eine solche Nummer stehen. Grunde dafür gibt es viele:

1. Wir kriegen jeden Zentimeter.

2. Es kann auch mal richtig fest zur Sache gehen.

3. Es geht auch einmal richtig langsam.

4. Wir fühlen uns bei allem nicht eingeengt beziehungsweise flachgedrückt.

4. Der Mann hat die Hände frei und kann sie einsetzen.

5. Wenn wir uns etwas aufrichten, haben auch wir die Hände frei und können uns selbst streicheln oder zwischen unsere Beine hindurch Hoden und Perineum des Mannes stimulieren. Noch Fragen? Sie sollten aber unbedingt darauf achten, wie Ihre Partnerin reagiert. Es kommt vor, dass sich eine Frau durch die animalische Haltung gedemütigt fühlt und unsicher ist, weil sie den Partner nicht sehen kann. Sprechen Sie mit ihr darüber, und vielleicht können Sie dann ja nochmals den einen oder anderen Versuch wagen.

*Wie Männer es noch besser machen können:* Einfach mit dem Gesäß ein wenig vor und zurück, das reicht nicht. Umfassen Sie zusätzlich die Pobacken und/oder Hüften Ihrer Partnerin (ruhig etwas fester). Sind Ihre Arme lang genug, können Sie auch leicht ihre Brüste kneten. Die Klitoris gelangt in Ihre Reichweite, wenn sich Ihre Liebste ein wenig aufrichtet. Vielleicht mag sie es zudem, wenn Sie ihr einen Finger in den Po stecken oder ein paar kleine Klapse auf den Hintern geben. Bei den beiden letzten Stimulierungsvorschlägen ist es allerdings angebracht, zuerst einmal herauszufinden, ob sie Ihrer Partnerin behagen.

Achtung: Wenn Sie zu den Männern gehören, die der liebe Gott mit einigen Zentimetern mehr ausgestattet hat, seien Sie bitte vorsichtig. Es ist für Frauen ziemlich unangenehm und mitunter sogar sehr schmerzhaft, wenn der Penis gegen den Muttermund stößt. Außerdem sollten Sie sich im Klaren darüber sein, dass Sie bei dieser Stellung eine ganze Menge Luft in die Scheide pumpen. Diese entweicht dann wieder, was durchaus von mittellauten Geräuschen begleitet sein kann. Schauen Sie dann nicht vorwurfsvoll oder gar angeekelt, schließlich haben Sie auch Ihren Teil dazu beigetragen.

**E wie »Einmal schaukeln, bitte!«**

*Wie es geht:* Hierbei sind Sie es, der mit dem Rücken auf das Laken muss. Machen Sie es sich bequem, strecken Sie die Beine nach oben und winkeln Sie diese leicht an. Während sich Ihre Angebetete dann auf Ihre Oberschenkel setzt, legen Sie Ihre Füße auf die Schultern Ihrer Partnerin. Umfassen Sie sich dann gegenseitig, und schon kann es losgehen.

*Was wir Frauen davon halten:* In dieser Stellung ist eine tiefe Penetration möglich. Außerdem hat die Frau dabei die Kontrolle über das Tempo, hinzu kommen ein wenig Schaukeln und Wippen wie in Kinderzeiten – keine Frage: So lässt es sich gut aushalten!

*Wie Männer es noch besser machen können:* Dass Ihre Füße sauber sein sollten, versteht sich hoffentlich von selbst. Wenn Sie wollen, dass die Partnerin in dieser Position Ihren dicken Zeh lutscht – das kann ziemlich erregend sein! –, achten Sie bitte auch darauf, dass Ihre Nägel kurz und gerade geschnitten sind. Ansonsten befinden Sie sich ziemlich in der Defensive und dürfen/sollten Ihre Partnerin mal machen lassen. Damit Sie das Gewicht Ihrer Gespielin aushalten und nicht gleich einen fiesen Oberschenkelkrampf bekommen, trainieren Sie ein wenig. Dazu eignen sich Kniebeugen sowie Übungen, die die Becken- und Bauchmuskulatur stärken.

### F wie »Flanquette«

*Wie es geht:* Zwar klingt der Name kompliziert, die Stellung ist aber ganz einfach. Während bei der Missionarstellung (siehe Seite 166) Ihre beiden Beine zwischen denen der Frau liegen, reicht bei der Flanquette-Stellung ein Bein aus. Auf diese Weise befindet sich auch ein Bein Ihrer Partnerin zwischen Ihren Beinen.

*Was wir Frauen davon halten:* Kompliment! Die Franzosen wissen, wie sie Frauen in Stimmung bringen können. Bei dieser Stellung sorgt der Schenkel des Mannes für zusätzlichen intensiven Druck auf die Klitoris. Auch gibt es viele Männer, die es ziemlich gut finden, wenn der Schenkel der Frau ihren Hoden berührt.

*Wie Männer es noch besser machen können:* Küssen ist erlaubt und bei dieser Face-to-Face-Stellung hervorragend möglich. Auch Streicheleinheiten für Gesicht und Lippen lassen sich dabei gut anbringen. Wenn Sie ein bisschen Abwechslung wollen, ohne die Stellung zu wechseln, drehen Sie sich gemeinsam in die Seitenlage.

**G wie »Ganz nah an der Kante«**

*Wie es geht:* Ihre Partnerin setzt sich in einen tiefen Sessel und lehnt sich zurück, oder sie legt sich einfach auf das Bett. Dann rutscht sie mit ihrer Hüfte so nah, wie es geht, an die Kante des Sessels oder eben des Betts. Als Mann knien Sie sich zwischen die gespreizten Beine Ihrer Gespielin und wissen hoffentlich, was dann zu tun ist.

*Was wir Frauen davon halten:* Sehr gut – und die vielen Vorteile dieser Position sprechen für sich:

1. Wir haben beide Hände frei, um uns selbst zu streicheln.
2. Wir sehen den Partner und können beobachten, wie er die Lust erlebt.
3. Der Mann kann ziemlich fest und tief zustoßen.
4. Der G-Punkt wird gut stimuliert.
5. Die Frau wird nicht vom Körper des Mannes niedergedrückt.

*Wie Männer es noch besser machen können:* Sie können bei dieser Stellung ein wenig variieren und zum Beispiel die Beine Ihrer Partnerin hochheben, weit grätschen und wieder schließen – so verändern Sie für sich und für die Frau den Druck. Wenn Sie beide Hände frei haben wollen, sollte Ihre Partnerin ihre Füße auf den Boden stellen. So können Sie den Körper Ihrer Geliebten streicheln und ihre Klitoris stimulieren. Vergessen Sie dabei aber nicht das Stoßen! Achtung: Passen Sie auf Ihre Knie auf. Schon manch ein Mann hat sich seine bei dieser Position wund gerutscht.

**H wie »Hoppe, Hoppe Reiter«**

*Wie es geht:* Kennen Sie das Spiel von früher? Papa oder Mama sitzen auf dem Stuhl, wir als Kinder auf deren Schoß, und los geht es mit dem Auf und Ab über Stock und Stein. Wenn Sie sich daran erinnern, kann die Reitpartie der anderen Art ja beginnen. Und kurz für jene, die noch Wissensbedarf haben: Der Mann sitzt bei dieser Stellung auf einem Stuhl (ohne Armlehnen), die Frau setzt sich auf seinen Schoß und lässt dabei den Penis in sich hineingleiten. Natürlich geht das Ganze auch andersherum – sprich: Die Frau setzt sich mit dem Rücken zu Ihnen auf Ihren Schoß. Diese Position heißt übrigens »Schlittenfahren«.

*Was wir Frauen davon halten:* Von Vorteil ist es, wenn der Stuhl vier Beine hat (und nicht drei und keine Rollen), damit er auch bei stärkeren Bewegungen nicht umkippt. Außerdem sollte er nicht so hoch sein, damit die Frau sich mit ihren Füßen abstützen und somit das Tempo mitbestimmen kann. Reizvoll an dieser Position ist zudem der direkte Blickkontakt mit dem Partner, womit auch (Zungen-)Küsse selbstverständlich zum Stimulationsrepertoire gehören. Allerdings muss eine Frau in dieser Position auf den einen oder anderen

Zentimeter des Mannes verzichten. Darum ist eine »Schlittenpartie« zwischendurch recht willkommen: Wenn sich die Frau dabei mit den Händen abstützen kann, ist hier eine tiefe Penetration möglich.

*Wie Männer es noch besser machen können:* Umfassen Sie die Pobacken Ihrer Partnerin und steuern Sie durch leichtes Anheben den Rhythmus. Gleiches gilt bei der »Schlittenfahrt«. In dieser Position können Sie aber auch die Brüste der Frau massieren und haben zudem die Möglichkeit, das Hinterteil der Dame mit Ihren Fingern zu erforschen.

**I wie »Indischer Schneidersitz«**

*Wie es geht:* Sie sitzen bei dieser Stellung entweder im Schneidersitz oder auf Ihren Fersen. Ihre Partnerin macht es sich dann auf Ihrem Schoß bequem und stellt ihre Füße neben Ihre Oberschenkel beziehungsweise Hüften.

*Was wir Frauen davon halten:* Kuschelig und wahnsinnig gut! Neben dem intensiven Körperkontakt zum Mann – Ihre Partnerin kann Ihr Gesicht liebkosen, Sie küssen und streicheln –, stimuliert Ihr Schambein die Klitoris und die Vorderseite der Scheide. Noch stärker wird die Empfindung, wenn die Frau dabei ihren Oberkörper zurücklehnt und sich mit den Händen abstützt. Denn dann ist eine tiefe Penetration möglich, bei der Sie auch ihren G-Punkt stimulieren.

*Wie Männer es noch besser machen können:* Umfassen Sie mit Ihren Händen entweder die Hüften oder Pobacken Ihrer Gespielin, um die Auf- und Abbewegungen zu unterstützen. Außerdem dürfen Sie die Dame Ihres Herzens natürlich küssen und gerne etwas an ihrem Nacken knabbern – dies ist in dieser Stellung hervorragend möglich. In der chinesischen Liebeswelt heißt diese Position übrigens »Die Kraniche«.

**J wie »Jetzt die Busenrutsche«**

**J wie »Ja, ich entschuldige mich für diesen Namen«.**

*Wie es geht:* Dabei sitzt der Mann auf dem Oberkörper der liegenden Frau, während er seinen Penis zwischen ihren Brüsten hin und her bewegt.

*Was wir Frauen davon halten:* Gar nichts halten wir davon, wenn unsere Körbchengröße irgendwo bei A oder B liegt. Denn angesichts einer kleineren Oberweite werden Sie, meine Herren, sicher nicht auf Ihre Kosten kommen. Und Ihre Partnerin wird sich eher wie ein armes Versuchskaninchen ohne Chance auf Erfolg fühlen. Etwas anderes ist es bei Damen mit größeren Brüsten. Sie können den direkten Blick auf den erigierten Penis in Aktion schon eher genießen und ziemlich erregend finden – vorausgesetzt, der Mann wiegt nicht gerade 150 Kilo.

*Wie Männer es noch besser machen können:* Bitte pressen Sie die Brüste der Frau nicht allzu fest zusammen, das tut nämlich weh. Außerdem sollten Sie vorher mit Ihrer Partnerin abklären, ob Sie im Fall eines Orgasmus einfach drauflos spritzen dürfen.

**K wie »Kribbelnder Krebs«**

*Wie es geht:* Ihre Angebetete legt sich auf den Rücken, zieht ihre Knie so weit wie möglich an ihren Oberkörper und hebt Ihnen dadurch ihr Becken entgegen. Wenn Sie sich diese

Einladung nicht entgehen lassen wollen, legen Sie sich auf sie, wobei Ihr Oberkörper auf den Knien und Unterschenkeln Ihrer Partnerin aufliegt. Übrigens, diese Stellung stammt ebenfalls aus dem Kamasutra, wodurch sich der eher seltsam anmutende Name erklärt.

*Was wir Frauen davon halten:* Um ehrlich zu sein, die meisten Frauen fühlen sich in dieser Position wie ein zusammengeschnürtes Paket. Dennoch stimmt die Stimulierung des G-Punktes, und die Frau kann ihrem Partner in die Augen schauen – und ihn beobachten, wenn er einen Orgasmus hat, was sehr erregend sein kann.

*Wie Männer es noch besser machen können:* Lassen Sie sich nicht einfach auf Ihre Partnerin plumpsen. Das könnte heftige Schmerzen in den Oberschenkeln hervorrufen, und dann ist es erst einmal aus. Stützen Sie sich lieber ein wenig mit Ihren Armen ab. Für Abwechslung sorgen Sie, indem Sie Ihren Penis zwischendurch ganz bewusst aus der Vagina ziehen, um dann mit dem Penis die Klitoris zu massieren. Das geht in dieser Lage besonders gut.

### L wie »Löffelchenstellung«

*Wie es geht:* Der Mann liegt auf der Seite, und zwar hinter der Frau. Die beiden Körper sind dicht aneinander gepresst, und der Mann kann in seine Partnerin eindringen. Diese Stellung lässt sich übrigens auch in engsten Extremsituationen ausführen (in Schlafsäcken, niedrigen Bootskajüten, Hochbetten ohne ausreichende Kopffreiheit oder auf kleinen 90 × 200 Zentimeter großen Matratzen etc.).

*Was wir Frauen davon halten:* Für einen Sonntagmorgen ist das völlig okay! Dann, wenn wir eigentlich noch viel zu müde für Sex sind, geschweige denn für irgendwelche aufwändigeren Körperverrenkungen. Das leichte Geschubse von hinten, die bequeme Seitenlage und der intensive, kuschelige Körperkontakt bieten in diesen Momenten genau das Richtige, und dies kann gerne Stunden dauern.

Diese Position gefällt übrigens auch vielen schwangeren Frauen, da der Mann dabei nicht so tief eindringen kann.

*Wie Männer es noch besser machen können:* Wo ist der Nacken? Wo sind die Schultern? Wo sind die Hüften? Wo ist der Busen? Wo ist die Klitoris? Ich hoffe, Sie müssen nicht suchen, sondern verwöhnen Ihre Partnerin mit leichten Küssen in der Nackenregion und dem Streicheln ihrer Brüste. Umfassen Sie ihre Hüften, um das Tempo zu variieren, und stimulieren Sie zwischendurch auch die Klitoris Ihrer Angebeteten.

**M wie »Missionarstellung«**

*Wie es geht:* Eigentlich sollte diese Stellung bestens bekannt sein, denn sie kommt am häufigsten zum Einsatz. Die Frau liegt mit gespreizten Beinen auf dem Rücken und der auf ihr liegende Mann dringt in sie ein.

*Was wir Frauen davon halten:* Alle viere von uns gestreckt, können wir das ziemlich gut aushalten. Denn mal ehrlich: Wer lässt sich nicht gerne verwöhnen und bedienen? So gesehen gehört diese Position zwar nicht zu den Highlights in Sachen »innovativer, aufregender Sex«, doch wird die Missionarstellung von den meisten Frauen immer mal wieder gerne akzeptiert. Sie kann den Partner gut beobachten und sehen, wie es ihm gefällt und wie er zum Höhepunkt kommt. Dabei bestimmt er das Tempo, und wenn seine Partnerin nicht gerade bewegungseifrig mit dem Becken auf und ab wippt, bestimmt er auch die Tiefe der Penetration. Etliche Frauen törnt dieses Gefühl des »Genommenwerdens« an. Außerdem hat die Stellung den Vorteil, dass die weibliche Seite außer ein paar Handgriffen oder Beinbewegungen nicht wirklich viel zum Geschehen beitragen muss und so intensiver den Liebesakt genießen kann.

*Wie Männer es noch besser machen können:* Wenn Sie richtig in Fahrt kommen, sollten Sie der Dame Ihres Herzens ab und an ein wenig Raum zum Atmen geben, indem Sie eine Art Liegestütze machen. Vermeiden Sie es auch unbedingt, Ihre Arme über den Kopf Ihrer Partnerin zu verschränken und sich nur auf Ihre Gesäßbewegungen zu konzentrieren. Das wird für sie schnell langweilig und beengend. Küssen Sie Ihre Holde, streicheln Sie ihr Gesicht, lecken Sie an ihrem Ohr, liebkosen Sie mit Ihren Händen und Ihrem Mund ihren Busen.

Als Variationsmöglichkeit zu dieser Stellung bietet sich übrigens der »chinesische Drache« an. Dabei hat die Frau ihre Beine nur ein wenig geöffnet. Dies verhindert zwar ein tiefes Eindringen, dafür spüren wir Frauen jedoch die intensive Reibung des Penis an unserer Vagina.

### N wie »Neunundsechzig (69)«

*Wie es geht:* Entweder liegen Sie und Ihre Partnerin auf der Seite, oder Sie als Mann auf dem Rücken und die Frau oben oder auch die Frau unten und Sie oben. Die Hauptsache an dieser Position ist, dass Sie mit Ihrem Gesicht auf der Höhe des Schoßes der Frau liegen und die Frau Ihren Schoß erreicht. So kann das beiderseitige orale Vergnügen beginnen.

*Was wir Frauen davon halten:* Das ist so eine Position, die sich namentlich als »69« ganz nett auf T-Shirts macht, in ihrer Umsetzung aber nur halb so schön ist. Liegt die Frau oben, kann sie das gegenseitige Verwöhnen nur wenig genießen. Denn der Nacken verspannt sich, sie muss sich mit den Armen abstützen, soll zwischendurch vor Lust ein wenig seufzen und dabei dem Mann noch orale Zuwendungen zukommen lassen. Die Stimulierung der Klitoris lässt sich so ebenfalls kaum entspannt auskosten. Und die umgekehrte Variante ist nicht besser – oben zu liegen dürfte für Sie nicht weniger anstrengend und unbequem sein.

*Wie Männer es noch besser machen können:* Wenn es schon die »69« sein soll, dann am bequemsten und sichersten in der Seitenlage. Und achten Sie unbedingt darauf, dass Sie nicht im Eifer des Gefechts in die Klitoris beißen und/oder plötzlich tief in den Mund Ihrer Partnerin stoßen, denn das kann böse Folgen haben.

**O wie »Orgiastische Orchidee«**

*Wie es geht:* Dem Namen nach werden Sie es schon ahnen – hierbei handelt es sich wieder um ein Sexvergnügen aus dem Kamasutra. Die Frau liegt dabei auf dem Rücken. Der Mann kniet sich vor seine Partnerin und hebt ihre Hüften an, sodass sie nur noch auf ihren eigenen Schultern ruht, um dann in sie einzudringen.

*Was wir Frauen davon halten:* Durch diese Position wird die Frau in ihrer Bewegungsfreiheit eingeschränkt – vor allem, wenn sie die Stellung variieren und ihre Beine hinter dem Rücken des Mannes verschränken will. Außerdem kann der Mann gar nicht so tief in sie eindringen. Ein weiterer Knackpunkt ist die Größe des Partners. Ist er wesentlich größer als seine Partnerin, liegt sie nach dem Anheben plötzlich nicht auf den Schultern, sondern auf ihrem Hinterkopf. Wenn eine Frau hingegen selbst ihr Becken anhebt und die Beine abstützt, kommt dabei eine durchaus bequeme Stellung heraus, in der auch eine tiefere Penetration möglich ist.

*Wie Männer es noch besser machen können:* Halten Sie auf alle Fälle den Po Ihrer Partnerin immer gut in Position. Dann wird das Vergnügen deutlich entspannter, und sie muss sich nicht selbst immer wieder in die richtige Stellung bringen. Was außerdem zu beachten ist: Stoßen Sie bitte nicht so fest zu, beziehungsweise stoßen Sie nicht einfach nur nach vorne. Ansonsten kann Ihre Geliebte die Stöße nicht abfangen, wie es eigentlich gedacht wäre, sondern schubbert ständig mit dem Kopf übers Laken.

**P wie »Packen wir's an, im Stehen«**

*Wie es geht:* Diese Stellung kann in unterschiedlichen Varianten vollzogen werden.

1. Möglichkeit: Frau und Mann stehen sich einfach Face to Face gegenüber und haben Sex.

2. Möglichkeit: Frau und Mann stehen sich gegenüber, haben Sex, und die Frau schlingt ein Bein um die Hüfte des Mannes.

3. Möglichkeit: Frau und Mann stehen sich gegenüber,

haben Sex und suchen sich eine Wand, an der sich die Frau anlehnen kann, während sie beide Beine um die Hüften des Mannes legt.

4. Möglichkeit: Frau und Mann stehen sich gegenüber und haben Sex. Dabei beugt die Frau ihren Oberkörper langsam rückwärts nach unten, so weit sie es schafft, ohne sich Verrenkungen zuzuziehen.

5. Möglichkeit: Frau und Mann stehen – Achtung: der Mann steht hinter der Frau – und haben Sex.

6. Möglichkeit: Frau und Mann stehen (wieder) hintereinander, die Frau beugt sich vor, und die beiden haben Sex.

*Was wir Frauen davon halten:* Da sechs Möglichkeiten vorgestellt wurden, folgen nun auch sechs Wertungen.

1. Möglichkeit: Falls Sie nicht gerade ein Mittel gegen Wadenkrämpfe bereithalten – sowohl Sie als auch Ihre Partnerin könnten davon befallen werden –, sollten Sie die Numero uno schon einmal streichen. Auch ein Größenunterschied von mehr als 15 bis 20 Zentimetern zwischen Frau und Mann schließt den Genuss bei dieser Variante aus.

2. Möglichkeit: Ja, schon netter. Doch auch hier wird es schwierig, wenn ein ordentlicher Größenunterschied zwischen Mann und Frau besteht. Denn dann müssten wir Frauen schon eine mittlere Ausbildung zur Primaballerina haben, um uns immer wieder mit einem Fuß in die korrekte Stellung zu tänzeln.

3. Möglichkeit: Langsam wird es erfreulicher, allerdings nur dann, wenn eine Wand in der Nähe ist. Ansonsten müssen wir Frauen trotz der vermeintlich bequemen Sitzposition doch immer darauf achten, nicht abzurutschen und so die Standfestigkeit des Mannes zu gefährden.

4. Möglichkeit: Diese Sexstellung ist wirklich nur etwas für die ganz gelenkigen unter uns Frauen, die auch nicht über irgendwelche Rückenprobleme klagen.

5. Möglichkeit: Hier gilt Gleiches wie bei der Face-to-Face-Variante. Entweder zücken Sie schon einmal das Mittel gegen Wadenkrämpfe, oder Sie lassen es lieber. Und denken Sie bloß nicht, dass wir Frauen uns anstellen. Sex im Stehen gilt mit als die anstrengendste und schwierigste Position.

6. Möglichkeit: Diese ist eine »Sex-im-Stehen«-Variante, für die es sogar Standing Ovations geben kann. Vorausgesetzt, die Frau muss sich nicht großartig auf die richtige Höhe einstellen, sich also weder tief bücken noch auf Zehenspitzen stellen. Das ausgeschlossen, kommen Frauen bei einer solchen Nummer voll auf ihre Kosten. Tiefes und festes Stoßen und dazu zwei freie Hände, mit denen sie ihren Körper verwöhnen und zwischen die Schenkel hindurch auch die erogensten Zonen des Mannes stimulieren kann.

*Wie Männer es noch besser machen können:* Die Vor- und Nachteile der einzelnen Standübungen kennen Sie ja nun. Daher sind weitere Ausführungen überflüssig. Achten Sie einfach bei Möglichkeit Nummer drei darauf, dass Sie Ihre Partnerin mit Ihren Händen unter dem Po gut abstützen. Und bei Möglichkeit Nummer sechs sollten Sie keinesfalls die manuellen Verwöhneinheiten für Busen, Klitoris und Gesicht vergessen.

**Q wie »Quickie«**

*Wie es geht:* Schnell! Im Stehen, im Sitzen, im Liegen, im Knien, im Fahrstuhl, auf der Toilette, im Bett, im Auto, auf dem Küchentisch, in der Besenkammer, nackt, halbnackt oder (fast) in voller Montur – Sex geht (fast) immer, (fast) überall und in (fast) jeder Position. Daher habe ich den Quickie einfach an dieser Stelle dazugenommen. Auch wenn es weniger eine spezielle Stellung, sondern wohl eher eine Einstellungssache ist, ob Man(n) darauf Lust hat, zumal eine ebenfalls willige Frau in der Nähe sein muss.

*Was wir Frauen davon halten:* Gelegenheit macht Liebe, und nichts macht so kreativ wie die Angst, beim Sex entdeckt zu werden. Das törnt an, und deswegen finden viele Frauen so einen Quickie richtig »geil«. Vergessen sind die Figurprobleme, jeglicher Anstand, alle Hemmungen. Sex auf die Schnelle lenkt vom Alltag ab, und da dieser manchmal recht langweilig sein kann, ist ein Quickie eine willkommene Abwechslung. Auch weil ein Mann einer Frau dabei das Gefühl gibt, dass sie so begehrenswert ist, dass es pure Zeitverschwendung wäre, noch eine einzige Minute länger zu warten. Und glauben Sie bloß nicht, liebe Herren, dass wir Frauen bei einer solchen Gelegenheit Probleme mit der Feuchtigkeit haben. Wenn wir wollen, sind wir in wenigen Sekunden startbereit.

*Wie Männer es noch besser machen können:* Befreien Sie uns! Wir Frauen sind nun einmal als kopflastige Wesen verschrien, die erst reden wollen, die ein langes Vorspiel brauchen (aber nicht immer!), die es hassen, ausgenutzt zu werden, und manchmal doch einfach nur ihre Lust ausleben wollen. Reden Sie gar nicht lange um den heißen Brei herum, wenn Sie puren Sex wollen. Streicheln Sie Ihre Partnerin. Flüstern Sie ihr ins Ohr, was Sie sich vorstellen. Wenn sie willig ist, wird sie keine Zeit verlieren, Ihnen das zu zeigen. Gerade in einer längeren Partnerschaft kann so ein Quickie der

Beweis für Ihre Partnerin sein, wie sehr Sie die Gute (noch) begehren.

**R wie »Reiterstellung«**

*Wie es geht:* Schon dem Namen nach eine klare Angelegenheit: Der Mann liegt auf dem Rücken und die Frau sitzt mit gespreizten Beinen auf ihm.

*Was wir Frauen davon halten:* Weit verbreitet ist die Ansicht, dass Frauen in dieser Stellung gerne die »Dominante« spielen und den Partner beim Sex beherrschen wollen. Sicher ist es auch sehr schön und erregend, den Partner einmal unter sich ausgeliefert zu sehen und das Tempo zu bestimmen. Aber ganz ehrlich: Es darauf zu reduzieren wäre ein wenig zu simpel. Vielmehr gibt es nennenswerte Vorteile an dieser Position. So kann die Frau bestimmen, wie tief der Penis in sie eindringt. Sie kann sich am Schambein des Mannes reiben und dadurch ihre Klitoris stärker stimulieren. Außerdem kann sie durch Vor- und Zurückbeugen des Oberkörpers den Stoßwinkel verändern und dadurch den G-Punkt treffen. Nicht so toll finden die meisten Frauen diese Stellung allerdings, wenn sie zu müde für ausufernde Körperaktivitäten sind. Dann tut es auch die Missionar- oder Löffelchenstellung.

*Wie Männer es noch besser machen können:* Machen Sie es sich mal nicht gleich gemütlich und strecken Sie nicht einfach alle viere von sich! Nur weil Sie jetzt unten liegen, läutet das keine Pause für Sie ein. Sie können ruhig etwas mitstoßen, zum Beispiel, indem Sie den Po Ihrer Partnerin leicht anheben. Außerdem kommen Sie mit Ihren Händen hervorragend an ihre Brüste, die sich immer über einige Streicheleinheiten freuen. Einige Etagen tiefer finden Sie dann auch die Klitoris (Stimulierung dringend erwünscht!) und die Oberschenkel, die zum Streicheln einladen. Wenn Sie das Tempo mitbestimmen wollen, können Sie die Schenkel Ihrer Angebeteten auch umfassen und diese leicht vor- und zurückziehen.

Übrigens: Sollte eine Dame Sie wund geritten haben, gönnen Sie Ihrem Penis ein Bad in handwarmem Kamillentee. Das wird ihn beruhigen.

### S wie »Seestern-Stellung«

*Wie es geht:* Zunächst legt sich die Frau mit gespreizten Beinen auf den Rücken. Der Mann legt sich nun nicht auf oder unter sie, sondern in Seitenlage neben sie. Dabei schiebt er seinen unten liegenden Oberschenkel unter das Becken der Frau. Während die Frau ihr näher beim Partner liegendes Bein über seine Hüften legt, kann der Mann aus der Seitenlage heraus in sie eindringen. (Anmerkung: Das klingt komplizierter, als es wirklich ist. Probieren Sie es einfach aus, wahrscheinlich finden Sie den richtigen Weg schneller, als Sie jetzt noch denken.)

*Was wir Frauen davon halten:* Hervorragend, da wir selbst beide Hände frei haben, um uns ausgiebig zu berühren. Außerdem liegt keine erdrückende Männerlast auf uns, und durch den interessanten Winkel beim Eindringen wird unser G-Punkt gut stimuliert.

*Wie Männer es noch besser machen können:* Wenn Sie die Anleitung genau befolgt haben, dürfte Ihnen ein Arm zur freien

Verfügung stehen (der andere wird durch den Oberschenkel der Frau etwas in Schach gehalten). Mit dem freien Arm kommen Sie bestens an die Klitoris der Frau heran, Sie können aber auch ihren gesamten Oberkörper mit Streicheleinheiten verwöhnen.

**T wie »Tanzen auf zwei Armen bei totaler Tiefenwirkung«**

*Wie es geht:* Ihre Partnerin kniet sich hin und stützt die Hände vor sich auf. Sollte die Gute in Sachen »Liegestützen« nicht besonders fit sein, sollte sie sich lieber auf die Ellbogen aufstützen. Sie stellen sich dann hinter die Frau, heben ihre Beine an den Oberschenkeln an und dringen von hinten in sie ein. Alles klar? Kinder würden beim Anblick dieser Stellung wohl gleich an das »Schubkarre spielen« denken.

*Was wir Frauen davon halten:* Sicher gibt es Bequemeres, als sich auf den Ellbogen abzustützen. Doch die »Tiefenwirkung« dieser Stellung lässt uns schnell die missliche Ausgangslage vergessen. Auch hierbei kommt das Gefühl des »Genommenwerdens« auf, was etliche von uns Frauen richtig antörnt. Zudem werden durch den ungewöhnlichen Winkel Klitoris und G-Punkt bestens stimuliert.

*Wie Männer es noch besser machen können:* Bitte, Sie sollen die Dame Ihres Herzens nicht durch das ganze Zimmer schieben. Halten Sie beim Stoßen einfach schön ihre Beine fest und variieren Sie durch Anheben und Absenken der Beine auch einmal den Winkel beim Eindringen. Übrigens, wenn Sie ein aufmerksamer Liebhaber sind, besorgen Sie für ihre Ellbogen vorher schon einmal zwei Kissen als Polsterung.

**U wie »Umgekehrtes Löffelchen«**
*Wie es geht:* Wenn Sie die Löffelchenstellung vor Augen haben, dürfte eigentlich alles klar sein: Statt hintereinander liegen Sie und Ihre Partnerin bei dieser Position einander zugewandt.

*Was wir Frauen davon halten:* Schön ist, dass die Frau ihrem Partner in die Augen schauen und ihn intensiv küssen kann. Weniger schön ist, dass bei dieser Stellung keine so tiefe Penetration stattfindet und der Penis jeden Moment wieder herausrutschen kann. Clever wie wir Frauen aber nun einmal sind, besinnen wir uns auf eine kleine Variante dieser Stellung: Dabei nimmt die Frau einfach ihr oben liegendes Bein hoch und legt es entweder über die Hüfte oder sogar über die Schulter des Mannes (Letzteres erfordert ein wenig mehr Gelenkigkeit). Auf alle Fälle ist damit für ein tieferes Eindringen gesorgt.

*Wie Männer es noch besser machen können:* Verwöhnen Sie mit Ihrem Mund und Ihrer Zunge die Lippen Ihrer Partnerin und streicheln Sie ihren Rücken. Viele Frauen finden es besonders erregend, wenn ihr Partner ihre Pobacken etwas fester umfasst und damit auch das Tempo des Eindringens steuert. Bei der Variante, wobei die Frau ihr Bein über die Hüfte des Mannes legt, kommt der Mann übrigens hervorragend von hinten an die Vagina. Streicheln und Stimulieren sind dringend erwünscht!

**V wie »Verwegene Reiterin«**
*Wie es geht:* Bei diesem Ausritt liegen Sie wieder auf dem Rücken. Die Frau setzt sich dann mit gespreizten Beinen verkehrt herum auf Sie – sprich: mit dem Rücken zu Ihnen.

*Was wir Frauen davon halten:* Eine besonders gute Stellung für all jene Frauen, die gerne selbst an ihren Brüsten und ihrer Klitoris herumspielen und sich dabei möglicherweise nicht so gerne vom Mann zusehen lassen. Doch auch unser Partner kann auf seine Kosten kommen, indem wir seine Beine, sein Perineum und seinen Hoden streicheln. Allein das ist schon sehr schön, und hinzu kommt, dass die Frau Herrin über das Tempo ist. Wenn sie sich zum Beispiel mit dem Oberkörper leicht nach vorne beugt, kann sie sich mit den Händen etwas abstützen und so ganz ruhig und langsam den Penis in sich auf- und abgleiten lassen. Und das ist ziemlich erregend! Weiterer Vorteil: Einige Frauen kommen eher zum Orgasmus, wenn der Mann sie nicht sieht. Dies ist bei dieser Stellung gegeben.

*Wie Männer es noch besser machen können:* Genießen Sie nicht nur den freien, reizvollen Blick auf den Po Ihrer Partnerin, sondern legen Sie dort auch Hand an. Wenn die Frau dies mag, stimulieren Sie ihren Anus und lassen Sie dort einmal einen Finger verschwinden. Tasten Sie sich hier aber vorsichtig heran: Nicht alle Frauen mögen das, manche finden es sogar unanständig. Wichtig: Zügeln Sie Ihre Partnerin, wenn sie es übertreibt, Sie vielleicht wirklich für ein kleines Pony hält und daher vergnügt, aber doch zu wild auf- und abhüpft. Dies kann für Sie mit einem Penisbruch bitterböse und sehr schmerzhaft enden. Sollte Ihnen das passieren, rufen Sie sofort den Notarzt. Denn wenn die Schwellkörper mit lautem Krachen bersten und die Erektion schlagartig verschwindet, müssen Sie sofort operiert werden. Nur so lassen sich bleibende Schäden wie Verkrümmungen oder Erektionsstörungen verhindern. Danach heißt es dann erst einmal für Sie und Ihre Liebste: sechs Wochen Schonfrist.

**W wie »Wilde Pferde«**

*Wie es geht:* Erinnern Sie sich an A wie »Affe«? Die »wilden Pferde« sind sozusagen eine Variante dieser Stellung. Dabei liegt die Frau auf dem Rücken, hebt die Beine an und legt sie über die Schultern des Mannes.

*Was wir Frauen davon halten:* Glauben Sie nicht, dass nur Ihnen tiefes Eindringen gefällt. Auch wir Frauen haben daran unsere Freude, und genau hier liegt ein echter Vorteil dieser Stellung. Außerdem ist es schön, dass wir den Partner beobachten können. Wir sehen, wie er sich bewegt und wie sich die Lust und Erregung in seinem Gesicht spiegeln. Dieses Zuschauen ist sehr reizvoll und sollte nicht unterschätzt werden.

*Wie Männer es noch besser machen können:* Sinken Sie nicht einfach auf Ihre Partnerin herunter, sondern stützen Sie sich mit den Armen ab oder legen Sie die Hände um ihre Hüften, um das Tempo ein wenig zu steuern. Eine überaus erregende Variante besteht darin, dass Sie die Beine Ihrer Partnerin zusammenführen und seitlich ablegen. In dieser Stellung stoßen Sie fest mit Ihrem Schambein an die Vagina der Frau, und Sie haben die Hände frei, um ihren Busen zu streicheln.

**X wie »X-Stellung«**

*Wie es geht:* Sie und Ihre Auserwählte liegen auf der Seite einander zugewandt, die Becken nah beieinander. Dann verhaken Sie die Beine so miteinander, dass ein X entsteht.

*Was wir Frauen davon halten:* Diese Position ist für den Austausch einiger verzweifelter Blicke hervorragend geeignet. Und diese wird es wohl geben. Denn außer der Tatsache, dass wir Frauen den Mann gut sehen können – die nötige Helligkeit einmal vorausgesetzt –, ist die Stellung aufgrund von null Bewegungsfreiheit nicht gerade empfehlenswert. Um überhaupt ein bisschen Schwung in die Sache zu bekommen, müssen sich sowohl Mann wie Frau wenigstens mit den Ellbogen abstützen. Das ist sehr anstrengend und bedeutet zudem auch Verzicht auf manuelle Zusatzfreuden. Und wenn es dann einmal klappt, kann es ganz schnell passieren, dass der Penis gleich wieder herausrutscht.

*Wie Männer es noch besser machen können:* Ich spare mir weitere Kommentare zu dieser Stellung. Sparen Sie sich einfach den Auftritt als X-Man. Er würde zu keiner Glanzleistung werden.

**Y wie ...**

Hier muss ich leider passen.

**Z wie »Zikade«**

*Wie es geht:* Wenn Sie wissen, dass es sich bei einer Zikade um ein Insekt handelt, haben Sie wahrscheinlich auch gleich vermutet, dass es sich hier wieder einmal um eine Stellung aus der chinesischen Liebeswelt handelt. Diese Position wird im Allgemeinen einfach »Doppeldecker« genannt. Dabei liegt die Frau auf dem Bauch, der Mann flach auf ihr, während er von hinten in sie eindringt.

*Was wir Frauen davon halten:* Kommt ganz drauf an – zum einen auf die Penisgröße, zum anderen auf das Gewicht des Mannes. Haben wir einen Partner, der doch über einen etwas kürzeren Penis verfügt, eignet sich diese Stellung nicht so gut. Da die Penetration in dieser Position sowieso schon nicht so tief ist, kommen wir bei einem Mann mit ein paar Zentimetern weniger kaum auf unsere Kosten. Gleiches gilt bei Herrschaften, die locker 150 Kilo auf die Waage bringen. So ein männliches Exemplar auf uns liegend, sind wir doch mehr damit beschäftigt, nach Luft zu ringen, und werden sexuelle Freuden weniger bis gar nicht genießen können. Und das Argument »toller, intensiver Körperkontakt« ist in diesem Fall auch wenig überzeugend. Aber zum Glück gibt es auch für diese Position eine nette Variante: Ermöglichen Sie es Ihrer Partnerin, dass sie ihr Becken nur ganz leicht anheben und ihre Beine etwas mehr spreizen kann. Und schon hält die Position mehr, als sie zunächst verspricht.

*Wie Männer es noch besser machen können:* Machen Sie Ihre Partnerin nicht platt wie eine Flunder und stoßen Sie auch nicht einfach nur zu! Teilweise ist es für Frauen schon sehr erregend, wenn Sie Ihren Penis zwischen ihren Pobacken auf- und abgleiten lassen. Wenn die Dame Ihres Herzens dann noch das Becken leicht anhebt, kommen Sie zudem bestens an ihre Klitoris und können dort stimulierende Handarbeit leisten.

Sex im Liegen, im Stehen und im Sitzen. Sex von hinten und von vorne – Sex von A bis Z. So viele Stellungen und ich weiß, liebe Männer, Sie haben immer noch einige Fragen:

- ♂ Welche Stellung garantiert meiner Partnerin einen Orgasmus?
- ♂ Welche Stellung findet meine Partnerin daher wohl am schönsten?
- ♂ Welche Stellung sollte ich meiner Partnerin lieber nicht zumuten?
- ♂ Welche Stellung garantiert mir selbst höchste Lust?

Die Garantie auf einen Orgasmus gibt es bei Frauen nicht. Darum sollten Sie nicht lange überlegen, welche Position für Ihre Partnerin wohl die beste Stimulation und höchste Erregung bringt. Davon abgesehen, dass dies nicht nur an der jeweiligen Stellung liegt, sondern vor allem auch an der Atmosphäre und am Zusammenspiel zwischen Mann und Frau – ausprobieren!

Begeben Sie sich auf das Gebiet der (fast) unbegrenzten Möglichkeiten. Gönnen Sie sich und der Dame Ihres Herzens doch einmal etwas (mehr) Vergnügen und testen Sie jede der einzelnen Stellungen auf ihre individuellen Vorteile.

### *Liebestechniken – für abwechslungsreiche Lust*

Stoßen ist schön, aber das ist beileibe nicht die einzige Form, wie Sie einer Frau mit Ihrem Penis Freude bereiten können. Eher zeugt simples, monotones und dauerhaftes Stoßen von Einfallsarmut und Unerfahrenheit. Variieren Sie also das Tempo und die Tiefe! Geben Sie uns einmal bis zum Anschlag jeden Zentimeter, dann wieder nur die Hälfte, zwischendurch kann es auch einmal nur die Spitze sein. Bewegen Sie sich mal langsam, dann wieder etwas schneller und legen Sie immer mal wieder eine Pause ein. So spielen Sie mit unserer Lust und steigern unsere Erregung. Sie wissen doch, die Mischung macht's. Und lassen Sie es sich gesagt sein, viele Frauen mögen Kuschelsex, kombiniert mit wilder Leidenschaft.

Auch wenn Sie die empfindliche Klitoris reizen wollen, können Sie variieren und seitliche sowie kreisende Bewegungen mit Ihrem Penis ausführen. So spüren Frauen zudem besser den Hoden ihres Partners, und die intensive Reibung kann sehr reizvoll sein. Die meisten Frauen mögen es ebenfalls, wenn ein Mann mit seinem Penis einfach nur an der Klitoris reibt. Besonders während des Vorspiels wirkt dies ausgesprochen anregend, und manch eine kann es dann kaum noch erwarten, den Penis in sich zu fühlen.

Für Abwechslung und zusätzliche Stimulation sorgt außerdem die Veränderung des Winkels, in dem Sie eindringen. Ein abwärts geneigter Penis stimuliert und drückt auf andere Bereiche unserer Vagina (Anmerkung: Auch wir haben ein sehr empfindsames Perineum!) als ein aufwärts geneigter Penis. So kann es zum Beispiel sehr stimulierend sein, wenn Sie nicht ganz gerade, sondern etwas seitlich eindringen, auf diese Weise intensiv an den inneren Schamlippen entlanggleiten und einen stärkeren Druck auf diese ausüben. Also liebe Männer, bewegen Sie sich! Dies aber bitte nicht zu schnell. Warum wir Frauen nicht auf Sprinter stehen und wir bei hohem Tempo einfach nicht folgen können, verrate ich Ihnen im folgenden Kapitel.

### *Morgens, mittags oder abends? – Die beste Zeit für Sex und warum er immer schön macht*

»Guten Morgen!« In der Zeit zwischen 6.00 und 8.00 Uhr stoppt die Produktion des Schlafhormons Melatonin, und wir erwachen zum Leben. Herzschlag, Blutdruck und Adrenalinspiegel steigen, und Sie, meine Herren, haben zu dieser Zeit ein Testosteronhoch. Apropos »Hoch«: Der Testosteronspiegel ist nicht das Einzige, was steigt. Zahlreiche Männer stellen zu dieser Uhrzeit häufig eine Früherektion fest, allseits bekannt als »Morgenlatte«.

Bei Frauen erhöht sich der Östrogenspiegel, die Lust erwacht aber erst ein bis zwei Stunden später. Der beste Zeitpunkt für einen »Quickie« wäre also gegen 9.00 Uhr. Und tatsächlich – allen Arbeitszeitregeln zum Trotz – sind diese Morgenstunden rein biologisch gesehen die beste Zeit für Sex.

Am frühen Nachmittag, etwa gegen 15.00 Uhr, durchleben Körper und Geist ein zweites Hoch. Und wer zwei Stunden später, zur Zeit des dritten Hochs Sport treibt, ist besonders leistungsfähig. Das ist die beste Zeit für Muskelaufbau und Ausdauertraining. Klingt das nicht auch nach Sex? Leider müssen die meisten von uns dann immer noch arbeiten und verschieben das Vergnügen auf die Abendstunden. Das ist, da es gegen unsere innere Uhr läuft, ein Fehler. So beginnt beispielsweise schon ab 21.00 Uhr die Produktion des Schlafhormons, und der Blutdruck sinkt. Ab 22.00 Uhr entsorgt der Körper schädliche Keime, und eine Stunde später, ab 23.00 Uhr, ruht sich der Organismus aus. Um Mitternacht setzt die Ruhephase unserer Muskulatur ein. Und dann Sex? Eigentlich undenkbar, und in der Tat sind viele Menschen abends zu müde für ein heißes Bettabenteuer.

Was also tun? Warten bis zum Wochenende? Ständig Nachtschicht schieben, um morgens frei zu haben? Sicher gibt es von Mensch zu Mensch auch Unterschiede, und möglicherweise bremst Sie, lieber Leser, Ihre innere Uhr gar nicht so extrem. Sollte dies aber doch der Fall sein, werden Sie aktiv. Bevor Ihr Sexleben auf der Strecke bleibt, versuchen Sie bewusst, zu solchen Tageszeiten Sex zu haben, die zu Ihrer inneren Uhr passen. Verabreden Sie sich zum Beispiel mit Ihrer Partnerin nachmittags zu einem Sexrendezvous, vielleicht in einem Hotel. Und arbeiten Sie an manchen Abenden länger, um am nächsten Morgen die beste Zeit für Sex genießen zu können.

Doch unabhängig davon, ob er nun morgens, mittags, abends oder mitten in der Nacht stattfindet – die Hauptsache ist eigentlich, dass Sie überhaupt irgendwann Sex haben. Denn: Sex hält gesund!

Eine Langzeitstudie der Universität Bristol ergab, dass regelmäßiger Sex vor Schnupfen, Krebs und Herzinfarkten schützt. So verringert sich bei Männern, die drei- bis viermal Sex in der Woche haben, das Schlaganfallrisiko. Bei Frauen reguliert regelmäßiger Sex den Hormonhaushalt, lindert prämenstruelle Beschwerden und sorgt angeblich auch für erhöhte Fruchtbarkeit. Grund sind die beim Sex ausgeschütteten Hormone. Oxytocin hemmt zum Beispiel die Wirkung des Stresshormons Cortisol auf Gehirn und Kreislauf. Diese Wirkung hält einige Tage an. In dieser Zeit werden vermehrt weiße Blutkörperchen, die körpereigene Gesundheitspolizei, gebildet. Zudem helfen die ausgeschütteten Hormone bei Gelenk- und Kopfschmerzen und beugen sogar Arterienverkalkung und Osteoporose vor.

Das Fazit der US-Forscher: Lieber sollte man regelmäßig

Sex haben, als ständig Vitaminpillen zu schlucken. Sie verordnen zweimal Sex pro Woche, um den Körper fit zu halten.

Sollte der »Akt zum Wohle der Gesundheit« als Argument bei einer noch unentschlossenen Partnerin nicht ausreichen, spielen Sie einen weiteren Trumpf aus. Denn: Sex macht auch schön!

Beim lustvollen Rumgetobe kommen die Hormone in Wallung. Das ist zum Beispiel gut für Haare und Nägel und zudem ein Mittel gegen Pickel. Denn ist die Haut mit den kleinen fiesen Dingern übersät, ist dies ein Zeichen für Hormonstau. Also lieber viel schmusen, auch weil dadurch die Hormone Östrogen und Progesteron gebildet werden. Diese sorgen unter anderem für eine gute Durchblutung der Haut, mindern die Gefahr von Krampfadern und beugen der Hautaustrocknung vor. Das Bindegewebe wird gestärkt, die Haut glatt und prall. Im Klartext heißt dies: Es entstehen weniger kleine Fältchen und weniger von der bei Frauen so gefürchteten Zellulitis. Beides wird einfach »weggeliebt«. Außerdem spannen Frauen beim Sex besonders die Gesäßmuskeln an, was für einen strammeren Po sorgt.

Wenn Sie dieses Wissen zum richtigen Zeitpunkt an die Frau bringen, kann diese in ihrem eigenen Interesse eigentlich einer kleinen Sexkur mit Ihnen kaum etwas entgegenzusetzen haben.

## Orgasmustricks oder: »Wie Sie (gemeinsam) den Gipfel stürmen«

Ich hasse Hollywood. Denn hier denken sich irgendwelche Menschen irgendwelche Geschichten aus, die dann später über die Kinoleinwand flimmern und in den Köpfen der Zuschauer für wildeste Vorstellungen und Vorurteile sorgen. Oftmals zerwühlen in diesen Filmen wie selbstverständlich diverse Schauspieler und Schauspielerinnen die Bettlaken, haben Sex und einen wahnsinnigen Orgasmus. Das gehört zum Showbusiness dazu. Ebenso, dass man(n) kann. Immer. Und damit nicht genug: Unter meist lautem oder leisem Stöhnen (je nach Altersfreigabe des Streifens) kommen Mann und Frau auch noch gemeinsam zum sexuellen Höhepunkt.

Doch sollten wir uns davon nicht einlullen lassen, denn leider ist es in der Wirklichkeit nicht so! Zahlen und Studien widerlegen zum Beispiel, dass wir Frauen

a) tatsächlich immer so schnell zur Sache kommen und

b) uns allein der Geschlechtsverkehr immer einen Orgasmus beschert.

Aber dazu später mehr. Ich hoffe, dass ich Ihnen nicht erst erklären muss, was ein Orgasmus ist, oder? Für alle Wissensdurstigen und potenziellen Teilnehmer an Quizsendungen sei nur so viel gesagt: Die Bezeichnung kommt aus dem Griechischen und bedeutet »Leidenschaft, Trieb«. Schöner aber ist es auf Französisch – so oder so. Hier wird der Gipfel der

Lust auch »Le petit mort« genannt und kann mit »kleiner Tod« übersetzt werden.

Eigentlich mache ich gerade nichts anderes als die Geschichtenerzähler in Hollywood und vereinfache die ganze Geschichte des »O«. Das muss wirklich nicht sein. Ich werde an dieser Stelle also doch weiter ausholen, denn es gibt viel über den Orgasmus zu berichten, auch wenn er bei einigen von Ihnen, meine Herren, (leider) manchmal nur Sekunden dauert.

### *Männer haben einen, Frauen auch – die wichtigsten Unterschiede*

Vorab: Wir Frauen sind keine Autowaschanlage, bei der die Feutigkeitsstufe wählbar ist. Ich erwähne das jetzt nur noch einmal, weil einige von Ihnen genau das immer wieder anzunehmen scheinen. Und irgendwie kann ich dem einen oder anderen diesen Irrglauben gar nicht übel nehmen. Denn bei Ihnen, liebe Männer, steht das Wichtigste ja offensichtlich und recht flott ziemlich fest. Bei uns Frauen aber bleibt in Sachen Erregung und Orgasmus vieles im Verborgenen. Damit Sie aber genau über diese Abläufe bei uns informiert sind und entsprechend handeln können, erfahren Sie nun mehr über die verschiedenen Phasen rund um den Orgasmus. Damit Sie jeweils den direkten Vergleich zwischen den Vorgängen bei sich und bei einer Frau haben, sind zusätzlich die Körperreaktionen des Mannes erläutert. Und ich hoffe inständig, dass Ihnen das alles ein wenig bekannt vorkommt und Sie die Phasen in Ihrem sonstigen Wirken nicht im Schnelldurchlauf bewältigen.

*Erregungsphase*

*Sie:* Sollte Ihre Angebetete in diesem Stadium leicht erröten, denken Sie bitte nicht gleich, dass der Guten die ganze Sache mit dem Sex peinlich ist. Nein, vielmehr kann es aufgrund der erregungsbedingten erhöhten Durchblutung automatisch zu leichten Hautrötungen an Bauch, Brust und Rücken kommen. Das ist aber kein Grund zur Besorgnis! Des Weiteren schwillt die Klitoris an, und die Schamlippen werden dicker. Auch die Brüste können anschwellen, und die Brustwarzen richten sich auf. Aus den Bartholini Drüsen – diese Feuchtigkeitslieferanten liegen im unteren Drittel der kleinen Schamlippen – kommt ein Sekret, welches das Eindringen und Gleiten des Penis begünstigen soll.

*Er:* Sobald das Objekt der Begierde lokalisiert wurde – oder auch nur gedanklich vorgestellt –, werden die Daten in seinem Gehirn sekundenschnell verarbeitet. Dieser Prozess löst etliche Nervenimpulse aus, die über das Rückenmark direkt zu den Genitalien wandern. Der sonst mehr nutzlos und schlaff herabhängende Penis kommt in Bewegung, schwillt infolge einer vermehrten Blutzufuhr an und richtet sich auf. Das gute Stück wird länger und dicker. Die Hoden ziehen sich zusammen.

*Beide:* Pulsschlag, Atemfrequenz und Blutdruck steigen.

*Was Männer machen müssen:* Gemach, gemach! Auch wenn sich das alles schon sehr viel versprechend anhört, sollten Sie zu diesem Zeitpunkt nicht all Ihr Denken gen Schritt abrutschen lassen. Verwöhnen Sie uns lieber noch ein wenig mit Streicheleinheiten, Küssen und was sonst noch antörnt. Außer, es soll ein Quickie werden. Dann können Sie jetzt schon (zur Sache) kommen und die nächste Stufe überspringen. Aber nur dann!

*Plateauphase*

*Sie:* Innerhalb weniger Minuten – bei entsprechender Verwöhnung sogar innerhalb weniger Sekunden – schwellen die äußeren Schamlippen weiter an und ziehen sich zurück. Auch die inneren Schamlippen verdicken sich deutlich und können zwei- bis dreimal so groß werden, wie sie es sonst sind. Die Vagina entspannt und vergrößert sich, und das untere Scheidendrittel zieht sich zur so genannten orgastischen Manschette zusammen. Letzteres ist doch sicherlich ganz in Ihrem Sinne, oder?

*Er:* Der Penis vergrößert sich noch ein wenig, insbesondere im Bereich der Eichel. Diese verfärbt sich zudem rötlich bis violett, und aus der Harnröhrenöffnung kann eine minimale Sekretion austreten, der so genannte Sehnsuchtstropfen oder Liebestropfen. Schon in dieser kleinen Flüssigkeitsmenge können einige Samenzellen enthalten sein. Daher Vorsicht beim ungeschützten Verkehr!

*Beide:* Die Muskeln spannen sich stärker an. Auch Puls und Blutdruck steigen weiter, und die Atmung wird schneller. In dieser Phase ist die Aufmerksamkeit voll auf das Geschehen gerichtet, eine Ablenkung kaum möglich.

*Was Männer machen müssen:* Falls Sie bis jetzt noch nicht eingedrungen sind, wird es höchste Zeit. Vorausgesetzt natürlich, Sie wollen überhaupt »drin« sein.

*Orgasmusphase*

*Sie:* Erschrecken Sie nicht, wenn Ihre Partnerin anfängt, schwer zu atmen, zu stöhnen, vor Lust zu zucken, sich zu winden oder sogar zu schreien. Wenn all diese Zeichen auftreten – was sich über etliche Sekunden bis Minuten hinziehen kann –, haben Sie es geschafft. Gut gemacht, die Frau hatte einen Orgasmus, und was für einen (vorausgesetzt, sie hat ihn nicht gespielt – darüber erfahren Sie ab Seite 221 mehr). Mal rein vom organischen Standpunkt aus betrachtet, ist der Orgasmus einer Frau übrigens durch das Auftreten mehrerer rhythmischer Kontraktionen der Scheide, der Gebärmutter sowie des Beckenbodens gekennzeichnet.

*Er:* Tja, was soll ich sagen? Der Orgasmus des Mannes ist deutlich kürzer. Durch die Muskelkontraktion wird der Samen weitertransportiert, und es kommt zur Ejakulation (das Wort stammt übrigens aus dem Lateinischen und heißt übersetzt so viel wie »hinauswerfen«). Außerdem sind alle Muskeln im Körper und im Gesicht angespannt, Atem- und Pulsfrequenz steigen, und der Blutdruck erhöht sich noch ein bisschen.

*Beide:* Das Blut drängt in den Unterleib, das Herz pocht heftig, der Atem beschleunigt sich, und die Schmerzempfindlichkeit sinkt. Außerdem produzieren die Drüsen Sekrete, die Schleimhäute Feuchtigkeit, und die Muskeln im Becken ziehen sich rhythmisch zusammen, was Penis oder Vagina vibrieren lässt.

*Was Männer machen müssen:* An dieser Stelle ist jeder Kommentar überflüssig. Denn die meisten Männer sind in dieser Phase kaum aufnahmefähig. Also einfach weitermachen.

*Rückbildungsphase*
*Sie:* Klitoris und Schamlippen schwellen langsam wieder ab. Bei den Schamlippen kann es bis zu drei Stunden dauern, bis sie auf ihre normale Größe zurückgegangen sind. Der Muttermund bleibt bis zu einer halben Stunde nach dem Orgasmus geöffnet, um das Sperma aufzunehmen.

*Er:* Verhältnismäßig rasch und manchmal schneller, als es das Auge mitbekommt, schrumpft der Penis wieder auf Ausgangsgröße. Die Hoden schwellen ebenfalls ab und hängen wieder etwas tiefer.

*Beide:* Atmung, Blutdruck und Puls normalisieren sich. Auch die muskuläre Anspannung lässt nach.

*Was Männer machen müssen:* Nur nicht gleich einschlafen und bitte nicht fragen: »Wie war ich?«

*Refraktärphase*
Eigentlich wird die Refraktärphase der Stufe der Rückbildung zugeordnet. Da es aber gerade in dieser Phase erwähnenswerte Unterschiede zwischen Frauen und Männern gibt, behandle ich sie gesondert.

*Sie:* Ihre Angebetete kann gleich schon wieder? Typisch Frau, würde ich sagen. Denn viele von uns rutschen von der Orgasmusphase auf die Plateauphase zurück und könnten somit bei entsprechender Stimulation sofort erneut zum Orgasmus kommen.

*Er:* Nichts geht mehr – zumindest nicht in den nächsten 20 Minuten. Solange dauert es im Schnitt, bis Männer sich wieder erholt haben. Bei Jüngeren ist diese Phase kürzer, bei Älteren länger. In der Zeit der körperlich bedingten Enthaltsamkeit kann sexuelle Stimulation als unangenehm oder sogar schmerzhaft empfunden werden.

*Was Männer machen müssen:* Eigentlich sind Sie in diesen Momenten kaum zu etwas zu gebrauchen. Trotzdem sollten Sie sich nicht gleich zufrieden grunzend auf die Seite rollen. Versuchen Sie, noch ein wenig mit Ihrer Partnerin zu kuscheln. Und wenn Ihre Herzdame schon nach dem nächsten Mal fragt, bringen Sie sich schleunigst wieder auf Vordermann.

Wichtig: Die Dauer sowie die Reihenfolge der einzelnen Phasen können bei Frauen variieren, und sie müssen nicht zwingend zum Orgasmus führen. Während einer netten Verabredung ist es möglich, dass eine Frau gleich mehrmals hintereinander die Erregungsphase durchläuft, ohne je die Plateauphase zu erreichen. Oder sie gelangt in die Plateauphase, um dann nach der Verabschiedung wieder langsam auf normales Niveau zu kommen.

### *Schnellschuss ausgeschlossen – Tipps und Tricks, wie Sie länger bei der Sache bleiben*

Kaum ist eine Frau in Stimmung gekommen, schon passiert es: ein Ejaculatio praecox! Dieser Fall kommt recht häufig vor. Charmant übersetzt könnte ich auch sagen: Bevor sich die Frau so richtig angemacht fühlt, ist schon längst der Saft aus der Batterie gelaufen. Oder ich fasse mich kurz und bringe das Problem mit einem Wort auf den Punkt: »Schnellspritzer«!

Sollten Sie, lieber Leser, sich jetzt angesprochen fühlen, habe ich eine gute und eine schlechte Nachricht für Sie. Die schlechte lautet: Leider gibt es keine Mittelchen aus der Apotheke, die Sie vom vorzeitigen Ejakulieren erlösen. Die gute heißt: Sie können sich selbst helfen, und das mit einigen zum Teil sehr erotischen Übungen.

*Legen Sie öfter einmal Hand an!*

Wahrscheinlich tun Sie es sowieso schon, doch jetzt erteile ich Ihnen sogar den offiziellen Auftrag dazu: Masturbieren Sie! Besonders dann, wenn Sie schon wissen, dass Sie einige Stunden später Sex haben werden. Indem Sie den ersten Druck von sich nehmen und damit Ihre Erregbarkeit senken, werden Sie bei Ihrer Partnerin nicht so schnell explodieren.

*Kommen Sie, und das ganz bewusst!*

Sie merken doch, wenn es Ihnen kommt. Leider aber erst dann, wenn es schon zu spät ist. Das soll sich ändern. Nehmen Sie die Angelegenheit selbst in die Hand und versuchen Sie sich einmal ganz auf die spürbaren Veränderungen an Penis, Hoden, Skrotum, bei der Atmung, dem Pulsschlag und den inneren Geschlechtsorganen zu konzentrieren. Wenn Sie dann das Gefühl haben, sich einem Mini-Orgasmus zu nähern, hören Sie mit der Stimulierung auf und lassen Sie die Erektion zurückgehen. Diese Stopp-Start-Übung sollten Sie so oft wiederholen, bis Sie den Vorboten des Orgasmus genauestens auf die Schliche gekommen sind und die Lage unter Kontrolle halten können.

Fangen Sie mit leichten Trockenübungen an. Wenn Sie dabei Ihre Erektion im Griff haben, sollten Sie sich das Ganze mit Gleitmittel ein wenig erschweren. Auch dabei gilt zunächst: Kommen Sie nicht gleich zum Absch(l)uss, sondern bremsen Sie die Orgasmusvorboten mehrmals aus.

Übrigens, sofern Sie eine feste Partnerin haben – Quickie-Bekanntschaften sind zum Wohle Ihres Egos dafür weniger geeignet –, kommen zu den Do-it-yourself-Übungen noch einige hilfreiche Paarvarianten hinzu.

*Sprechen Sie sich zuerst aus!*

Vielleicht ist das Problem ganz leicht zu lösen, wenn es so ist, dass Ihre Partnerin beim Sex einfach so stark erregt ist, dass die Gute Sie mit Küssen und Streicheln überstimuliert. Kein Wunder, dass Sie da nicht an sich halten können und schnell zum Höhepunkt kommen. Muss aber nicht sein! Sagen Sie Ihrer Bettgenossin, dass sie es langsamer angehen lassen soll. Vor diesem Gespräch sollten Sie keine Angst haben. Schließlich bedeutet dieser Grund für die Frau ja nur, dass sie ein unwiderstehlich heißer Feger ist.

*Lassen Sie es ruhig wieder langsam feucht werden!*

Sie erinnern sich an die Trockenübungen mit folgendem Gleitmitteleinsatz? Die Handgriffe, die Sie dabei alleine ausführen sollten, kann natürlich auch Ihre Partnerin übernehmen. Im Klartext: Die Frau stimuliert Ihren Penis und dies zunächst trocken. Dabei geben Sie die Kommandos und sagen ihr, wann sie stoppen soll. Versuchen Sie sich trotz der verlockenden Ablenkung durch Ihre Partnerin ganz auf die Empfindungen beim Streicheln zu konzentrieren. Wenn die Orgasmusvorboten sich bemerkbar machen, bitten Sie Ihre Partnerin, die Stimulation zu stoppen. Wenn Sie gemeinsam die Lage mehrmals unter Kontrolle gebracht haben, kann die Schwierigkeitsstufe der Übung mit Gleitmittel erhöht werden.

*Machen Sie es mal, wenn Sie müde sind!*
Das ist kein Witz! Wenn sich die Lust auf Sex eher in Grenzen hält und Sie eigentlich lieber schlafen würden – raffen Sie sich auf! Denn wenn Sie körperlich erschöpft sind, lassen Sie sich weniger schnell erregen, kommen langsamer in Fahrt und somit nicht so schnell zum Finale.

*Machen Sie es einfach öfter!*
Was gut klingt, kann zudem noch Wunder bewirken. Denn Fakt ist: Je länger die Pausen zwischen dem Sex, desto größer das Verlangen und der Drang zu ejakulieren.

*Bremsen Sie sich – und das mit Gummi!*
Bei manchen Männern wirkt es Wunder, wenn sie ein Kondom benutzen. Warum? Ganz einfach: Das Gummi reduziert die Empfindsamkeit des Penis und fungiert damit sozusagen als Bremse gegen frühzeitiges Ejakulieren. Und für alle jene, die es lieber »ohne« machen: Es muss ja auch nicht für immer und ewig »mit« sein. Haben Sie erst einmal die Orgassmussignale unter Kontrolle, kann das Kondom in der Packung bleiben – vorausgesetzt natürlich, es sind keine anderen Gefahren im Verzug.

*Kommen Sie auf andere Gedanken!*

Matheaufgaben lösen, Schäfchen zählen, an die Steuer denken – bei einigen Männern sollen derartige gedankliche Ablenkungsmanöver tatsächlich funktionieren. Am besten probieren Sie es einfach aus. Die Gefahr dabei ist jedoch, dass Sie sich etwas Hochkompliziertes, Langweiliges oder Beängstigendes vorstellen, sodass gleich die ganze Erektion flöten geht. Und stellen Sie sich nur einmal das Gesicht vor, wenn Ihre Partnerin Sie fragt, woran Sie beim Sex denken, und Sie antworten: »An Schäfchen.« Das hört nun wirklich keine Frau gerne.

*Dringen Sie zentimeterweise vor!*

Statt gleich alles zu geben, führen Sie zunächst einmal nur die Penisspitze ein und arbeiten sich dann langsam vorwärts. Sowie Sie aber irgendwelche Anzeichen für den nahenden Höhepunkt spüren – innehalten! Denken Sie an die Übungen, bei denen Sie gelernt haben, die körperlichen Veränderungen wahrzunehmen und zu kontrollieren. Erst wenn Sie sich wieder entspannt haben, geht es einen Zentimeter weiter vor. Das Heikle an der ganzen Sache: Ein solches Vorgehen kann für die Frau ziemlich erregend sein. Bitten Sie Ihre Partnerin, dies aber nicht zu zeigen. Ihre Erregung könnte Sie sonst so sehr stimulieren, dass alles wieder schneller kommt als geplant. Und das wollen Sie ja beide nicht.

*Lassen Sie sich drücken – Teil 1*

Nehmen Sie die Finger zu Hilfe und tasten Sie einmal den Bereich zwischen After und Hodensack ab. Dort befindet sich eine kleine Vertiefung, das so genannte Perineum. Zeigen Sie diesen Punkt auch Ihrer Partnerin. Sobald sich das vorzeitige Ende ankündigt, drücken Sie oder Ihre Partnerin auf das Perineum. Damit werden die Kontraktionen, die den Samen weitertransportieren, gestoppt und somit ein Ejakulieren verhindert.

*Lassen Sie sich drücken – Teil 2*
Zu guter Letzt folgt nun die wohl bekannteste Methode unter den Spaß-Verlängerern – sie stammt von den amerikanischen Sexualforschern William Howell Masters und seiner Ehefrau Virginia Johnson. Dabei ziehen Sie sich kurz vor dem »point of no return« zurück und drücken den Penis am Übergang vom Schaft zur Eichel oder direkt an der Wurzel kräftig zusammen. Die Alternative: Sie lassen drücken.

Wenn Sie brav und regelmäßig die eine oder andere Übung drei- bis viermal in der Woche machen, sollte das Training nach etwa ein bis zwei Monaten erste Erfolge zeigen. Heißt: Als Mann sollten Sie sich und Ihre Ejakulation bewusst kontrollieren können und nicht von einem Orgasmus überrascht werden. Also: über Sie! Nach und nach können Sie dann die Stellungen variieren und Ihre Stoßbewegungen stärker werden lassen. Nur nicht verzagen! Es wird immer Tage geben, an denen es nicht gut klappt, so wie es Tage gibt, an denen es besonders toll funktioniert. Trotzdem nicht aufgeben, die Liebesmüh lohnt sich. Ich drücke Ihnen fest die Daumen und hoffe, dass ich damit die Einzige bin, die Ihnen etwas (ab)drücken muss.

### *Geregelter Verkehr oder: »Wie Frauen öfter kommen können«*

Der Tatort: Bett, Auto, Fahrstuhl, Heu, Dusche, Schreibtisch, Sofa, Gartenlaube, Strand – alles möglich und je nach Geschmack.

Das Opfer: Die Frau!

Das Verbrechen: Kein Orgasmus!

Der Täter: Der Mann!

Doch bevor Sie sich in solchen Momenten schuldig fühlen – und etliche von Ihnen, meine Herren, tun das –, bleiben Sie ruhig. So sonnenklar, wie die Antwort auf die Täterfrage auf den ersten Blick scheint, ist sie nicht. Doch schauen wir uns das scheinbare Vergehen einmal genauer an: Sie hatten Sex, hoffentlich sogar guten. Sie sind zum Höhepunkt gekommen, Ihre Partnerin aber nicht. Und? Hatte die Liebste gar keine Lust auf Sex? Waren Sie ein schlechter Liebhaber? Was war falsch?

Auch wenn Sie sich viele Fragen stellen könnten – zerbrechen Sie sich nicht stundenlang den Kopf darüber, warum, weshalb, wieso Ihre Partnerin keinen Orgasmus hatte. Sollten Sie nicht gerade an eine »Ich-bestehe-auf-meinen-Orgasmus«-Vertreterin geraten sein, bedeutet das mehr oder weniger abrupte Ende auf halber Strecke nicht gleichzeitig das Ende einer Bettgeschichte. So streng sind Frauen nicht, doch sollte dies nicht zu Nachlässigkeiten führen. Denn: Ja, wir Frauen hätten auch gerne immer einen Orgasmus. Nein, wir können das leider nicht vorprogrammieren.

Viele Frauen kommen beim Sex manchmal nicht zum sexuellen Höhepunkt, einige sogar nie. Etlichen Umfragen zufolge gehen beim Geschlechtsverkehr im Schnitt 70 Prozent laufend leer aus. Warum? Das kann psychische wie physische Ursachen haben. Sicher wird die Dame Ihnen die möglichen Gründe nicht gleich auf dem Silbertablett servieren. Gehen Sie sich also Mühe, Ihre Partnerin kennen zu lernen, fragen Sie vorsichtig nach und geben Sie weder ihr noch sich selbst die Schuld für den ausbleibenden Orgasmus. Für Sie als aufmerksamen Liebhaber gibt es einige kleine Tipps, wie Sie in bestimmten Situationen auf die weibliche Nullnummer reagieren können:

Vielleicht ging bei Ihnen alles mal wieder zu schnell, und Ihre Herzdame hatte nicht die kleinste Chance, überhaupt in Fahrt zu kommen.

*Tipp:* Holen Sie ein Fläschchen Prosecco aus dem Kühlschrank und lassen Sie alles noch einmal ganz in Ruhe von vorne beginnen. Auch wenn Sie nicht gleich wieder in die Vollen gehen können: Wofür haben Sie denn Ihre zwei Hände?

Vielleicht setzt sich Ihre Angebetete selbst unter Leistungsdruck und/oder will so perfekt und erotisch sein wie Vorbilder aus dem Film und Fernsehen.

*Tipp:* Geben Sie der Frau das Gefühl, dass sie Ihnen so gefällt, wie sie ist. Das gelingt Ihnen zum Beispiel durch Komplimente, kleine Geschenke im Alltag sowie intensive Streicheleinheiten. Küssen und streicheln Sie auch die vielleicht etwas runderen »Problemzonen« (Bauch, Po, Oberschenkel) und zeigen Sie Ihrer Partnerin damit, dass Sie jedes Kilo an ihr lieben und begehrenswert finden.

Vielleicht war die Dame auch übererregt und wusste in ihrem eigenen erotischen Gefühlschaos gar nicht wohin mit dem Orgasmus.

*Tipp:* Ja, auch das kann einmal vorkommen! Doch falls Sie sich erinnern – einige Seiten zuvor habe ich es erwähnt: Eine Frau kann in ihrer Erregung schnell wieder auf die Plateauphase rutschen und ist damit zum Orgasmus bereit. Werden Sie aktiv und geben Sie der Guten eine zweite Chance.

Vielleicht verkrampft sich Ihre Partnerin beim Sex, weil sie Angst davor hat, schwanger zu werden, und kommt deswegen nicht zum sexuellen Höhepunkt.

*Tipp:* Lassen Sie sich Zeit und reden Sie miteinander – auch über die Sicherheit von Verhütungsmethoden. Überdenken Sie zudem Ihre eigenen Wünsche und Bedürfnisse innerhalb der Beziehung. Wenn Kinder für Sie kein Problem wären, sagen Sie dies Ihrer Partnerin. Sie geben ihr damit das sichere Gefühl, dass eine Schwangerschaft nicht das Ende der Beziehung und eine Trennung bedeuten muss.

Vielleicht haben Sie die Dame Ihres Herzens auch nicht an den richtigen Stellen stimuliert.

*Tipp:* Fragen Sie Ihre Partnerin, wie und vor allem wo sie es gerne hat. Gerade wenn die Beziehung schon länger dauert oder länger dauern soll, müsste das gegenseitige Kennenlernen der erogenen Zonen in beiderseitigem Interesse sein.

Vielleicht haben Sie einfach die falsche Stellung angewendet. Manche Frauen können nur in einer bestimmten Position zum Höhepunkt kommen.

*Tipp:* Auch in diesem Fall gilt: Fragen Sie Ihre Partnerin, wie sie es besonders gerne mag, und setzen Sie das Gesagte schleunigst in die Tat um.

Vielleicht kann sich die Frau bei Ihnen einfach noch nicht richtig entspannen und fallen lassen. Etliche Frauen haben gerade zu Beginn einer Beziehung diese Schwierigkeiten – vor allem aus Angst, etwas falsch zu machen und somit den Partner zu verlieren.

*Tipp:* Haben Sie in einem solchen Fall Geduld, machen Sie weiter und setzen Sie die Frau auf keinen Fall unter Druck. Oftmals löst sich das Problem ganz von selbst, sobald die Frau Sie besser kennt und sich bei Ihnen sicher fühlt.

Vielleicht belasten Ihre Bettpartnerin auch gesundheitliche Sorgen. So können Erkrankungen wie eine schwere Diabetes, eine Schilddrüsenunterfunktion, Magersucht, Depressionen, aber auch Operationen an der Gebärmutter oder Scheide die Orgasmusfähigkeit verringern. Gleiches gilt, wenn sie Medikamente wie Antidepressiva oder blutdrucksenkende Präparate einnehmen muss.

*Tipp:* Was Ihre Partnerin jetzt am dringendsten braucht, ist nicht unbedingt Sex, sondern Beistand. Klingt etwas altmodisch und muss auch so nicht ausgesprochen werden. Geben Sie Ihrer Liebsten das Gefühl, dass sie bei Ihnen gut aufgehoben ist und Sie zu ihr stehen. Reagieren Sie nicht genervt, wenn sie reden will, und geben sie ihr – auch wenn die Krankheit länger dauert – nicht die Schuld für das Übel.

Vielleicht unterdrückt die Frau ganz bewusst ihre Leidenschaft, weil sie weiß, dass sie sonst sehr laut sein würde, und

Angst davor hat, Sie als Partner zu (v)erschrecken. Auch könnte sie in Sorge sein, dass die Nachbarn etwas mitbekommen.

*Tipp:* Falls die Frau trotz aller Kontrolle etwas lauter wird, zucken Sie bitte nicht erschrocken zusammen. Machen Sie einfach weiter. Damit zeigen Sie Ihrer Bettpartnerin, dass Ihnen die Geräuschkulisse nicht unangenehm ist. Ebenso können Sie Ihre Partnerin animieren, sich bemerkbar zu machen (»Komm, sag was«, »Wie fühlt sich das an?«, »Ich will hören, dass es dir gefällt« etc.) und/oder selbst einmal etwas hören lassen.

Nachtrag! Sollte es trotz all Ihrer Liebesmüh mal wieder nur zu einer One-Man-Show ausgereicht haben, denken Sie einfach an meine Worte und das Ergebnis einer Umfrage des Emnid-Instituts aus dem Jahr 2002. Dabei wurden im Auftrag der Frauenzeitschrift *Marie Claire* 1.000 Personen befragt. Das Ergebnis: Jeder zweite Teilnehmer findet, dass der Orgasmus generell viel zu wichtig genommen wird. Und nur für 28 Prozent der Frauen ist er das Schönste am Sex.

### *Krisenstimmung – was tun, wenn Mann nicht kann?*

Sie dürfen jammern! Das Leben ist ungerecht zu Ihnen, meine Herren. Denn auch wenn wir Frauen nicht sonderlich erregt sind, können wir Sex haben. Das macht dann zugegebenermaßen wenig bis gar keinen Spaß – aber es geht. Ganz anders ist es hingegen, wenn es bei Männern an Erregung hapert und somit womöglich die Erektion ausbleibt. Kommt es dazu, sollten Sie Ihre Partnerin jedoch nicht zu lange und zu häufig mit Mutmaßungen über das Warum?, Weshalb?, Wieso? nerven. Ich entschuldige mich dafür, dass ich bei diesem sensiblen Thema so harte Worte wähle, doch ich meine es wirklich nur gut.

Wenn Sie Ihrer Auserwählten zum 50. Mal irgendetwas von wegen »Jobstress«, »falsche Matratze«, »schwer bekömmliches Essen« oder womöglich »Ich weiß auch nicht, was los ist« erzählen, wird die Gute irgendwann genervt und vor allem unbefriedigt das Weite suchen. Bevor das passiert, gehen wir den Schwachstellen lieber einmal genauer auf den Grund.

Zunächst sollten Sie wissen, dass Sie nicht alleine sind. So viel steht fest. Leider aber reden die meisten Männer nicht über Potenzprobleme, was auch durchaus verständlich ist. So gibt es nur Schätzungen von Experten, wonach etwa zehn Prozent der bis 40-Jährigen, etwa 30 bis 50 Prozent der über 40-Jährigen, um die 60 Prozent der 60-Jährigen und an die 70 Prozent der 70-Jährigen unter Erektionsstörungen leiden. Weltweit wird von 100 Millionen betroffenen Männern gesprochen, wobei aufgrund der erwähnten Verschwiegenheit zusätzlich von einer hohen Dunkelziffer ausgegangen werden muss.

Die Ursachen für erektile Dysfunktion – so der medizinische Fachbegriff für Impotenz – sind zahlreich und sehr unterschiedlich. Manche hängen mit körperlichen Problemen zusammen, andere mit psychischen. Und mit Letzteren fangen wir einmal an, da man daran meistens selbst etwas ändern kann.

### *Sie finden Ihren Penis zu klein*

Und schon sind wir bei dem alten Thema, ob es nun auf die Größe ankommt oder nicht. Eigentlich sind viele Frauen es leid, sich dazu zu äußern, weil sie es schon so oft getan haben. Klar sollte mittlerweile sein: Ja, die Größe spielt eine Rolle (Frauen, die etwas anderes behaupten, lügen!). Doch bitte sacken Sie jetzt nicht gleich völlig frustriert in den Sessel zurück. Was heißt denn klein? Was heißt denn groß? Sind zehn Zentimeter klein und zwölf groß? Sind acht Zentimeter klein und 18 groß? Bevor Sie nun zum Maßband greifen – vielleicht haben Sie es ja auch schon einmal getan –, sage ich Ihnen: In erster Linie ist die Dicke des Penis von Bedeutung. Doch obwohl schon so viel darüber geschrieben wurde, wollen sich die meisten Männer einfach nicht von der Wirklichkeit überzeugen lassen.

Wenn Sie also meinen, dass Ihr Penis zu kurz ist, machen Sie schnell das Licht aus, nehmen Sie ein Aphrodisiakum, wenn Sie wollen, haben Supersex und fragen am nächsten Morgen Ihre Partnerin, wie es war. Bestimmt redet die Gute nicht über irgendwelche unwichtigen Kleinigkeiten, sondern wie es ihr mit Ihnen ergangen ist.

*Sie finden Ihren Penis zu groß*

Na, Sie haben ja Probleme. Manch ein Mann würde sich wünschen, sich solche Sorgen machen zu können. Aber im Ernst: Wenn Sie nicht gerade an Größenwahn leiden, Ihr Penis wirklich enorme Ausmaße annimmt und die Partnerin daher beim Sex Schmerzen hat, seien Sie vor allem sehr vorsichtig.

*Sie haben Angst vor der Frau*

Auch das gibt es. Manche Männer, die eine allzu aggressive und offensive Frau im Bett haben, fühlen sich eingeschüchtert, verlieren ihr Selbstvertrauen und damit eben dann auch oftmals ihre Erektionsfähigkeit. Wirksames Gegenmittel:

Falls es sich um Ihre feste Partnerin handelt, reden Sie mit ihr und bitten Sie sie, sich etwas zu bremsen. Falls es nur ein One-Night-Stand ist, gehen Sie vor der Guten in Deckung und schlafen schnell ein.

*Sie haben Angst vor Geschlechtskrankheiten*
Benutzen Sie ein Kondom.

*Sie haben Angst, dass die Frau schwanger wird*
Hier hilft ebenfalls ein Verhüterli.

*Sie sind gesundheitlich angeschlagen*
Schon leichte Erkrankungen, zum Beispiel eine Erkältung oder Kopfschmerzen etc., können die Erektionsfähigkeit mindern. Aber zum Glück wissen Sie ja, dass es Ihnen bald wieder besser gehen wird.

*Sie haben Angst, die Frau beim Sex zu verletzen oder ihr wehzutun*
Wenn es hierbei nicht wieder um einen zu großen Penis geht, sondern Sie einfach in allen Dingen ängstlich sind und nicht wissen, wie weit Sie beim Sex gehen können – fragen Sie Ihre Partnerin. Sie wird es Ihnen schon sagen und sich höchstwahrscheinlich bemerkbar machen, wenn Sie ihr wehtun.

*Sie haben schon einmal versagt und haben Angst vor einem erneuten Misserfolg*
Einmal ist keinmal und wie Sie bislang gelesen haben, kann eine Erektionsstörung viele Ursachen haben. Also machen Sie sich jetzt bitte nicht zu viele Gedanken darüber. Genau das blockiert Sie nur noch mehr. Außerdem sollten Sie nicht

vergangenen Geschichten nachhängen, sondern sich auf die aktuelle Situation konzentrieren.

*Sie stehen insgeheim auf Männer*

Stopp, bitte regen Sie sich jetzt nicht auf. Damit will ich nur erwähnen, dass es durchaus Männer gibt, die latent homosexuell sind und unbewusst gar keinen Sex mit Frauen haben möchten. Dazu will ich an dieser Stelle nicht mehr sagen, aber Sie sollten der Sache lieber nachgehen, wenn Sie das Gefühl haben, davon betroffen zu sein.

*Sie sind einfach zu müde*

Kein Problem, morgen ist ein neuer Tag. Try it again!

*Sie haben zu viel Alkohol getrunken*

Wenn Sie deswegen mal nicht können, sind Sie tatsächlich selber schuld.

*Sie haben viel um die Ohren*

Sie fühlen sich durch Jobstress, einen Umzug, einen Trauerfall, Geldsorgen oder anderes belastet? Dann setzen Sie sich nur nicht selbst unter Druck. Nehmen Sie sich im Bett eine Auszeit und klären Sie erst einmal in aller Ruhe Ihre Probleme.

*Sie sind einfach zu unsportlich*

In der Tat leiden sportlich-aktive Männer seltener unter Erektionsproblemen als bequeme Couch-Potatoes. Dies ergab eine US-Studie. Die Wissenschaftler der Universität Boston fanden heraus, dass Männer, die täglich drei Kilometer laufen, beim Sex weniger Potenzstörungen haben. Abnehmen, weniger rauchen oder trinken helfe dagegen nicht, den Penis in Form zu halten – so die Studie, bei der 593 Männer zwischen 40 und 70 Jahren untersucht wurden. Ausschlaggebend für den Erhalt der Potenz war vor allem der tägliche Verbrauch von 200 Kalorien durch Sport, unabhängig von der Sportart. Die körperliche Betätigung für das harte Sexleben hilft übrigens auch dann, wenn Man(n) erst in höherem Alter damit anfängt. Besser sei es allerdings, schon in jungen Jahren aktiv zu sein, empfehlen die Forscher. Also erst ins Fitnesscenter, dann ins Bett!

*Sie sind total aufgeregt, finden die Frau einfach oberscharf*
Ganz ruhig! Auf alle Fälle sollten Sie der Auserwählten sagen, wie toll Sie sie finden und was mit Ihnen gerade passiert. Das hört die Frau bestimmt ziemlich gerne, und zu 99,9 Prozent bekommen Sie eine zweite Chance.

*Oder: Sie finden die Frau einfach nicht sexy*
Nun, dies ist ein heikles Thema. Sollte besagte Frau nur eine Affäre sein, sollten Sie sich einfach nach einer neuen Bettgenossin umschauen. Geht es aber um Ihre feste Partnerin, gibt es zwei Möglichkeiten:

1. Versuchen Sie, sie zu irgendetwas zu animieren, was die Dame in Ihren Augen wieder sexy macht, oder
2. beenden Sie die Beziehung wegen verloren gegangener Anziehung. Dies ist dann auch ganz im Interesse Ihrer Partnerin, die ansonsten ja auch nicht glücklich wird.

All die bislang angesprochenen »Ausfälle« sind doch eher psychischer und physischer Natur. Sollten sie nur selten eintreten, liegt noch kein Grund zur Sorge vor. Anders ist es, wenn der Penis trotz bester Absichten häufig in den entscheidenden Momenten seinen Dienst versagt und dies vor allem auf organische Probleme zurückzuführen ist. Zwar können auch jüngere Männer zum Beispiel durch starkes Übergewicht, Unfallverletzungen, Durchblutungsstörungen, Nieren- oder Lebererkrankungen von Impotenz betroffen sein, doch vor allem tritt sie bei Männern ab 50 Jahren auf. Zu den körperlichen Ursachen für Erektionsstörungen zählen dabei besonders Arterienverkalkung, Bluthochdruck, erhöhte Cholesterinwerte, Diabetes, Nierenschäden, Prostata-Operationen, Erkrankungen des Nervensystems, Medikamenten- oder Alkoholmissbrauch sowie Rauchen. Aber keine Sorge, denn zum Glück hat sich die Medizin dieses Problems angenommen und ist bei der Suche nach »Rettern der Potenz« fündig geworden.

### *Die »Retter der Potenz« – Viagra, SKAT und Co.*

Im Jahr 1998 konnten Männer ein wahres Wunder erleben: mit »Viagra«. Klein, blau und kompakt kam es daher und versprach das, worauf die Männer und auch so manche Frau seit geraumer Zeit gewartet hatten: Potenz per Pille! Das Geheimnis von Viagra heißt Sildenafil, und dessen Wirkung wurde durch einen Zufall entdeckt. Als Forscher ein Mittel gegen Bluthochdruck testeten, das besagten Wirkstoff Sildenafil enthielt, fanden sie heraus, das dieser Phosphodiesterase-5-Hemmer (PDE-5-Hemmer) für eine bessere Durchblutung der Schwellkörper und damit für längere Erektionen sorgt. Und dieser Nutzen sollte fortan nicht nur Patienten mit Bluthochdruck vorbehalten sein.

In Windeseile eroberte Viagra die Schlafzimmer in der ganzen Welt. Genauer gesagt wurde Viagra seither eine Milliarde Mal in 119 Ländern verkauft, wie in der deutschen Boulevardzeitung *Bild* am 27. März 2003 anlässlich des fünften Geburtstags von Viagra zu lesen war.

Die Wirkung von Viagra beginnt übrigens nach etwa 30 bis 60 Minuten und hält bis zu vier Stunden an. Mehrfache Erektionen aufgrund sexueller Stimulation sind während dieser Zeit möglich und werden von Viagra unterstützt. Allerdings kommen zu diesen Erfolgen einige Nebenwirkungen hinzu: Zum einen treten eher harmlose Probleme wie Kopfschmerzen, Rötungen, Verdauungs- und Sehstörungen auf, aber es sind auch Fälle von akuten Herzbeschwerden – davon einige mit tödlichem Ausgang – bekannt. Gerade diese doch teils erheblichen Nebenwirkungen haben diverse Pharmaunternehmen auf den Plan gerufen, und so gibt es mittlerweile neben Viagra etliche weitere Wundermittel, Wunderwirkstoffe und Wunderpräparate, über die ich Ihnen nachfolgend gerne noch ein wenig berichten möchte. Denn schließlich weiß niemand, was noch kommt …

### *Tadalafil*

Der entscheidende Vorteil von Tadalafil gegenüber Sildenafil ist die schnellere und länger andauernde Wirkung. So schlägt Tadalafil, das zum Beispiel in der Potenzpille Cialis enthalten ist, im Durchschnitt bereits nach 16 Minuten an, und die Wirkung kann bis zu 36 Stunden anhalten. Ergo: Weniger Stress, mehr Flexibilität, mehr Spontaneität und dazu womöglich mehr Sex! Nicht ohne Grund wird Cialis auch »Wochenend-Pille« genannt.

Von der Wirkungsweise her funktioniert Tadalafil als PDE-

5-Hemmer ähnlich wie Viagra, es sorgt für eine bessere Durchblutung der Schwellkörper. Als Nebenwirkungen traten laut ersten Untersuchungen am häufigsten Kopfschmerzen und Sodbrennen auf.

*Vardenafil*

Dritter im Bunde der durchblutungsfördernden PDE-5-Hemmer ist nach Sildenafil und Tadalafil der Wirkstoff Vardenafil. Er steckt zum Beispiel in der Potenzpille Levitra. Die Wirkung von Vardenafil tritt nach etwa 25 Minuten ein und hält bis zu fünf Stunden an. Als Vorteil von Vardenafil werden die bislang bekannten geringen Nebenwirkungen wie Kopfschmerzen, Gesichtsrötung oder Übelkeit gesehen.

*Yohimbin*

Das Mittelchen kommt Ihnen vielleicht bekannt vor, denn ich habe es schon bei den Aphrodisiaka erwähnt (siehe Seite 104). In der Tat aber wird es auch in der Medizin verabreicht. Yohimbin ist eine Substanz, die aus dem westafrikanischen Yohimbe-Baum gewonnen wird. Sie wirkt durch Blockade von Alpha-2-Rezeptoren im Gehirn und ist für Männer mit psychogenen und geringgradigen organischen erektilen Störungen geeignet. Zu den Nebenwirkungen gehören Schwindel, Unruhe, Schleimhautschwellungen, Händezittern und Schlafstörungen.

*Apomorphin*

Diese Substanz ist seit etlichen Jahren als Brechmittel bekannt und wird vor allem bei Vergiftungen eingesetzt. Die potenzfördernde Wirkung von Apomorphin wurde auch wieder eher zufällig entdeckt, als bei der Behandlung von Parkinsonpatienten als Nebenwirkung Erektionen beobachtet wurden. Logische Folge für die Pharmaunternehmen: Im Jahr 2001 kamen Potenzpräparate wie Ixense und Uprima auf den Markt, die auf dem Wirkstoff Apomorphin basieren.

Während Tadalafil, Vardenafil und Sildenafil die Blutgefäße der Schwellkörper beeinflussen, wirkt Apomorphin direkt auf das Erregungszentrum im Gehirn, den Hypothalamus, und macht es sensibler für den Botenstoff Dopamin. Das Nervensystem entspannt sich, was sich wiederum direkt auf den Penis auswirkt, sodass Blut einströmen kann. Fehlt jedoch die sexuelle Stimulation, bleibt es bei der toten Hose. Zu den häufigsten Nebenwirkungen zählen Übelkeit, Kopfschmerzen, Schwindel, Schläfrigkeit, Nasenschleimhautentzündungen und Entzündungen im Rachenbereich.

Interessant ist übrigens die Anwendung: Tabletten wie Ixense oder Uprima werden 20 Minuten vor dem möglichen Sex unter die Zunge gelegt und lösen sich dort auf. Mit der erwünschten Wirkung ist dann nach 15 bis 20 Minuten zu rechnen. Sie hält etwa für drei Stunden an. Durch diesen besonderen Aufnahmeweg über die Mundschleimhaut wird der ursprüngliche Effekt des Präparats – das Erbrechen – verhindert. Und daher sollten Sie auch immer schön darauf achten, dass Sie die Pillen tatsächlich zergehen lassen!

**Wichtig!**
So hilfreich diese Wundermittel auch sein mögen, die meisten von ihnen sind nicht ohne Grund verschreibungspflichtig. Achten Sie daher genau auf die Dosierung und halten Sie sich an die Vorgaben Ihres Arztes, wenn Sie eines dieser potenzsteigernden Mittel anwenden.

*Potenz durch Pieksen, Pumpen oder Implantate*

Augen zu und runter mit dem Zeug, Augen auf und das pralle Leben bestaunen – klar, dass bei der einfachen Anwendung von oralen Potenzpräparaten andere Hilfsmittel wie Penispumpen oder Spritzen schnell in den Hintergrund treten. Zudem ist so eine Pille viel schneller verschwunden – nämlich im Mund – als eine nicht gerade erotisch wirkende Pumpe oder eine unangenehm nach Arzt aussehende Spritze. Was aber kann ein Mann tun, wenn er bereits andere Medikamente nehmen muss, welche die zusätzliche Einnahme von Potenzpräparaten verbieten, und/oder es einfach nicht zum gewünschten Erfolg kommt? Hiervon sind vor allem ältere Herren betroffen. Doch auch sie brauchen sich nicht zu sorgen, denn hier kann die Medizin ebenfalls helfen:

SKAT – nein, dies hat nicht im Entferntesten etwas mit dem bekannten Kartenspiel zu tun. Vielmehr handelt es sich bei den vier Buchstaben um die Abkürzung für die so genannte Schwellkörper-Autoinjektionstherapie (SKAT). Dabei spritzt sich der Mann einen Wirkstoff – zumeist Prostaglandine – direkt in die Schwellkörper, wo die Substanz eine Erschlaffung der glatten Muskulatur herbeiführt. So kann vermehrt Blut in den Penis strömen, was wiederum eine Erektion ermöglicht und diese stabilisiert. Die Wirkung tritt nach fünf bis zehn Minuten ein und ist unabhängig von sexueller Stimulation. Geschlechtsverkehr kann jedoch nur unmittelbar nach dem Setzen der Spritze stattfinden. Eine gefürchtete, aber seltene Nebenwirkung der SKAT ist das Auftreten einer Dauererektion (Priapismus), die über mehr als vier Stunden anhalten kann. In solchen Fällen muss der Betroffene sofort einen Arzt aufsuchen und sich ein Gegenmittel injizieren lassen.

MUSE – wieder vier Buchstaben, und dahinter steckt das Medicated Urethral System for Erection. Hierbei wird der Wirkstoff Alprostadil in Form einer Minitablette mit einem Applikator in die Harnröhre eingeführt. Allerdings dauert es länger als bei der SKAT, bis die Wirkung eintritt; sie wird hier erst nach 20 Minuten spürbar.

Trotz all dieser anderen Möglichkeiten werden einige Männer ihre kleine Vakuum-Erektionshilfe – auf gut deutsch: Penis-Pumpe – nicht so schnell entsorgen. Bei Anwendung dieses Geräts wird der Penis in einen Kunststoffzylinder, eine Art Unterdruckkammer, gelegt. Anschließend lässt sich mit einer kleinen Hand- oder Elektropumpe ein Unterdruck erzeugen. Durch diesen Sog füllen sich die Schwellkörper mit Blut, und es kann zu einer Erektion kommen. Um diese zu halten, wird nach dem Pumpen ein Penisring vom Zylinder auf den Penis übergestreift, der an der Peniswurzel den vorzeitigen Blutabfluss aus den Schwellkörpern verhindert.

*Apropos Penisring:* In einfacher Ausführung gibt es solche Ringe auch mit verschiedenem Durchmesser in jedem Sexshop. Sie sorgen für eine länger anhaltende Erektion. Da sie den Blutabfluss verhindern, sollten sie jedoch nicht länger als 30 Minuten getragen werden. Also bitte, egal wie müde Sie als Mann auch nach dem Sex sein mögen: Schlafen Sie bloß nicht mit angelegtem Penisring ein!

Ich wünsche Ihnen, dass die bislang aufgezählten Möglichkeiten den gewünschten Erfolg bringen. Denn erst dann, wenn Ihnen keine Pillen und Pumpen die nötige Potenz bescheren können, sollten Sie sich unters Messer legen, um sich ein Penisimplantat einsetzen zu lassen. Dabei werden aufpumpbare, biegsame Silikonzylinder (Größe etwa wie ein kleiner Finger) in die Schwellkörper implantiert. Die beiden Zylinder sind durch dünne Schläuche mit einer kleinen Pumpe verbunden, die sich nach der Operation im Hodensack befindet. Später ist sie nicht sichtbar, aber gut tastbar und über kleine Schläuche mit einem mit Salzwasser gefüllten Ballon im Unterbauch verbunden. Wenn der Mann eine Erektion haben möchte, pumpt er in wenigen Sekunden die Flüssigkeit aus dem Ballon in die Zylinder. Die Zylinder werden gefüllt, und der Penis versteift sich wie bei einer natürlichen Erektion. Nach dem Geschlechtsverkehr drückt der Mann einfach auf ein kleines Ventil am Hoden, die Flüssigkeit verlagert sich in den Ballon zurück, und der Penis erschlafft wieder. Außer einer Narbe im Schamhaarbereich ist von der Prothese nichts zu sehen.

Zwar hört sich dies einfach an, zumal für eine Erektion nicht einmal eine sexuelle Stimulation nötig ist, doch die Penisprothese ist eine ziemlich endgültige Lösung. Auf jeden Fall ist nach der Implantierung nie mehr eine natürliche Erektion möglich. Die Prothese hält in der Regel nicht länger als maximal zehn Jahre, außerdem kann es zu nicht unerheblichen Komplikationen (Infektionsgefahr wegen implantiertem Fremdkörper!) kommen.

**Wichtig!**
Zwar habe ich die Ausführungen über alle genannten Substanzen, Wirkstoffe und Techniken von einem Mainzer Urologen auf Richtigkeit prüfen lassen, doch das erspart Ihnen, lieber Leser, nicht den Arztbesuch. Sollten Sie also unter Erektionsproblemen leiden, kontaktieren Sie einen

Arzt Ihres Vertrauens und sprechen Sie mit ihm über die verschiedenen Behandlungsmethoden. Dies ist auch sinnvoll, da die Kosten für einige der Hilfsmittel von den Krankenkassen übernommen werden. Die Vakuumpumpe und auch die SKAT zum Beispiel werden von einigen Krankenkassen bezahlt, wenn ein behandelnder Urologe einen entsprechenden Antrag stellt. Mit einem Arztbesuch können Sie also nicht nur auf Nummer Sicher gehen, sondern zusätzlich auch ein paar Euros sparen.

### *Leibesübungen für die Libido oder: »Wie Sie sich in Zurückhaltung üben«*

Nach den vorangegangenen teils ernsten, aber auch wichtigen Zeilen wird es Zeit für ein paar amüsante Anmerkungen zum Orgasmus. So ist fast kaum zu glauben, dass es sogar Männer gibt, die gar nicht erst zum Höhepunkt kommen wollen. Das ist kein Scherz – und für uns Frauen auch kein übler Gedanke.

Im Orient etwa, wo ein Mann gleich mehrere Frauen haben darf und diese auch sexuell befriedigen muss, hat die Technik des »Koitus ohne Ejakulation« eine lange Tradition. Dadurch kann der Mann mehrmals täglich Sex haben und so mehreren Frauen einen Orgasmus bescheren. Selbst aber kommt der Mann nur beim letzten Geschlechtsverkehr des Tages zum sexuellen Höhepunkt. Was sich für Sie womöglich anhört wie ein Märchen aus Tausendundeiner Nacht, lässt sich erlernen.

Koitus ohne Ejakulation, das bedeutet bis zu einem gewissen Grad die Herrschaft des Geistes über den Körper. Das klingt nun vielleicht nach leerem Gerede, ist aber nichts anderes, als Sie bei den Übungen gegen vorzeitiges Ejakulieren gelernt haben. Denn im Mittelpunkt dieser Technik steht ebenfalls die Fähigkeit, den Grad der Erregung beim Geschlechtsverkehr so zu steuern, dass die Ejakulation beliebig lange aufgeschoben werden kann. Wie diese Übungen ablaufen, können Sie ja noch einmal auf Seite 193 nachlesen.

Viele Männer – nicht nur im Orient, sondern zum Beispiel auch aus Fernost – schwören auf das zeitweilige Zurückhalten der Ejakulation. Sie fühlen sich stärker, vitaler und als Herr über ihren Willen und Körper. Auf jeden Fall aber eignet sich diese Sexvariante hervorragend, wenn Ihre Partnerin länger als Sie braucht, um zum Orgasmus zu kommen. Und übrigens: Die alten Chinesen glauben, dass ein Mann unsterblich wird, wenn er den Liebesakt mit einer orgasmischen Frau zehnmal hintereinander ohne Ejakulation durchführen kann.

Auch große Teile der erotischen Literatur des Orients beschäftigen sich mit der Kontrolle über die Ejakulation. Verschiedenste psychische wie physiologische Methoden werden hier erläutert, unter anderem auch der Druck auf einen Akupunkturpunkt oberhalb der rechten Brust des Mannes als Ejakulationshemmer. Hierdurch soll so etwas wie ein »Kurzschluss« beim Mann hervorgerufen werden, der dem Zurückhalten des Samens dient.

Tantrischen Texten zufolge kann dies ergänzt werden, indem die Partnerin ihre Ferse an die Stelle zwischen Skrotum und Anus presst. Und apropos Tantra: Hier gibt es ein einfaches Hausmittel gegen vorzeitiges Ejakulieren – langsames tiefes Atmen, Anspannen des Beckenbodenmuskels und die

Vorstellung, dass die Energie vom Penis eingesaugt wird und durch den Körper nach oben fließt.

Doch auf all das einzugehen, was Sie beim chinesischen »Tao« (wörtlich: Weg) oder indischen »Tantra« (wörtlich: Zusammenhang, Gewebe) lernen können, würde an dieser Stelle wirklich zu weit führen. Ich gebe Ihnen deshalb nur zwei Begriffe aus dem Tantra-Abc mit auf den Weg:

1. LINGAM = goldene Rute, Donnerkeil, Kirschenpflücker, Zauberstab, Zepter, auf gut deutsch: Penis
2. YONI = himmlischer Lotus, kostbarer Juwel, Rosengarten, Weidenkätzchen, goldene Furche, goldene Frucht, Zinnoberhöhle, Jadehöhle, auf gut deutsch: Vagina

Dies nur für den Fall, dass Sie auf eine Frau treffen, die Ihren Lingam in ihrer Yoni spüren möchte und Sie dann auch schnell handeln wollen.

### *Fünf typische Männerfragen zum Orgasmus einer Frau – und die Antworten*

Ihnen brennen noch einige Fragen unter den Nägeln, ich weiß. Und genauso ist bekannt, dass wir – Frauen und Männer – über Sex manchmal nicht so gut miteinander reden können. Gerade dann nicht, wenn es über den Blümchensex hinaus ans Eingemachte geht. Dabei gibt es doch Antworten auf Ihre häufigsten insgeheim gestellten Fragen.

*1. Just for fun oder was? Warum haben Frauen eigentlich einen Orgasmus?*

Stimmt, beim Mann ist die ganze Angelegenheit ziemlich klar:

Ohne Orgasmus kein Samen. Ohne Samen keine Befruchtung. Ohne Befruchtung keine Nachkommen, und damit ist der Auftrag, für den Fortbestand der Menschheit zu sorgen, gescheitert. Bei uns Frauen sieht das anders aus. Wir können auch ohne Orgasmus schwanger werden. Warum erreichen wir dann aber überhaupt den sexuellen Höhepunkt? Nur um ein wenig Spaß und ein gutes Gefühl zu haben?

Bevor Sie genau das glauben und fortan meinen, der weibliche Orgasmus sei überflüssiger Luxus – dies stimmt nicht. Sie sollten sich schon weiter ins Zeug legen. Gerade in Zeiten, wenn Sie und Ihre Partnerin bei der Nachwuchsproduktion sind. Denn einige Untersuchungen geben Aufschluss darüber, dass auch der weibliche Orgasmus die Befruchtung erleichtert. Grund: Der Muttermund neigt sich stärker, und jede Kontraktion trägt dazu bei, dass die Samenflüssigkeit leichter in die Gebärmutter gelangen kann.

*2. Wie hätte Sie es gerne – klitoral oder vaginal?*

Sorry, aber das müssen Sie leider selbst rausfinden, da dies von Frau zu Frau verschieden ist. So erreichen einige von uns über den Geschlechtsverkehr ihren sexuellen Höhepunkt, andere aber kommen nur über die direkte (manuelle/orale) Reizung der Klitoris zum Orgasmus.

Wieso es diese Unterschiede gibt, ist bislang noch nicht geklärt. Laut einiger anatomisch-physiologischer Forschungsarbeiten dürfte es gar nicht zu dieser Klitoral- oder Vaginal-Frage kommen, da das Klitorisgewebe sehr viel weiter in die Scheide hineinragt als gemeinhin angenommen. Und trotzdem gelangen viele Frauen beim Geschlechtsverkehr nicht zum Orgasmus. Als Glamour.com im Oktober 2000 die Ergebnisse einer Online-Umfrage veröffentlichte, konnte man es nachlesen. Auf die Frage »Brauchen Sie zusätzliche Stimulation für einen Orgasmus?« antworteten die teilnehmenden Frauen:

| | |
|---|---|
| Jemand muss »Hand anlegen« | 38 Prozent |
| Alleine reicht aus | 28 Prozent |
| Ich brauche oralen Sex | 21 Prozent |
| Ich brauche einen Vibrator | 3 Prozent |
| Anderes | 10 Prozent |

Bei der Mehrheit der Frauen – 62 Prozent – ist demnach eine direkte Stimulation der Klitoris nötig, damit sie einen Orgasmus erfahren. Es ist nicht bekannt, wie viele derjenigen, die »anderes« brauchen, damit klitorale Stimulation meinen, aber sicher werden es so noch ein paar Prozent mehr. Für Sie gilt: Probieren Sie es einfach aus und finden Sie heraus, wie es Ihrer Partnerin am besten gefällt.

*3. Gibt es multiple Orgasmen?*

Ja. Doch bevor Sie, meine Herren, jetzt

a) vor Neid erblassen und/oder

b) völlig frustriert sind,

weil Sie so etwas bei einer Frau noch nie erlebt haben, sage ich gleich dazu: Es ist anders, als es sich die meisten von Ihnen vorstellen. Vergessen Sie das Bild einer lange, lange Zeit zuckenden und sich windenden Frau, die lustvoll schreit und stöhnt und womöglich über Stunden einen Mega-Höhepunkt nach dem anderen erlebt. Es ist vielmehr so: Wie schon erwähnt, rutscht eine Frau nach dem ersten Orgasmus wieder auf die Plateau-Phase zurück. Sie bleibt allerdings stark erregt und kann demnach sofort bis zum nächsten Orgasmus stimuliert werden. So kann sie über einen verhältnismäßig kurzen Zeitraum mehrere Orgasmen hintereinander erleben.

Dabei ist der erste Höhepunkt meist der stärkste, die folgenden nehmen an Intensität ab.

Das ist kein Grund für Neid. Auch Sie, meine Herren, haben/hatten Ihre Chance. Mehrfachorgasmen bei Männern sind zwar ziemlich selten, aber durchaus möglich. Gerade die Jüngeren unter Ihnen – etwa bis Anfang 20 – können durchaus mehrere Male hintereinander ejakulieren. Diese Fähigkeit nimmt mit dem Alter jedoch ab.

### *4. Merkt ein Mann, wenn eine Frau den Orgasmus nur vortäuscht?*

Nein. Zwar gibt es einige Männer, die der festen Überzeugung sind, einen echten von einem falschen Orgasmus unterscheiden zu können, doch würde ich diese als Angeber einstufen. Denn mal nachgehakt: Woran wollen diese Herrschaften den falschen Orgasmus bei einer Frau eigentlich festmachen? Hat sie zu wenig gestöhnt, zu wenig gezuckt, oder woran hat er es erkannt? Könnte es nicht auch sein, dass der Orgasmus der Frau einfach weniger intensiv ausfiel?

Also: Wenn Ihnen eine Frau sagt, sie hatte einen Orgasmus, müssen und sollten Sie ihr das einfach glauben. Falls sie Ihnen ihre höchste Erregung nur vorgespielt hat, dann dies möglicherweise auch, damit Sie glücklich sind. So fragen Sie nachher nicht viel und können sich als Mann fühlen. Ist doch ziemlich nett von der Frau, oder?

Übrigens, falls Ihre Partnerin in Sachen Freundlichkeit noch ein wenig Nachhilfe benötigt: Ein wenig Stöhnen, ein bisschen Keuchen, ein wenig mit den Beinen zucken und anschließend erschöpft schnaufen – fertig ist der »Fake Orgasm«, und nur 20 Prozent der Frauen haben so eine Vorstellung noch nie abgeliefert. Dies ergab eine Umfrage des

TNS Emnid-Institus für die Frauenzeitschrift *Marie Claire* im Jahr 2002.

*5. Können Frauen auch ejakulieren?*

Definitiv Jein. Fest steht auf der einen Seite, dass wir Frauen keine Samenflüssigkeit absondern und somit nicht im eigentlichen Sinne ejakulieren. Auf der anderen Seite ist es aber so, dass einige Frauen bei der Stimulation richtig nass werden und mal mehr, mal weniger Flüssigkeit verlieren. Zwar stammt diese Flüssigkeit aus der Harnröhre, doch wird sie dort von den so genannten Skene-Drüsen abgesondert, die sich rechts und links der Harnröhre befinden. Es ist somit kein Urin! Daher sollten Sie keine falschen Schlüsse ziehen, wenn es bei einer Bettpartnerin ziemlich feucht zugeht – denken Sie also nicht so etwas wie »Die Dame hat mir wohl ihre Inkontinenz verschwiegen« und erschrecken Sie auch nicht. Die Flüssigkeitsmenge variiert von einigen Tropfen bis zu einigen Millilitern, und mitunter kann es so richtig spritzen. Voraussetzung dafür ist nicht zwingend der Geschlechtsverkehr. Einige Frauen »ejakulieren« auch bei anderen Formen der körperlichen Erregung, zum Beispiel beim Oralsex oder bei Klitorisstimulation.

All diese Erkenntnisse bedeuten aber nicht, dass Ihre Herzdame Ihnen das mit dem weiblichen Ejakulieren beim nächsten Liebesspiel wie selbstverständlich vorführen kann. Denn fest steht überdies, dass es weder erlernbar noch vorprogrammiert ist (einige Profi-Pornodarstellerinnen bilden Ausnahmen). Und nicht jede Frau hat es schon einmal erlebt oder wird es erleben. Kurzum: Packen Sie dieses Thema einfach in die Schublade zu all den anderen weiblichen Phänomenen und Mysterien. Da ist es gut aufgehoben.

## Lust auf Neues? (S)experimentieren Sie!

Mal Missionarstellung, mal die Löffelchenvariante, zwischendurch ein guter Cunnilingus und eine gekonnte erotische Massage – das ist gut – aber ist das wirklich schon alles? Zeigen Sie sich (s)experimentierfreudig und präsentieren Sie sich als Liebhaber mit Lust auf Abenteuer. Wie wäre es zum Beispiel mit einer kleinen Fessel-Nummer, mit Sex im Freien oder mit Sex anal? Oder schwirrt Ihnen vielleicht eine andere erotische Fantasie durch den Kopf? Sicher steht ein Forschungsprogramm abseits aller 08/15-Sexvarianten nicht gleich am ersten und auch nicht am zweiten Abend einer Beziehung an. Doch gerade bei schon länger andauernden Partnerschaften kann das Ausprobieren von Neuem für erfrischende Impulse sorgen.

Aber ich will gar nicht lange um all die Möglichkeiten herumreden, die fernab der Missionarstellung für Vergnügen sorgen können. Lesen Sie einfach selbst und denken Sie dabei an das oberste Gebot beim Sex: Alles ist erlaubt! Alles, was allen – die Betonung liegt auf allen! – Beteiligten Spaß macht.

### *Dildos, Vibratoren, Liebeskugeln*

Kleine Jungs und kleine Mädchen wissen, was gut ist. Sie können »ohne« fast gar nicht auskommen – Spielzeug meine ich! Mit vor Stolz geschwellter Brust klemmen sie sich Schaufel und Förmchen unter den Arm und stürmen den Sandkasten. Wunderbar! So ist die Welt in Ordnung. Doch jetzt erzählen Sie diesen Knirpsen einmal, dass sie als Erwachsene »ohne« glücklich sind. Die Kinder werden das nicht verstehen und haben damit manchen Erwachsenen einiges voraus. Denn Spielzeug ist und bleibt eine feine Sache. Und schließlich gibt es auch für uns Große allerhand Auswahl an kleinen, aber feinen Dingen, die Spaß machen. Und das Ziel bei ihrem Einsatz ist immer das gleiche: alleine, zu zweit oder zu mehreren ein paar schöne Stunden erleben!

Falls Sie noch skeptisch sind, wird es höchste Zeit, ein wenig Aufklärungsarbeit zu leisten. Es folgt eine Übersicht über die wichtigsten Waren aus der Spielzeugbranche für Erwachsene und Anregungen dazu, wie diese eingesetzt werden können.

### *Vibratoren*

Diese Geräte sollten einst Müdigkeit, Tuberkulose und ungesunde Blässe bekämpfen. Das ist kein Witz, sondern die Wirklichkeit in der Vergangenheit. Denn zu glauben, der Vibrator sei sofort als Sexspielzeug erfunden worden, ist falsch. Vielmehr kam der heutige Freudenspender in seinen Anfängen vor allem als therapeutisches Mittel gegen Hysterie zum Einsatz. Lange Zeit galt diese Gemütslage als Zeichen für Frigidität, und diese wiederum bedrohte den Fortbestand der Menschheit. Um also hysterische Frauen zu heilen und letztendlich gefügiger für den Sex zu machen, wurden die betroffenen Damen mit Vaginalmassagen behandelt, bis sie einen Orgasmus hatten.

So erotisch sich dies für den einen oder anderen auch anhören mag – mitunter gestaltete sich die Handarbeit, die die Ärzte vor der Erfindung des Vibrators zu leisten hatten, zu einer sehr zeitraubenden und unangenehmen Aufgabe. Der Vibrator war demnach eine logische Entwicklung aus dieser Unzufriedenheit der Mediziner, und bereits 1869 ließ sich der amerikanische Arzt George Taylor seine Erfindung patentieren. Ab der darauf folgenden Jahrhundertwende wurde der Vibrator zum Haushaltsutensil, das in Frauenmagazinen beworben wurde. Natürlich ging es dabei aber noch immer nicht um das Thema Masturbation. Die war ein unausgesprochenes Tabu, und so fungierte der Vibrator vielmehr als Zauberstab gegen Müdigkeit. Erst in den 1960er Jahren bekam der Vibrator seine Rolle als Sexspielzeug und gehört heute zu den wohl bekanntesten Sextoys.

Vibratoren gibt es in vielen Größen, Farben, Formen und Materialien. Sie bestehen zum Beispiel aus flexiblem Silikon oder harten Kunststoffen, kommen als Mini- oder Maxihammer daher und können batteriebetrieben unterschiedlich schnell vibrieren. Einsetzen lassen sich diese Freudenspender folgendermaßen: Mit ihnen kann die Klitoris sanft und dennoch intensiv stimuliert werden, ebenso der Scheideneingang und das Innere. Deswegen aber Vibratoren als Spielzeug für das Solovergnügen einer Frau zu betrachten, wäre nicht ausreichend, denn zu zweit machen erotische Spielereien meistens mehr Spaß. Da Vibratoren zudem für die Massage am ganzen Körper geeignet sind, können sie optimal ins partnerschaftliche Liebesspiel integriert werden. Wie wäre es zum Beispiel, wenn Sie Ihre Partnerin mit dem Vibrator vaginal stimulieren, während sie Sie mit einem Blowjob befriedigt? Dies ist nur ein Vorschlag, was Sie sonst noch ausprobieren wollen, überlasse ich Ihrer Fantasie.

**Achtung!**
Wenn Sie einen Vibrator in das Liebesspiel integrieren wollen, übertreiben Sie nicht, was die Größe des Geräts betrifft. Denn schließlich wollen Sie der Frau ja Lust bereiten und ihr keinen Schmerz zufügen.

*Dildos*

Sie werden im Gegensatz zu Vibratoren ausschließlich manuell bedient. Das Sexspielzeug mit der längsten Tradition präsentiert sich in Phallus-Optik und wurde bereits in der Antike für Variationen im Liebesspiel oder zur Selbstbefriedigung verwendet. Bei den alten Griechen zum Beispiel hießen diese Luststäbe »Olisbos«. Sie waren aus poliertem Holz oder weichem Leder gefertigt. Zudem haben Archäologen Hinweise darauf gefunden, dass es auch bei den alten Ägyptern und frühen afrikanischen Stämmen ähnliche Witwentröster gab, die aufwändig und kunstvoll gearbeitet und von hohem Wert waren.

Die Dildos der Neuzeit leisten noch immer hervorragende Liebesdienste. Fast alle Sexshops haben sie in ihrem Sortiment. Ihre Länge variiert von etwa 15 bis 30 Zentimeter, ihr Durchmesser liegt zwischen drei und sechs Zentimeter. Dildos bestehen aus Gummi, Vinyl, Latex oder Silikon und können auch wie kleine Kunstobjekte aussehen (in Form einer Frau oder eines Delfins). Es gibt sogar Luxusausführungen, die aus Messing oder Silber gearbeitet oder aus feinem Holz gedrechselt sind.

Was Sie mit Dildos alles anstellen können? Kleinere Ausführungen lassen sich zum Beispiel bei der Vorbereitung auf anale Freuden einsetzen, größere Dildos sind als vaginale Stimulierungsstäbe geeignet. Und Sie können sich auch von einer Frau verwöhnen lassen, denn es gibt spezielle Gurte, um sich einen Dildo umzuschnallen. Auch hier sollen diese Vorschläge reichen, probieren Sie einfach aus und sprechen Sie auch mit Ihrer Partnerin darüber, was ihr gefallen könnte.

**Wichtig!**
Wenn einmal ein Dildo beim Liebesspiel eingesetzt wurde, heißt das nicht gleich, dass es jetzt immer nur mit Dildo geschehen muss! Genauso wenig wie »einmal Vibrator« gleich »immer Vibrator« bedeutet. Es handelt sich nur um eine Spielart. Lehnen Sie daher den Gebrauch von Dildos oder Vibratoren nicht grundsätzlich ab. Sie brauchen sich wirklich keine Gedanken darüber zu machen, dass ein solches Liebesspielzeug Ihren Platz einnehmen könnte und Sie damit überflüssig wären.

*Geisha- oder Duett-Kugeln*

Unter den Namen »Chinesische Glocken«, »Liebeskugel« oder »Rinnotama« sind sie ebenfalls bekannt. Dieses Spielzeug ist für Sie als Mann zwar nicht so interessant, doch bevor Sie die etwa drei bis vier Zentimeter großen Kugeln bei Ihrer Angebeteten entdecken und nicht wissen, was Sie davon halten sollen, kurz ein paar Worte zu Ihrer Information: Meist handelt es sich dabei um zwei hohle Kugeln, die durch ein Bändchen miteinander verbunden sind. Sie bestehen aus Kunststoff, Silikon oder Metall. Ursprünglich wurden sie von japanischen Geishas verwendet, die sie sich in die Vagina steckten. Später sorgten die Damen dann (ohne Kugeln!) bei den Freiern für Begeisterung. Dies war und ist möglich, da die Bälle als gute Trainingsgeräte für die Scheiden- und Beckenmuskulatur gelten. Das wiederum liegt daran, dass sich eine (manchmal auch mehrere) kleine, schwerere Kugel im Inneren einer jeden großen Kugel befindet. Diese rollt bei Körperbewegungen hin und her und versetzt den Intimbereich einer Frau in stimulierende Schwingungen.

Zwar lässt sich mit Liebeskugeln nur selten ein Orgasmus herbeiführen, doch manchen Frauen können Sie damit durchaus Lust bereiten. Falls Ihre Herzdame also vernarrt in die runden Dinger sein sollte und sie gerne ins Liebesspiel einbauen will, können Sie zum Beispiel ihre Klitoris stimulieren und die Liebeskugeln dabei nach und nach herausziehen.

*Butterflys*

Dabei handelt es sich um batterie- oder netzbetriebene kleine Plastikschmetterlinge, die sich Frauen umschnallen können, um sich so vor allem den Venushügel massieren zu lassen. Hundertprozentig paargeeignet sind diese Insekten zwar nicht, doch wenn der Motor stark genug ist, können Sie sie ins Vorspiel integrieren, wenn Ihre Partnerin das gerne möchte.

Falls Sie auf anale Freuden aus sind, bietet sich eine weitere Einsatzmöglichkeit: Bitten Sie Ihre Partnerin, sich einen Schmetterling mit Miniaufsatz umzuschnallen, um Sie an entsprechender Stelle zu stimulieren.

*Lustfinger*

Auf den ersten Blick sehen Lustfinger fast aus wie XXL-Fingerhüte aus Mutters Nähkästchen, doch da sie meist aus Gummi sind und überdies angereichert mit Noppen oder Stacheln (selbstverständlich auch aus Gummi!), werden sie bei einer anderen Art von Handarbeit eingesetzt. Stülpen Sie sich einen solchen Finger über einen Ihrer Finger – natürlich können Sie auch mehrere Finger mit den Toys ausstatten –, um ihn als vaginalen und analen Stimulator zu verwenden. Und falls Sie sich nicht damit zufrieden geben wollen, dass Sie Ihre Partnerin erregen, kann diese sich natürlich ebenfalls mit Fingerhüten ausrüsten und Sie stimulieren.

### *Cockringe*

»Cock« bedeutet aus dem Englischen ins Deutsche übersetzt »Penis«, und über genau diesen wird der Ring aus Silikon oder Metall übergezogen. Damit soll

a) die Erektion länger gehalten werden, da sich das Blut staut, und

b) auch die Klitoris der Frau stimuliert werden, da die Ringe häufig mit Noppen ausgestattet sind.

Allerdings hört sich das alles viel versprechender an, als es wirklich ist. Nicht nur, dass Cockringe uns Frauen in den seltensten Fällen wirklich Sternchen sehen lassen – die Dinger lassen sich oftmals auch nur schwer überstreifen (eine zu weite Variante erzielt aber nicht den Blutstaueffekt) und sitzen unbequem.

**Achtung!**
Wenn Sie einen Penisring benutzen, sollten Sie darauf achten, ihn nicht zu lange zu tragen, da sich das Blut stark staut. Lösen Sie den Ring alle Viertelstunde und schlafen Sie niemals ein, ohne ihn abgenommen zu haben.

*Liebesschaukeln*
Genau wie eine Kinderschaukel oder ein Hängesessel werden sie mit einem stabilen Haken an der Decke befestigt. Auf dem Sitz, der meistens aus Leder besteht, nehmen dann Sie oder die Frau Platz. Der jeweils andere sitzt, kniet oder steht davor und kann aus dieser Position heraus agieren. Ein kleiner Stups mit dem Finger reicht aus, um die Schaukel in Bewegung zu setzen, und dabei können Sie sich aufeinander zu oder voneinander weg bewegen. Auf diese Weise lässt sich bequem und einmal anders Stellung beziehen. Damit es zu keiner schmerzhaften Bruchlandung kommt, ist jedoch bei Holz-, Hohlraum-, Rigips- oder ähnlichen Decken Vorsicht geboten. Falls Sie zufälligerweise einen netten Spielplatz kennen, tut es erst einmal und zum Üben auch die dortige Schaukel. Achten Sie aber darauf, dass Sie nicht wegen Erregung öffentlichen Ärgernisses Probleme bekommen.

### *Objekte der Begierde – Highheels, Uniformen, Lack und Leder*

Eigentlich müsste es doch arg am Ego kratzen, wenn die eigene Schönheit und Ausstrahlung nicht ausreichen, um den Partner in Ekstase zu versetzen, und dieser zu anderen stimulierenden Hilfsmitteln greift. Doch einige Menschen sind auf ganz bestimmte Scharfmacher spezialisiert und benötigen diese, um erregt zu werden. Dabei kann es sich um Körperteile oder -regionen handeln, um Kleidungsstücke, andere Gegenstände oder gar um bestimmte Gerüche oder Geräusche. In solchen Fällen ist von »Fetischismus« die Rede.

Dieser Begriff stand ursprünglich mit religiösen und magischen Objekten in enger Verbindung, ist jedoch bereits seit über 100 Jahren auch in der Liebeswelt bekannt. Als begehrtes Mittel zum (Sex-)Zweck horten zum Beispiel einige männliche Fetischisten hochhackige Frauenschuhe, andere konzentrieren sich auf BHs, wiederum andere fahren voll auf lange Haare ab, lieben nackte Damen in Pelzmänteln oder brauchen vor ihren Augen unbedingt eine Oberweite von 110 und aufwärts, um sexuell in Stimmung zu kommen. Genauso ist der Fetischismus auch bei Frauen anzutreffen. So lieben einige am liebsten und ausschließlich auf Seidenlaken, andere tragen zum Beispiel nur Spitzenhöschen, und wiederum andere finden einen Mann in Uniform absolut antörnend. Allerdings haben Studien erwiesen, dass Fetischismus bei Männern häufiger vorkommt als bei Frauen.

Derartiges pauschal als »krank« oder »pervers« abzutun ist ein Fehler. Zahlreiche Menschen sind für die Reize eines Fetischs empfänglich, ohne sich großartig Gedanken darüber zu machen oder sich dessen überhaupt bewusst zu sein. Dies kann sich durch das Bevorzugen einer bestimmten Haarfarbe bei Sexualpartnern, durch eine erhöhte Erregung beim Anblick von feinen Dessous oder bei Frauen durch das Faible für männliche Brustbehaarung zeigen. Auch hier gilt: Solange alles in Maßen bleibt, besteht kein Grund zur Sorge. Und außerdem sorgen harmlose Kleinigkeiten, kleinere Macken und gewisse Marotten für mehr Spaß beim Liebesspiel.

### *Lack, Latex und Leder*

Eine besondere Form des Fetischismus ist die Lust auf Lack, Leder oder Latex. Die Industrie hat sich auf diese Vorliebe vieler Menschen bereits bestens eingestellt, und so gibt es (fast) nichts im erotischen Sektor, das nicht aus Lack, Latex oder Leder erhältlich wäre: Bettlaken, Masken, Uniformen, Stiefel, Hosen, Handschuhe, Röcke, BHs, Slips usw.

Die Faszination beispielsweise von Latex besteht in seiner extremen Dehnbarkeit und somit auch Anpassungsfähigkeit an den Körper. Latex ist ein Gummi, das aus Baumharz gewonnen wird. Wie eine zweite Haut formt es den Körper nach. Zudem erhöht sich die Körpertemperatur, da Latex die Hautpartien so umschließt, dass es sie quasi versiegelt. Und gerade das finden zahlreiche Liebhaber von Latex besonders erregend.

Der Reiz von Lackklamotten hingegen geht oftmals von dem Glanzeffekt aus. Lack ist ein meist sehr dünnes Kunststoffmischgewebe, das Polyurethan enthält. Die Kleidung aus diesem Material liegt ebenfalls eng am Körper an.

Auch Leder hat ganz besondere Eigenschaften: Vor allem Unterwäsche aus diesem Material ist sehr beliebt, da Leder den individuellen Duft des Trägers beziehungsweise der Trägerin aufnimmt, der durchaus sehr erregend sein kann. Weiterer Vorteil: Das Material ist äußerst stabil. Außerdem können viele Frauen leichter aus Rollenklischees ausbrechen sowie die aktive und dominante Rolle einnehmen, nachdem sie einen Lederanzug übergestreift haben.

Falls Sie und Ihre Angebetete daran interessiert sind, die Liebe mit Leder auszuprobieren, brauchen Sie sich übrigens nicht unbedingt gleich in Unkosten zu stürzen – die Spezialkleidungsstücke sind oftmals wahrlich sündhaft teuer. Für den Anfang tun es bereits ganz normale Ledergürtel, denn es kann auf Träger und Betrachter bereits sehr erotisierend wirken, ein einzelnes Lederteil auf nackter Haut zu spüren und zu sehen.

Erinnern Sie sich noch? Es war das Jahr 1992, als dieser Film namens *Basic Instinct* mit Sharon Stone und Michael Douglas über die Kinoleinwände flimmerte. Der Douglas unten und mit feinen Seidenschals gefesselt, die Stone oben und in totaler Ekstase. Ein Kassenknüller, der für Gesprächsstoff sorgte.

Verdammt heiß, doch eigentlich nichts Neues. Vielmehr ist Fesseln ein uraltes Hilfsmittel zur Entfesselung der Lust mit harmlos-aggressivem Beigeschmack. Auch Roms Kaiserin Messalina, Schauspieler Cary Grant oder Queen-Musiker Freddie Mercury sollen zu den Bondage-Fans gehört haben. Die Ursache liegt darin, dass jede Einschränkung der Muskeltätigkeit den sexuellen Erregungszustand erhöht. Und neben diesem physischen Grund kommt für viele ein psychischer hinzu: Die Illusion von Vergewaltigung, das Gefühl, zu beherrschen oder beherrscht zu werden, gilt als besonderer Thrill bei dieser Form des Liebesspiels.

So gesehen spricht doch nichts dagegen, dass Sie und Ihre Partnerin sich einreihen in die Liste der prominenten Namen. Denn es gibt neckische Spielereien beim Fesseln, die zum Gipfel der Lust führen können. Wie wäre es zum Beispiel, wenn Sie Ihre Partnerin fesseln und dann mit kleinen Federn streicheln? Auch ein ausgedehnter Kuss-Ausflug über den Körper Ihrer Liebsten wird dieser sicherlich sehr gefallen. Natürlich können Sie auch Hand anlegen und Ihre Partnerin mit einer erotischen Massage verwöhnen oder in Seelenruhe mit einem Vibrator stimulieren, während diese ausharren muss und einfach einmal nur nehmen darf. Dabei müssen Sie sie übrigens nicht zwingend an das Bett fesseln, genauso eignet sich ein ganz normaler Stuhl.

**Achtung!**
Was Sie auf jeden Fall tun müssen, wenn Sie mit einer Partnerin ein Fessel-Vergnügen starten wollen: Vereinbaren Sie gemeinsam ein Code-Wort, das für Sie beide gilt. Sobald einer dieses Wort sagt, muss sofort Schluss mit der aktuellen Behandlung sein, und alle Fesseln sind zu lösen.

Es folgen die zehn wichtigsten Bondage-Regeln, damit der Liebesakt wirklich zu einem fesselnden Ereignis wird und nicht im Desaster endet:

*1. Erst lesen, dann lieben!*
Haben Sie in einem Sexshop oder übers Internet Fesseln, Handschellen und/oder ähnliche Hilfsmittel erstanden, informieren Sie sich zunächst über die Verschlusstechnik. Sie und Ihre Partnerin sollten sich mit der genauen Handhabung vertraut machen. Dies dient zu Ihrer eigenen Sicherheit und garantiert einen reibungsloseren Ablauf des Fesselszenarios. Denn es ist schon sehr unangenehm, wenn der gefesselte Partner dringend aus seiner misslichen Lage befreit werden möchte, und der andere nicht weiß, wie er dies anstellen soll. Der Spaß ist dann vorbei!

*2. Hände weg von dünnen Dingern!*
Die Nylonstrümpfe Ihrer Liebsten mögen nach dem Entkleiden zwar schnell zur Hand sein, sie eignen sich aber nicht für das Fesselspiel. Die Knoten könnten in der Hitze des Gefechts schnell so eng zusammenzurren, dass sie die Handgelenke unangenehm und durchaus schmerzhaft einschnüren. Sogar die Durchblutung kann dadurch gestört werden. Gleiches gilt

für sehr dünne Tücher und Bänder. Greifen Sie also lieber zum Gürtel eines Frotteebademantels oder zu weichen Schals.

*3. Ihr Bett ist keine Streckbank!*

Die nächstliegende Fesselvariante, Handgelenke und Fußgelenke an den vier Pfosten eines Bettes festzubinden, bringt eine hinderliche Strecklage mit sich und ist deshalb gar nicht gut. Oftmals machen sich in dieser Lage Haltungsprobleme, die vorher kaum aufgefallen sind, massiv bemerkbar oder werden durch plötzliche Bewegungen extrem verstärkt. Besser ist es, wenn Sie jeweils die Hand- und die Fußgelenke aneinander fesseln oder die Beine gespreizt festbinden, während Hände und Ellenbogen auf dem Rücken gefesselt werden.

*4. Nicht zu fest und nicht zu lange!*

Generell lässt sich sagen: Je härter das Material, desto loser sollte die Fesselung sein. Fesseln aus Metall müssen daher den meisten Spielraum haben, stählerne Handschellen über die Handgelenke rutschen können, falls nötig. Verwenden Sie Bänder, dürfen diese nicht zu eng um das Gelenk liegen, zwei Finger Spielraum sollten bleiben, damit die Blutzirkulation gesichert ist. Achten Sie auf alle Fälle auch während der Bondage-Nummer darauf, dass sich keine Hautstellen blau färben und auch keine Gefühllosigkeit in den Gliedern auftritt. Sobald Sie die kleinsten Anzeichen dafür bemerken, sollten die Knoten sofort gelöst beziehungsweise die Verschlüsse geöffnet werden.

*5. Keine Knoten um den Hals ...*

Kurz und knapp: Bei dieser Variante könnte es zu Erstickungserscheinungen kommen. Daher ist der Hals als Fesselzone ein absolutes Tabu. Wenn Sie möchten, dass Ihre Angebetete nach Luft schnappen muss, rauben Sie ihr lieber mit einer umwerfenden Liebesnummer nahezu den Atem.

*6. ... und auch nicht an anderen empfindlichen Körperstellen!*

Was für den Hals gilt, sollten Sie auch für das Gesicht und den Genitalbereich sowie diejenigen Körperbereiche, die Organe beherbergen, also Brust und Bauch, beachten. Lassen Sie hier lieber keine Fesselschnüre entlanglaufen, um eventuelle schwerwiegende Verletzungen zu vermeiden.

*7. Keine Alleingänge!*

Ihr Auto steht im Halteverbot? Sie haben vergessen, am Arbeitsplatz das Licht auszumachen? Sie brauchen dringend Kopfschmerztabletten aus der Nachtapotheke? Vergessen Sie derartige Sorgen und Vorhaben, wenn Ihre Liebste gefesselt auf dem Bett liegt. Denn auch wenn es eine aufregende Fantasie sein mag, den Partner zu fesseln und fortzugehen, um ihn schmoren zu lassen – es sollte bei der Fantasie bleiben. Schnell kann es geschehen, dass der/die Gefesselte in Panik gerät, Atembeschwerden kriegt, Schmerzen durch die Fesseln bekommt etc., und dann fehlt jede erlösende Hilfe.

*8. Keine Kissen oder Decken aufs Gesicht!*

Der gefesselte Partner muss immer frei atmen und sich auch mit Worten verständlich machen können, damit er gegebenenfalls das Codewort zum Aufhören sagen kann. Daher Finger weg von schweren Kopfkissen und Decken. Wenn Sie möchten, dass Ihre Partnerin nichts sieht, verbinden Sie ihr zum Beispiel mit einem Tuch die Augen.

*9. Keine Überraschungen, kein wildes Ausprobieren!*
Sie glauben, dass Ihre Partnerin es erotisch findet, wenn Sie ihr heißes Kerzenwachs auf den Körper tröpfeln? Sie meinen, Ihre Liebste wollte schon immer einmal eine XXL-Variante eines Vibrators in sich spüren? Falls Sie das nicht vorher mit Ihrer Bettpartnerin abgesprochen haben, sollten Sie sich nicht auf Ihren Glauben verlassen und besser auf wilde Experimente verzichten. Das gilt besonders, wenn der gefesselte Partner die Augen verbunden hat.

*10. Allzeit bereit sein!*
Vielleicht klingelt es unerwartet, und die Nachbarn stehen vor der Tür. Eventuell gerät der/die Gefesselte plötzlich in Panik. Oder aus welchen Gründen auch immer gerät das Haus in Brand. Das alles könnte möglicherweise passieren, und um auf solche Situationen gefasst zu sein, sollten Schere, Zweitschlüssel usw. immer griffbereit zur Hand sein, um den gefesselten Partner sofort befreien zu können. Sonst kann es passieren, dass er (weiter) in Panik gerät, wenn der andere erst einmal das Zimmer verlassen und nach geeigneten Utensilien zur Befreiung suchen muss.

## *Sado-Maso light – Sexspiele um Schmerz und Macht*

Klar könnte »SM« auch die Abkürzung für Supermarkt, Soundmaschine, Sündenmatratze oder sogar süße Maus sein. Doch im Allgemeinen steht »SM« für Sado-Maso, also Sexspielchen, in denen Sadismus und Masochismus eine Rolle spielen. Der Begriff »Sadismus« ist dabei von der Auffassung des Marquis de Sade (1740–1814) geprägt, wonach sexuelle Lust durch das Zufügen körperlicher und seelischer Qualen gesteigert wird. Der Begriff »Masochismus« leitet sich von dem Namen des Schriftstellers Sacher-Masoch (1836–1895) ab und bedeutet, dass das Empfinden sexueller Erregung durch das Erdulden körperlicher oder seelischer Misshandlungen ausgelöst wird.

Beides zusammen – eben Sado-Maso – ist nach Meinung des bekannten Psychologen Sigmund Freud nichts Ungewöhnliches, sondern eine Tendenz, die in jedem Menschen steckt. Sie setzt sich einerseits aus der Neigung, Lust im Schmerz zu finden, dem Hang, gedemütigt zu werden, und dem Bedürfnis, sich bezwingen und besiegen zu lassen, zusammen. Auf der anderen Seite aus der Vorliebe, Gefallen daran zu finden, jemand anderem – zumindest im Spiel – Qualen zuzufügen, ihn zu demütigen, ihn beim Sex zu besiegen, ihn zum Opfer zu machen.

Dieses Verlangen ist also gar nicht so etwas Außergewöhnliches, und auf sexueller Ebene gibt es zahlreiche Erscheinungsformen zum Ausleben von SM-Neigungen. Darunter fallen zum Beispiel Fesselung, Sklaven- und Zofen-Spiele, leichte Schläge und Scheinvergewaltigungen. Dabei muss es allerdings nicht gleich hart zur Sache gehen. Viele Paare haben ihre eigene Light-Version von »SM« entwickelt und finden darin einen besonderen erotischen Reiz.

Am weitesten verbreitet bei den leichten SM-Varianten ist wohl das Spielchen, das darin besteht, dass die Frau vor dem Sex auf den Po geschlagen wird. Damit wird sie im Voraus dafür »bestraft«, dass sie so unartig und unanständig ist, überhaupt Sex zu wollen. Natürlich aber können Sie Ihre Partnerin auch verbal erniedrigen, mit dem kleinen »Sexluder« ein mittelschweres Handgemenge anfangen, sie auf das

Bett werfen und dazu zwingen, ihre Beine zu öffnen. Dabei muss jedoch vorher bis ins Detail abgesprochen sein, dass Ihre Partnerin mit derartigen SM-Spielchen einverstanden ist.

Gehören Sie eher zur devoten Fraktion, lassen Sie sich doch einmal auf die Sklaven-Nummer ein. Dabei erteilt Ihre Liebste Ihnen einige Befehle wie »Küss mir die Füße!« oder »Knie vor mir nieder«, die Sie artig ausführen müssen. Dafür werden Sie anschließend mit Sex belohnt.

Das bekannteste Accessoire bei sado-masochistischen Spielen ist sicher die Peitsche. Sie gibt es in verschiedenen Ausführungen, zum Beispiel in der Softausführung für Anfänger mit weichen Gummifäden am Stock. Sollten Sie aber eine Lady auf Ihrem Laken liegen haben, die um eine kleine Bestrafung bittet, und Sie haben gerade keine Peitsche zur Hand – nehmen Sie die flache Hand oder zum Beispiel einen Gürtel. Aber denken Sie daran, es soll immer ein Spiel bleiben. Halten Sie sich dabei so gut unter Kontrolle, dass Sie auch im Eifer des Gefechts nicht über die abgestimmten Grenzen hinausgehen.

### *Onkel Doc lässt bitten – von Rollenspielen und anderen unausgesprochenen Wünschen*

Auf der Top-Ten-Liste begehrter Jobs tauchen Fliesenleger, Heizungsmonteur oder Gärtner zwar nicht unbedingt auf, dafür aber in den erotischen Fantasien vieler Frauen. Das ist kein dummes Gerede, denn einige Frauen assoziieren mit Vertretern dieser Berufe Stärke, Tatwillen und Hemmungslosigkeit. Schließlich müssen die besagten Herrschaften in ihrem Job hart anpacken und nicht wie etliche schöngeistige Philosophen und Psychologen nur nachdenken, reden und Ratschläge geben. Natürlich würde kaum eine Frau ihre geheimen Sexwünsche offen darlegen, doch wir können »Naddel«, die einstige Lebensgefährtin des deutschen Musikproduzenten Dieter Bohlen, gut verstehen. Die Dame soll nämlich auch etwas mit dem Gärtner gehabt haben.

Ebenfalls gefragt: der Onkel Doktor, der die Patientin eingehend untersucht, sich genau die Furchen, Hügel und Wölbungen der Dame anschauen kann und so einen umfassenden Überblick über weibliche Anatomie gewinnt. Träumen Sie, lieber Leser, nicht auch manchmal von solchen Möglichkeiten? Würden Sie auch gerne einmal einen weißen Kittel überziehen und auf Entdeckungstour gehen? Warum so zögerlich? Ein weißer Kittel ist doch nun wirklich eines der Dinge, die sich am leichtesten auftreiben lassen. Und glauben Sie bitte nicht, dass Sie der Einzige sind, der solche erotischen Wünsche hegt. Die einschlägigen Versandhäuser kennen die Vorliebe für so genannte Gynspielchen und bieten einige passende Utensilien für den Arztkoffer an. Mit dieser Ausrüstung sollten Sie einmal zum Hausbesuch bei Ihrer Liebsten auftauchen. Denn so ungern sich viele Frauen beim »echten« Arzt auf den Stuhl legen – dem eigenen Partner liefern sich etliche gerne aus. Genauer gesagt reizt es jede dritte Frau, sich beim Sex und da im Rahmen von Rollenspielen, ganz hinzugeben. Zu diesem Ergebnis kam das Meinungsforschungsinstituts GEWIS im Auftrag der Zeitschrift *Fit for Fun* im Jahr 2002.

Von dieser Sorte Spielchen gibt es einige, die sich dazu eignen, das eingeschlafene Sexleben wieder interessant zu machen. Denn dabei haben die Partner die Möglichkeit, in andere Rollen zu schlüpfen und ihre erotischen Träume auszuleben. Eine bekannte Variante ist zum Beispiel auch das Zusammentreffen von »Abc-Schütze« und seiner »Lehrerin«. Dabei übernimmt die Frau die Rolle der Lehrerin, der Mann mimt den Neuankömmling in der (Lust-)Schule. Noch völlig grün hinter den Ohren muss der »Junge« erst einmal in die Geheimnisse der Liebeswelt eingeweiht werden. Eine Aufgabe, die die pflichtbewusste »Lehrerin« gerne übernimmt.

Falls Sie, liebe Herren, sich dafür nicht erwärmen können, gefallen Ihnen vielleicht die folgenden Spielarten: Sind Sie zum Beispiel gerade geschäftlich unterwegs, lassen Sie die Kneipen im Ort links liegen und geben Ihr Geld lieber für ein ausgiebiges Telefonat mit Ihrer Angebeteten aus. Erzählen Sie sich gegenseitig, was Sie gerne miteinander anstellen und was Sie dabei wohl fühlen würden. Am Anfang mag dies noch etwas Überwindung kosten, doch mit ein bisschen Übung wird schnell klar sein: Telefonsex mit der Partnerin kann durchaus auf- und anregend sein.

Oder wie gefällt Ihnen die Idee, einen kleinen Strip-Poker-Abend zu gestalten oder tagsüber mit Ihrer Liebsten erotische Mails auszutauschen (Achtung: nicht über den Server am Arbeitsplatz!), um dann abends alles Aufgeschriebene auszuleben? Sie könnten sich zum Beispiel gegenseitig erotisch fotografieren oder mit einer Videokamera beim Sex filmen. Viele dieser Möglichkeiten werden Ihnen nicht neu sein, vielleicht haben Sie bislang nur nicht mit Ihrer Partnerin darüber gesprochen. Schade, denn häufig ist genau das das Problem. In (fast) jedem Kopf von Männlein und Weiblein gibt es irgendwelche Sex-Fantasien, über die aus Angst vor Ablehnung und Scham nicht geredet wird. Kommen diese Gedankengänge dann doch einmal ans Licht, heißt es häufig:

»Warum hast du denn nie etwas gesagt? Dann hätten wir doch ...« Also, denken Sie ruhig öfter einmal laut nach, vielleicht wird Sie die Reaktion darauf überraschen.

### *Analverkehr: Sex durch die Hintertür*

Kommen wir ohne Umschweife und peinliches Herumgedruckse gleich zur Sache: Lassen Sie uns über Analverkehr reden! Die Argumentation dazu hört sich meist so an: Männer reden von »mehr Enge«, »mehr Reibung« und dadurch auch »mehr Spaß«. Das ist schon rein vom Körperbau her gesehen zu verstehen, doch die meisten Frauen halten dagegen: »Mehr Schmerzen!« Dieses Argument sollte Ihnen einleuchten, schließlich haben Sie selbst einen Anus und können sich vielleicht vorstellen, wie es sich anfühlt, wenn dort etwas eingeführt wird. Außerdem muss das Sperma, das eine Frau nach dem Analverkehr – zumindest wenn er ohne Kondom praktiziert wurde – in sich trägt, wieder hinaus. Und das ist für sie oftmals sehr unangenehm und kann mit unschönen Geräuschen verbunden sein. Damit Sie es sich vorstellen können, will ich es einmal so sagen: Die Rache des Montezuma ist dagegen ein Klacks.

Doch zurück zum »Pro« und »Kontra« anal. Dabei lässt sich aus weiblicher Sicht positiv anmerken, dass es bei dieser Art Verkehr nicht zu einer Schwangerschaft kommen kann. Hinzu kommt, dass der Anus als eine erogene Zone gilt, da er den Genitalien sehr nahe liegt und außerdem mehr Nervenenden als jeder andere Teil des weiblichen Körpers hat – mit Ausnahme der Klitoris.

Doch wenn Sie Ihre möglicherweise noch unentschlossene Partnerin zum Analverkehr überreden wollen, reicht diese theoretische Argumentation nur in den seltensten Fällen aus. Da müssen Sie schon zusätzlich Hand anlegen und sie mit viel Einfühlungsvermögen, Geduld und Vorsicht überzeugen. Mit diesem Vorgehen muss Analerotik beileibe weder schmerzhaft noch schmutzig sein. Wie bei allen anderen Sexualpraktiken auch, kommt es auch hier auf eine gründliche und liebevolle Vorbereitung an. So sollte der Anus, genau wie die anderen Genitalien, sauber und gesund sein, wenn es zu sexuellen Handlungen kommt. Besondere Vorsicht ist geboten, da Bakterien, die nach analem Sex in die Scheide gelangen, Infektionen verursachen können. Zudem wird das Gewebe im After leichter beschädigt als das Scheidengewebe, sodass das HIV-Virus ebenfalls schneller in den Blutstrom gelangen kann.

Berücksichtigen Sie dies und wagen Sie dann den ersten Vorstoß, allerdings nur im Zeitlupentempo. Dabei können Sie ein bis zwei Finger vorausschicken, um die anale Öffnung zu stimulieren und diese auf das, was kommt, vorzubereiten. Hilfreich dabei sind Gleitmittel, einfache Fettcremes oder wenigstens viel Spucke. Bei Analverkehr sollte eines dieser Mittel benutzt werden, um das Eindringen deutlich zu erleichtern. Wenn Sie dann mit Ihrem besten Stück zum Analangriff übergehen, arbeiten Sie sich zum Wohle Ihrer Partnerin bitte zentimeterweise vor. Denn so eng und daher erregend es für Sie sein mag, so schmerzhaft kann es für Ihre Liebste sein. Verwöhnen Sie die Frau daher mit Streicheleinheiten – schließlich haben Sie beide Hände frei und können den Busen der Dame liebkosen – und beziehen Sie auch die Klitoris mit ein. Kombiniert mit der richtigen Stimulation kann ein anales Erlebnis für eine Frau durchaus befriedigend sein und sie zum sexuellen Höhepunkt bringen. Achten Sie aber darauf, dass Sie zur manuellen Stimulation der Frau nicht den Finger nehmen, mit dem Sie zuvor den After erforscht haben. Denn auch dabei könnten wieder schädliche Bakterien in die Vagina gelangen.

Falls Sie sich nicht die Finger schmutzig machen möchten – ein wenig Dreck am Stecken ist nach dem Analverkehr allerdings fast normal – oder eher der verspielte Typ sind, so gibt es diverse erotische Toys, die speziell für Analspiele und gerade auch für Anfänger gedacht sind:

*Anal-Zapfen* werden während der Selbstbefriedigung oder des Genitalverkehrs anal eingeführt. Es gibt sie in vielen Formen, Größen und Farben und aus unterschiedlichen Materialien.

*Analkugeln* sind mit Ketten verbundene Kugeln, die in den After eingeführt und anschließend eine nach der anderen beim Höhepunkt wieder herausgezogen werden.

Beide Sextoys eignen sich optimal, um den Analbereich für das Eindringen zu sensibilisieren und auf den Verkehr vorzubereiten.

**Achtung!**
Geht es um Analverkehr, sollte für Sie Folgendes selbstverständlich sein: Will die Frau nicht, dann zwingen Sie sie nicht zu ihrem möglichen Glück. Und falls Ihre Partnerin beim Analverkehr ein sofortiges Ende verlangt, stoppen Sie den Vorstoß und ziehen sich zurück – trotz der Enttäuschung, die Sie sicher verspüren werden. Denn nur wenn Sie auf die Wünsche der Frau Rücksicht nehmen, wird sie Ihnen vielleicht eine zweite Chance geben.

Widmen wir uns zunächst den Fakten: Im Urin konnten bisher über 2.000 Inhaltsstoffe festgestellt werden, darunter zum Beispiel Harnstoff, Hormone, Immunglobulin, Vitamine, Aminosäuren, Salze, Fermente. Er ist eines der ältesten Heilmittel in der Medizin. Vor allem Infektionen, Entzündungen der Haut oder im Hals, allergische Erkrankungen wie Heuschnupfen, Asthma, aber auch Migräne, Depressionen oder Schlafstörungen lassen sich mit Urin oftmals erfolgreich behandeln. Angewendet wird er in Form von Einreibungen, Wickeln oder Kompressen, Gurgellösungen, Einläufen, Trunken und Spritzen. Dabei ist es vor allem der Inhaltsstoff Urea, auch unter dem Namen Harnstoff bekannt und zu etwa drei Prozent im Urin enthalten, der entzündungshemmend wirkt. Heutzutage wird Urea vielfach synthetisch hergestellt und ist Bestandteil zahlreicher Hautsalben zum Beispiel gegen Neurodermitis und Pilzerkrankungen. Auch in der Kosmetikindustrie wird dieser Stoff eingesetzt.

Doch nur weil Urea in der einen oder anderen Creme und Bodylotion enthalten ist, heißt dies nicht, dass (alle) Frauen großen Wert auf Körperkontakt mit Urin legen. Im Ernst: Spielchen mit »Natursekt« und »Kaviar« – so werden in Erotik-Anzeigen die Exkremente genannt, während entsprechende Aktivitäten unter »Wassersport« laufen – sind mehr als nur Geschmackssache und haben für viele Menschen, ob Mann oder Frau, mit Sex überhaupt nichts zu tun.

Träumen Sie ab und an davon, mit zwei Frauen im Bett zu liegen? Stellen Sie sich manchmal vor, wie es wäre, von vier Händen gleichzeitig verwöhnt zu werden? So erregend diese Vorstellung für Sie auch sein mag – bei Ihrer Auserwählten werden Sie mit diesem Wunsch womöglich auf taube Ohren stoßen. Wie eine Studie der Hamburger Planning-Agentur »&Equity« für das Beate-Uhse-Unternehmen im Jahr 2002 herausfand, törnt die meisten Frauen ein Dreier mit einer Geschlechtsgenossin eher ab. Grund: Sie wollen lieber selbst im Mittelpunkt stehen. Dies Argument dürfte den meisten von Ihnen verständlich sein, denn auch viele Männer können sich nicht mit der Vorstellung anfreunden, einen ihrer Geschlechtsgenossen zu sich und der Liebsten ins eigene Bett zu lassen.

Doch der Wunsch, einen Dreier einfach einmal auszuprobieren, ist bei vielen – Frauen wie Männern – trotzdem vorhanden. Vielleicht auch einfach nur deswegen, um zu erfahren, wie ein solcher Liebesakt abläuft und was sich alles machen lässt. Falls es Ihnen und Ihrer Partnerin ähnlich ergeht, wagen Sie doch einen Besuch in einem so genannten Swinger- oder Pärchenclub, auch wenn Sie nur zuschauen wollen. Denn das oberste Gebot im Swingerclub lautet: »Alles kann – nichts muss und ein Nein ist ein Nein!«

Dieser Grundsatz sollte selbstverständlich sein und gibt Ihnen einen ersten Hinweis darauf, ob es sich um einen gut geführten und seriösen Club handelt. Außerdem kommen noch weitere Kriterien hinzu, die Sie, da es kein allgemein gültiges Qualitätssiegel für die Qualität eines Clubs gibt, vorab in einem Kurz-Check selbst überprüfen können. Ein wichtiger Punkt ist zum Beispiel die Bestehenszeit. Wenn ein Club schon über mehrere Jahre existiert, ist das in der Regel ein gutes Zeichen. Schlecht geführte Clubs verschwinden nach einiger Zeit von allein. Ebenso sollten Sie darauf achten, ob Sie bereits am Telefon freundlich behandelt werden und auf Ihre Fragen konkrete Antworten bekommen. Wenn Sie sich dann für einen Besuch entscheiden, sollten Sie nur länger bleiben, wenn Ihnen der erste Eindruck zusagt und Sie die folgenden drei Fragen für sich zufrieden stellend beantworten können.

*1. Werden Sie freundlich empfangen?*
In guten Clubs gibt es zumeist Ansprechpartner, die gerade Einsteigern zur Seite stehen, sie einweisen, mit den Regeln und Räumlichkeiten vertraut machen und gegebenenfalls Kontakte zu anderen Swingern herstellen.

*2. Macht der Club einen sauberen Eindruck?*
In jedem gut ausgestatteten Club liegen in allen Räumen Kondome bereit. Ihre Benutzung ist allerdings meistens dem Verantwortungsbewusstsein der Besucher überlassen. In guten Clubs wird sehr großen Wert auf Körperhygiene gelegt, daher gibt es mehrere Duschen und Waschbecken für die Gäste. Handtücher und Seife werden in der Regel ebenfalls von den Clubs gestellt.

*3. Sind Ihnen die anwesenden Menschen sympathisch?*
Wenn Sie mit Ihrer Partnerin in einem Club ankommen, und sie ist allein unter Männern, stimmt irgendetwas nicht. Das Verhältnis zwischen Männern und Frauen sollte relativ ausgeglichen sein. Auch können Sie aufgrund des Erschei-

nungsbilds der Anwesenden Rückschlüsse auf die Qualität der Lokalität ziehen. Wenn sich sämtliche Gäste im gammeligen Schlabberlook präsentieren, verlassen Sie den Laden lieber gleich wieder. Denn in niveauvollen Clubs achten die Besucher auf ihr Aussehen, zeigen sich in ansprechenden feinen Dessous, in Lack oder Leder, aber auch in Body, Badeanzug oder Bikini.

Wenn Sie mit allem zufrieden sind, was Sie gesehen haben, und sich wohl fühlen, sollten Sie sich einfach unters Swinger-Volk mischen. In der Regel gibt es mehrere Räume, die unterschiedlich ausgestattet sind. Hier können Sie sich tummeln, mitmachen oder auch nur als Voyeur Ihre Fantasie befriedigen.

Zu guter Letzt noch ein paar Worte für den Fall, dass Sie auf einen Dreier in den eigenen vier Wänden aus sind: Haben Sie in einem einschlägigen Magazin eine entsprechende Anzeige entdeckt, verschicken Sie bitte keine (Akt-)Fotos von sich oder Ihrer Partnerin, auf denen das Gesicht zu erkennen ist. Der Handel mit derartigen Fotos floriert, und damit Ihr Chef oder Ihre Nachbarn nicht überraschend von Ihren Gelüsten erfahren, sollten Sie nur Bilder verschicken, die Sie entsprechend vorbereitet haben. Lassen Sie sich auch niemals auf irgendwelche Verträge ein, in denen ein potenzieller Sexpartner schriftlich festlegt, was er mit Ihnen alles anstellen darf. Bei Unbekannten als drittem Partner ist grundsätzlich Vorsicht geboten, und wenn es sich irgendwie machen lässt, empfiehlt sich ein Dreier mit einem guten Bekannten oder einer guten Freundin.

**Akzeptieren Sie (Schmerz-)Grenzen und verlassen Sie sich auf den Geheimcode**

Dreier, Natursekt, Fesseln, Dildospiele, Lack, Leder und dazu der Peitschensound – das kann viel Spaß machen, aber vielleicht geht es einem Beteiligten irgendwann zu weit, und das kann völlig unerwartet von einer Minute auf die andere passieren. Daher ist es wichtig, vor dem (S)experiment gemeinsam ein bestimmtes Code-Wort – auch Safe-Wort genannt – festzulegen. Dieses bedeutet dem aktiven Partner das sofortige Ende und minimiert das Risiko, aus Versehen etwas zu tun, das über die Grenzen des anderen hinausgeht.

Wichtig ist, dass es sich bei diesem Wort nicht um eines handelt, das schnell und oftmals automatisch aus reiner Lust gesagt wird. Daher sind Wörter wie »Nein« oder »Stop«, die beim Sex häufig im Rahmen der Illusion verwendet werden, können missverständlich sein und sind daher als Code-Wort ungeeignet. Wählen Sie Sicherheitswörter wie »Rot« oder »Grün« und auch zweisilbige Wörter, die überhaupt nichts mit Sex zu tun haben, beispielsweise »Kühlschrank« oder »Buntstift«, können gut zu diesem Zweck eingesetzt werden.

Auf jeden Fall muss das vereinbarte Sicherheitswort von allen Beteiligten sehr ernst genommen werden. Wenn der eine Partner es ausspricht, bedeutet dies »sofort aufhören« – egal, wie viel Spaß der andere gerade dabei hat.

Über die Hälfte aller Deutschen träumen von Sex im Freien. Konkret ergab eine repräsentative Umfrage der Zeitschrift *Fit for Fun*, dass 47 Prozent aller Männer und 55 Prozent aller Frauen gerne einmal Sex am Strand erleben würden. Außerdem würden es 32 Prozent der Frauen und 44 Prozent der Männer gerne mal auf einem Boot tun. Auch die Blumenwiese hat für die Deutschen ihre Reize. Am liebsten würden 42 Prozent der Frauen und 38 Prozent der Männer an diesem duftenden Ort ihren Lüsten freien Lauf lassen. Und was ist diesen Zahlen zu entnehmen?

1. Es geht nicht nur im Bett und
2. die Wünsche von Frauen und Männern liegen gar nicht weit auseinander.

Diese zwei Punkte sollten Sie sich bewusst machen, wenn Sie über neue Impulse für Ihr Sexleben nachdenken. Warum wagen Sie nicht einmal etwas Neues und haben Sex auf dem Büroschreibtisch? Wie die Umfrage von *Fit for Fun* ergab, diente der Arbeitsplatz bereits 21 Prozent aller Frauen als geeignetes Liebesnest, und 15 Prozent aller Männer gaben an, im Büro den aufregendsten Sex erlebt zu haben. Das klingt doch schon recht verlockend und schreit nach mehr. Natürlich birgt es ein Risiko, die Geliebte nach Feierabend im Büro zu beglücken, doch genau darin liegt schließlich der Reiz dieses Schäferstündchens.

Oder wie wäre es, wenn Sie sich mit Ihrer Liebsten einfach einmal in die Büsche schlagen, zum Beispiel während eines Abendspaziergangs? Zwar werden Sie kaum zu einer Verschnaufpause kommen, was die körperliche Tätigkeit betrifft, dafür aber bestimmt ein unvergessliches Sexabenteuer erleben. Mutige können es auch in einer Umkleidekabine eines Kaufhauses oder auf der Toilette eines Edel-Restaurants tun. Darin liegt ein neuer sexueller Kick, zum einen brechen Sie Tabus, zum anderen führt die Möglichkeit, jederzeit aufzufliegen, dazu, dass sich Ihr Plusschlag erhöht und der Adrenalinspiegel steigt. Während das Tete-a-tete mit Ihrer Liebsten im Büro bestenfalls geplant sein sollte, gehört ansonsten zu Sexabenteuern mit Freiluft-Feeling oder potenziellen Zuhörern und Zuschauern vor allem eine gehörige Portion Spontaneität.

**Achtung!**
Doch trotz aller Begierde sollten Sie aufpassen, nicht zu einem so genannten öffentlichen Ärgernis zu werden. Schließlich gibt es auch einige Mitmenschen, die sich von solchen Aktionen gestört fühlen. Sollten solche Personen Sie beim Open-Air-Vergnügen erwischen, ist es nicht nur peinlich, sondern kann auch noch sehr teuer werden. Nach § 183a Strafgesetzbuch macht sich jener strafbar, der vor aller Augen unzüchtige Handlungen vornimmt. Sollten die Augenzeugen tatsächlich entsetzt sein und eine Anzeige erstatten, droht schlimmstenfalls eine Geldstrafe oder sogar eine Gefängnisstrafe von bis zu sechs Monaten.

Daher rate ich den eher ängstlichen Typen und ganz Pflichtbewussten unter Ihnen zum Sex im eigenen Arbeitszimmer oder zum Sex im Auto in der eigenen Garage. Die letzte Variante hört sich zwar nach wenig Bequemlichkeit an, bringt aber dafür etwas Jugendfeeling zurück.

Sollte jahreszeitlich bedingt der Sex im Haus vorzuziehen sein, bieten beispielsweise der Wohnzimmer- oder Esstisch eine gute Grundlage. Gleiches gilt für die Arbeitsplatte in der Küche – doch Achtung: Räumen Sie vorher alle Messer und anderen spitzen Gegenstände zur Seite. Optimal für Faulpelze, die sich am liebsten gar nicht selbst bewegen, ist der Sex auf der Waschmaschine. Für die Faultiervariante sind neuere Modelle zu empfehlen, bei denen der Schleudergang regulierbar und gleich einstellbar ist.

Im Prinzip kann man überall dort miteinander schlafen, wo zwei Leute Platz haben. Und auch wenn der gewählte Ort oder die gewählte Unterlage auf den ersten Blick nicht die Bequemlichkeit eines Bettes mit sich bringt – gerade das sorgt in vielen Fällen für Verlangen, für mehr Leidenschaft, gesteigerte Sinnlichkeit und intensiveres Erleben.

Und falls dies alles nicht nach Ihrem Geschmack ist oder zu wenig Abwechslung bietet, gönnen Sie sich einmal etwas anderes, das aber sicher nicht zu einem »öffentlichen Ärgernis« werden wird. Lassen Sie ein Sexerlebnis geschützt von vier Wänden in einem Hotelzimmer stattfinden. Gönnen Sie sich und Ihrer Liebsten einmal die Suite – inklusive Champagner und Whirlpool – und toben Sie sich nachher auf den fremden Bettlaken einmal so richtig aus.

Wie Sie sehen, gibt es viele Spielarten von Sex. Wenn Sie sich nach Abwechslung sehnen, (s)experimentieren Sie gemeinsam mit Ihrer Partnerin herum. Probieren Sie neue Techniken, neue Orte, neue Sextoys aus. Wer weiß: Vielleicht entdecken Sie ja bisher verborgene Leidenschaften bei sich und/oder Ihrer Liebsten, die ganz neue Sexkräfte in Ihnen wecken und ungeahnte Höhepunkte bescheren.

## Let's talk about – was Frauen beim Sex wirklich wollen und was sie total abtörnt

Nachdem ich Ihnen vieles an Wissen darüber an die Hand gegeben habe, was Frauen wollen und wie Sie Frauen am besten verwöhnen und schlussendlich zu einem wahren Musterexemplar an Liebhaber werden, will ich nicht versäumen, Ihnen einen kleinen Ausschnitt aus einer Talkrunde, in der Frauen über genau dieses Thema sprachen, zu präsentieren. Dies möchte ich auch deswegen tun, damit Sie erkennen, dass ich in diesem Buch nicht einfach meine Meinungen und Wünsche beschrieben habe, sondern sich hier auch die Vorstellungen anderer Frauen widerspiegeln.

Da Sie sicher wissen wollen, welche der Damen welche Ansichten vertritt, beschreibe ich Ihnen die vier Teilnehmerinnen kurz:

*Debbie* ist gebürtige Amerikanerin und arbeitet als Programmiererin. Sie ist mit 28 Jahren unser Küken, frisch verliebt und liiert. Optik: 58 Kilo auf 167 Zentimeter, blonde, schulterlange Haare, sportlicher Typ.

*Anja* ist 32 und derzeit ein wilder Single auf Männersuche. Sie arbeitet als Bankkauffrau und teilt ihr Zuhause mit einer ziemlich gefräßigen Katze. Optik: 62 Kilo auf 169 Zentimeter, mittelblonde Haare und beim Autofahren Brillenträgerin.

*Christiane* ist die Einzige unter uns, die schon in den Hafen der Ehe geschippert ist. Mit ihrem Mann Stefan hat sie eine zweijährige Tochter. Die gelernte Grafikerin ist 35 Jahre alt und will im nächsten Jahr wieder arbeiten. Optik: 64 Kilo verteilt auf 172 Zentimeter, dunkelbraune, kinnlange Haare und wie wir Freundinnen finden, hat Christiane einen besonders erotischen federnden Gang.

*Marion* hat ein bewegtes Vorleben, tummelte sich im Alter zwischen 16 und 27 unentwegt auf Partys und schleppte andauernd irgendwelche Typen ab. Mittlerweile ist es um die 30-Jährige ruhiger geworden, woran ihr derzeitiger Freund Jens einen wesentlichen Anteil an. Marion arbeitet als Personalleiterin in einem Callcenter. Optik: Sagenhafte 178 Zentimeter groß, allerdings zu Marions eigenem Leid auch 75 Kilo schwer. Dafür hat sie aber auch einen recht üppigen Busen und gepflegte mittelblonde, lange Haare.

### *Wie oft müsst ihr Sex haben?*

*Christiane:* Nach der Geburt meiner Tochter mussten Stefan und ich erst einmal wieder lernen, Sex zu haben und uns Sex zu gönnen. Was sich absurd anhören mag, hätte ich vorher auch nicht gedacht. Doch spontaner Sex fällt bei uns heute aus. Wir warten, bis das Kind im Bett ist, machen es uns dann gemütlich und haben vielleicht noch Sex – wenn wir nicht zu müde sind.

*Marion:* Ein Jahr ohne Sex wäre für mich kein Problem. Auch wenn ich jetzt in einer festen Beziehung stecke und dabei den regelmäßigen Sex schätze – etwa dreimal in der Woche –, lege ich es nicht darauf an. Natürlich habe ich auch als Frau meine Triebe, doch wenn dann mein Freund gerade nicht in der Nähe ist, greife ich halt zu meinem kleinen elektrischen Helfer.

*Debbie:* Die längste Zeit ohne Sex waren bisher zwei Jahre, im Ernst. Da hatte ich nur mich und meine Hände und jede Menge Jobstress um die Ohren. Heute, knapp acht Jahre später, ärgere ich mich, dass ich nicht die eine oder andere sich mir bietende Gelegenheit genutzt habe. Aber ich war zu genervt von der Arbeit. Grundsätzlich kann ich schwer sagen, wie oft ich Sex brauche. Wenn ich frisch verliebt bin, dann will ich jeden Tag, später reicht mir auch einmal in der Woche.

*Anja:* Sex gehört zum Leben dazu. Ich esse und trinke ja auch nicht nur einmal in der Woche, geschweige denn einmal im Jahr. Warum soll ich mich also beim Sex einschränken und dort auf Diät leben? Es kommt daher schon vor, dass ich mich schick zurechtmache und gezielt auf Männersuche gehe, um meine Bedürfnisse zu befriedigen. Allerdings kommen mir die Typen für eine Nacht nur mit Kondom ins Bett.

### *Wie sehen eure sexuellen Fantasien aus?*

*Debbie:* Die Vorstellung, von meinem Freund in flagranti erwischt zu werden, törnt mich wahnsinnig an. Dabei denke ich allerdings mehr an Masturbation als an Sex mit einem anderen Mann. Doch das ist wirklich nur so eine kleine Spinnerei. Ich würde es nicht inszenieren.

*Christiane:* Ich glaube, in dieser Beziehung bin ich ein schwarzes Schaf. Ich habe keine sexuellen Fantasien, wirklich.

*Anja:* Bei zwei Männern im Doppelpack würde ich nicht nein sagen. Ich stelle es mir erregend vor, gleich von vier Händen gestreichelt zu werden. Außerdem bekomme ich Sex, so viel ich will – macht der eine Mann schlapp, kommt der andere. Beide gleichzeitig? Zugegebenermaßen auch eine Fantasie von mir. Doch habe ich ein wenig Angst vor möglichen Schmerzen und davor, dass ich bei all der Männermasse total überfordert bin und mich nicht richtig gehen lassen kann.

*Marion:* Ich würde gerne einmal mit einer Frau schlafen. Ihren Körper zu erforschen und selbst berührt zu werden stelle ich mir sehr erregend vor. Denn so sehr ich Männer liebe – Frauen haben einfach die ästhetischere Ausstrahlung.

### *Wie wichtig ist euch beim Sex ein Orgasmus?*

*Debbie:* Ein Orgasmus ist für mich zweitrangig. Ich kann auch guten Sex ohne Orgasmus haben. Wenn Männer sich darüber den Kopf zerbrechen, ist das ihr Problem. Mich nervt eher das ganze Versager-Gequatsche und dass einige Typen meinen, sie müssten uns Frauen unbedingt einen Orgasmus bescheren. Würde ich nur auf einen Orgasmus aus sein, läge ich wahrscheinlich öfter allein im Bett als zusammen mit einem Mann.

*Marion:* Ich bestehe auf meinem Orgasmus, und zu 90 Prozent habe ich auch einen. Zwar dauert es mal länger, mal kürzer, doch am Ende ist er wenigstens echt und nicht vorgegaukelt. Falls mein Freund mal wieder nicht warten konnte, muss er mich im Anschluss manuell befriedigen.

*Anja:* Entweder ich habe einen, oder ich habe keinen. Deswegen rackere ich mich aber nicht ab und spiele einem Typen auch nicht irgendetwas vor. Für mich ist es völlig natürlich, dass ich nicht immer zum Orgasmus komme.

*Christiane:* Tagsüber brav die Pflichten und Arbeiten einer Hausfrau und Mutter zu erfüllen und dann abends noch einen Orgasmus zu haben, das ist manchmal einfach zu viel des Guten. Es ist für mich aber nicht schlimm, keinen Orgasmus zu haben. Es ist einfach schön, geliebt zu werden und den Körper meines Mannes zu spüren.

### *Gibt es für euch beim Sex irgendwelche Tabus?*

*Debbie:* Ganz spontan: Analverkehr. Mir reichen schon Verstopfungen, wenn ich etwas Falsches gegessen habe. Auch nach dem Oralverkehr das Sperma runterzuschlucken kommt für mich nicht infrage. Da kann mein Freund noch so treu und lieb schauen. Das Zeug sieht einfach unappetitlich aus, und riechen tut es auch nicht gut.

*Marion:* Nein, eigentlich nicht – lediglich für bizarre Spiele mit Fäkalien bin ich nicht zu haben. Doch gegen eine kleine Bondage-Nummer habe ich nichts einzuwenden. Da schalte ich vom Alltag ab und genieße das erotische Spiel zwischen Macht und Unterwerfung. Zu Lori will ich übrigens sagen:

Eine Zeit lang war Analverkehr für mich auch unvorstellbar. Doch mittlerweile, nach einigem Ausprobieren, ist er zu einer schönen Alternative zum normalen Geschlechtsverkehr geworden, die mich auch befriedigt. Allerdings sind Vertrauen und Entspannen für mich wirklich die Grundvoraussetzung dafür. Bei einem One-Night-Stand wäre so etwas für mich undenkbar.

*Christiane:* Alles, was in die härtere Sado-Maso-Richtung geht, lehne ich grundsätzlich ab. Das hat für mich nichts mit Sex zu tun. Gerade derzeit als Nur-Mutter ohne viel Bestätigung von außen habe ich keine Lust, mir im Bett etwas befehlen zu lassen oder mich demütigen zu lassen.

*Anja:* Ich schließe mich Lori an. Dabei bin ich bestimmt nicht prüde, doch bei Analverkehr sage ich entschieden nein und bin auch in dieser Beziehung noch Jungfrau. Auch bei Sado-Maso passe ich.

### *Was törnt euch beim Sex an?*

*Christiane:* Ich liebe es, das Sperma auf meinem Körper zu spüren. Ein schönes Gefühl, es einfach auf der Haut zu verreiben. Manchmal spare ich mir sogar am nächsten Morgen das Duschen, nur um noch etwas länger den Geruch in meiner Nase zu haben.

*Debbie:* Ich mag es, wenn der Mann beim Sex nicht stillschweigend auf mir liegt, sondern erotische Dinge wie »du geiles Luder« sagt oder mir Komplimente macht.

*Marion:* Einfach nur sehen, wie der Mann kommt – ihm dabei in die Augen zu schauen, darauf stehe ich.

*Anja:* Mit Musik läuft bei mir alles besser. Oder aber man schaut gemeinsam vorher einen erotischen Film an. Nein, keinen Porno, eher so etwas in Richtung des altbewährten *Basic Instinct*. So ein Movie macht mich richtig an, und ich möchte dann auch gleich Sex haben.

## *Was stört euch an Männern?*

*Anja:* Wenn ich meine Tage habe und ein Mann kramt hektisch die Handtücher aus dem Schrank hervor oder dreht sich im Bett angeekelt zur Seite, gehört er für mich zur verklemmten Sorte. Meine Periode ist für mich etwas Natürliches, und wenn ich dann Lust auf Sex habe, ist das wie an anderen Tagen auch.

*Christiane:* Es geht nicht alles immer ruck, zuck, und auf Kommando kommen kann ich schon gar nicht. Manchmal denke ich, viele Männer machen sich zu viele Gedanken über ihre Liebeskünste und wollen, dass immer alles perfekt läuft. Warum nicht auch einmal zu kleinen Schwächen und Schlappen stehen? Kein Mann und kein Mensch ist eine Maschine, und schon gar nicht will eine Frau so etwas im Bett haben.

*Marion:* Es gibt Abende, da habe ich einfach keine Lust auf Sex. Dann schweißige Hände am Busen und zwischen den Beinen zu spüren ist nur nervig. In solchen Situationen wünsche ich mir Verständnis dafür, dass ich einfach nur meine

Ruhe möchte. Selbst mein Freund kann das leider nicht immer verstehen, sondern nimmt meine Unlust schnell persönlich. Und das ist dann wirklich völliger Quatsch.

*Debbie:* Etliche Männer machen sich zu viele Gedanken über ihren Penis. Ist er zu lang, zu kurz, krumm oder was weiß ich. Diese Unsicherheit drückt auf die Stimmung. Klar schaue ich bei einem nackten Mann auch auf sein Geschlechtsteil, doch genauso wichtig sind für mich beispielsweise sein Gesicht, seine Haare, seine Hände, der Oberkörper und dass der Typ nicht unangenehm riecht.

### *Was macht für euch einen guten Liebhaber aus?*

*Marion:* Der Mann soll mir das Gefühl geben, die Frau für ihn zu sein. Es hat etwas mit einzigartig sein zu tun, was ich in diesem Moment spüren möchte. Egal, ob es nur ein kurzer Quickie ist oder die Nummer die ganze Nacht dauert.

*Anja:* Auf falsche Liebeserklärungen verzichte ich gerne. Im Bett zählt für mich Ehrlichkeit. Ein Mann braucht mir nicht stundenlang zu sagen »Du bist die Schönste«, wenn er nur puren Sex möchte. Kommt er dann gleich zur Sache und fingert mehr schlecht als recht an mir herum, ist das zwar manchmal schade, lässt aber auch keine falschen Illusionen aufkommen.

*Debbie:* Will ich es hart? Will ich es weich? Will ich beides abwechselnd? Verliert ein Mann nicht lange Worte darüber, sondern erkennt und spürt, wie ich es haben möchte, erfüllt er für mich das wichtigste Kriterium eines guten Liebhabers. Auch darf er ruhig ein bisschen mehr bieten als die übliche Rein-Raus-Nummer. Zwar stehe ich nicht auf Analverkehr, doch heißt dies noch lange nicht, dass ich Sex sonst nur in der Missionarstellung bevorzuge. Ich lasse mich gerne überraschen und mag es, wenn der Mann neue Impulse mit ins Bett bringt und mir neue Stellungen zeigt.

*Christiane:* Es mag zwar kitschig klingen, doch ich lege großen Wert auf Harmonie und Einfühlungsvermögen. Ich bin der Meinung, dass ein Mann mich umso mehr im Bett verwöhnen kann, desto besser er mich kennt. Dabei gehört ein intensives Vorspiel für mich zum Sex wie der Kaffee zum Frühstück. Ach ja, und noch etwas: Wenn ein Mann sich nach dem Sex gleich zur Seite dreht und womöglich schnarchend einschläft, ist das für mich ein absolutes Unding. Auch wenn Männer nach dem Sex noch so müde und kaputt sein mögen – man kann sich trotzdem noch zärtlich in den Armen halten.

## Andere Länder, andere Sitten oder: »Wie Sie überall Herr der Lage sind«

Alles hat irgendwann ein Ende – auch der Sex und auch dieses Buch. Was aber das Ende des Sex betrifft: Ich hoffe, dass Sie eifrig gelesen haben und dieses Ende hinauszögern können.

Was das Ende des Buches betrifft: Habe ich Ihnen irgendetwas verschwiegen? Müssen Sie noch irgendetwas wissen? Nein. Ich denke, Sie kennen uns Frauen nun ein bisschen besser und wissen, wie Sie uns als perfekter Liebhaber begeistern können. Allerdings fällt mir gerade doch noch ein letzter wichtiger Punkt ein. Stellen Sie sich einmal folgende Situation vor: Sie machen die Bekanntschaft mit einer heißen Vertreterin der holden Weiblichkeit, die redet etwas von »italienisch« und Sie verstehen nur »spanisch«. Oder die Gute will es »griechisch«, und Sie meinen, die Dame spricht »türkisch«. Nicht auszudenken, wohin diese Verständigungsprobleme führen könnten.

Abschließend daher noch ein Exkurs durch das Treiben im World Wide Sex – anzuwenden im Urlaub und angesichts des weit verbreiteten Multikulti-Lebens auch im Alltag:

*Arabisch:* Aus den Harems des Nahen Ostens kommt die Kabbazah-Technik, die dem Scheich – und auch dem normalen Manne – gemütliche Erregung auf höchstem Niveau garantiert. Dabei liegt der Mann auf dem Rücken und tut gar nichts, außer zu genießen. Allein die Frau bewegt sich, und als erfahrene Haremsdame hat sie die Fähigkeit, ihre Scheidenmuskeln rhythmisch anzuspannen und loszulassen. So verschafft sie dem Mann einen Orgasmus.

*Englisch:* Ein Rollenspiel aus der britischen Oberschicht und so etwas wie eine softe SM-Variante. Die Frau spielt die Zofe, der Mann den verwöhnten Knaben, der dringend zur Ordnung erzogen werden muss. Schläge mit der flachen Hand oder dem Lineal auf den nackten Hintern lassen sich daher natürlich nicht vermeiden.

*Florentinisch:* Trick zum Beschleunigen der Ejakulation und zum Antörnen des Mannes, angeblich erfunden vom Renaissancepapst Leo X. Die Frau hält die Penishaut mit Finger und Daumen zurück, also dauernd gespannt. Führt zu einem ekstatischen Orgasmus.

*Französisch:* Umgangssprachlich für Fellatio. Der französische König Ludwig XIV lehrte: »Der Penis liebt es, mit Hand und Mund gleichzeitig stimuliert zu werden.«

*Griechisch:* Das bedeutet »Anal-Sex«. Übrigens handelt es sich hier angeblich um die höchste Freude der antiken Griechen von Homer bis Sokrates. Der mit Gleitmittel (originalaltgriechisch mit Honig) eingecremte Penis dringt vorsichtig ein.

*Indisch:* Zunächst geht es ums Antörnen durch orale Vergnügungen, dann folgt eine aufreibende Kür durch die Kamasutra-Stellungen.

*Italienisch:* Der Vorhang geht auf, und wir sehen die Aufführung einer Beichte: Der »Priester« im Beichtstuhl ist ganz verblüfft und verwirrt über die wilden und erotischen Sünden, die das Mädchen hinter dem Vorhang bekennt. Damit er besser versteht, was gemeint ist, muss sie es ihm vormachen. Und damit er das angemessene Strafmaß für die Sünden verhängen kann, muss er es ausprobieren.

*Japanisch:* Von wegen die Japaner haben nur Sushi im Kopf – wenn es beim Sex »japanisch« zugeht, dreht sich alles ums Hocken: Der Mann sitzt breitbeinig auf einem Stuhl, die Frau hockt vor ihm und befriedigt ihn oral. Der Mann liegt, die Frau hockt sich auf ihn. Die Frau liegt mit dem Becken auf einem Kissen, der Mann hockt sich zwischen ihre Beine.

*Persisch:* Eine Technik aus dem Harem, bei der der Mann bis zu zehnmal in eine Frau eindringt und sich dann verabschiedet, um zur nächsten Frau zu wechseln. Auch bei ihr dringt er zehnmal ein, und so geht es reihum weiter. Der Mann macht so lange weiter, bis jede Frau zum Orgasmus gekommen ist – er selbst ist erst danach dran.

*Russisch:* Einfache Analmassage, aber kein Verkehr. Angeblich eine Tradition in der Zarenfamilie und heimliche Vorliebe des Genossen Stalin.

*Schwedisch:* Unsere Freunde im hohen Norden setzen auf Zusammengehörigkeitsgefühl. Hinter »schwedisch« verbirgt sich jede Art von Gruppensex, insbesondere wenn sie mit einer Auslosung der Partner verbunden ist.

*Spanisch:* Dabei platziert der Mann seinen Penis zwischen den Brüsten und versucht durch die Reibung der Auf- und Abbewegung bis zum Orgasmus zu kommen.

*Türkisch:* Dahinter verbirgt sich ein Rollenspiel aus dem wilden Kurdistan. Die Frau mimt dabei die Unwillige, deshalb werden ihr die Hände auf dem Rücken gefesselt. Nun muss sie erdulden, was der Mann ihr antut, von vorn und von hinten. Die Frau kann sich allenfalls mit den Beinen wehren.

## Literatur

Bechtel, Stephan/Stains, Laurence Roy: Sex, a Man's Guide. Berkeley Publishing Group. New York 1998.

Dunas, Felice/Goldberg, Philip: Chinesische Liebesgeheimnisse. Alle Weisheiten für Glück und Gesundheit. Heyne. München 2000.

Fischer-Rizzi, Susanne: Himmlische Düfte. Aromatherapie. AT Verlag. Aarau/Schweiz 2002.

Hamburger, Regina: 1 × 1 des Flirtens. Econ. München 2002.

Hollinger, Peter: Flirten. Der kurze Blick zum kleinen Glück. mvg. Landsberg am Lech 2000.

Loving Touch – Anleitung für eine harmonische Partnerschaft. Mosaik bei Goldmann. München 1991.

Pease, Allan und Barbara: Warum Männer nicht zuhören und Frauen schlecht einparken. Ullstein Taschenbuch. München 2000.

Quilliam, Susan: Sexbuch nur für Frauen. Mosaik. München 1997.

Riedl, Sabina/Schweder, Barbara: Der kleine Unterschied. Warum Frauen und Männer anders denken und fühlen. Deuticke. Wien/München 1997.

Robbins, Alexandra/Wilner, Abby: Quarterlife Crisis. Die Sinnkrise der Mittzwanziger. Ullstein. München 2003.

Salnicki, Marc: Die Kunst der sinnlichen Partnermassage. Bassermann. München 1999.

Swift, Rachel: Ich komme, wann ich will. Die Geschichte mit dem O – Wege zum weiblichen Orgasmus. Droemersche Verlagsanstalt. München 2003.

Wanders, Lilo: Wa(h)re Liebe. Das Lexikon von A–Z. Heel. Königswinter 2001.

Zittlau, Jörg: Frauen essen anders, Männer auch. Eichborn. Frankfurt 2002.